古典文獻研究輯刊

五 編

潘美月・杜潔祥 主編

第 4 冊

徐乾學及其藏書刻書

陳惠美 著

國家圖書館出版品預行編目資料

徐乾學及其藏書刻書／陳惠美著 — 初版 — 台北縣永和市：花
木蘭文化出版社，2007〔民96〕

目 2+256 面；19×26 公分（古典文獻研究輯刊 五編；第 4 冊）

ISBN：978-986-6831-45-4（全套精裝）
ISBN：978-986-6831-49-2（精裝）
1.（清）徐乾學 2.學術思想 3.私家藏書 4.私藏目錄
5.刻書目錄
029.77   96017399

ISBN - 978-986-6831-49-2

9 789866 831492

古典文獻研究輯刊
五　編　第四冊　　　　　ISBN：978-986-6831-49-2

徐乾學及其藏書刻書

作　　者　陳惠美
主　　編　潘美月　杜潔祥
企劃出版　北京大學文化資源研究中心
出　　版　花木蘭文化出版社
發 行 所　花木蘭文化出版社
發 行 人　高小娟
聯絡地址　台北縣永和市中正路五九五號七樓之三
　　　　　電話：02-2923-1455／傳真：02-2923-1452
電子信箱　sut81518@ms59.hinet.net
初　　版　2007 年 9 月
定　　價　五編 30 冊（精裝）新台幣 46,500 元

徐乾學及其藏書刻書

陳惠美　著

作者簡介

陳惠美，台北市人，東海大學中國文學系文學博士，現為僑光技術學院應用華語文系副教授。著有《徐乾學及其藏書刻書》（碩士論文）、《朱彝尊經史之學研究》（博士論文），發表之期刊論文則多為探討明末清初學術、孟子學等相關問題。

提　　要

　　徐乾學（1631～1694），字原一，號健菴。江蘇崑山人。徐氏廣收群籍，諸家舊籍盡歸於傳是樓，是清初有名的藏書家。其善用藏書，刻《通志堂經解》，於清代私家刻叢書則有其前導地位。然而，現有各種資料，深度與廣度均無法表彰徐乾學藏書刻書的成就。本論文以徐氏本身的資料──文集、藏書目錄為主，旁及方志、筆記、同時人著作、友朋書信、清代與民國各家藏書志與期刊論文為輔。在作法上是：羅列的具體證據，配合圖表，加以歸納、分析，提出結論。如現有資料不足，則呈現推論的過程。文分六章，首先介紹徐乾學的家世，編撰徐氏事蹟繫年彙編，以明其藏書背景與其生平事蹟。其次，考述徐氏之著作與交遊。藉以得見徐氏之刻書、藏書，與徐氏之擅長經、史和交遊間的切磋有密切關係。其次，理出徐乾學藏書的源流、對藏書的整理利用與散佚概況。並分析《傳是樓書目》、《傳是樓宋元版書目》的分類體例，考述、比較知見版本，且釐清因傳鈔所產生的錯誤，為二書目作一定位。再者，辨明《通志堂經解》乃徐乾學氏所刻，說明徐氏為何將此叢書轉至納蘭性德名下，並逆推刻書過程及概述《通志堂經解》的流傳情形。最後，從「刻書以存書」、「校書以存書」兩方面，探究《通志堂經解》的得失，並從刊刻叢書的角度，呈現其對清代輯刻叢書的影響。透過深入的討論，給予徐乾學之藏書刻書的成就較為公允的評價。

謝　詞

拙文得以完成，需要感謝許多人。中研所各位師長的關愛，方師鐸教授與師母的殷殷垂問；柳作梅老師、蔡宗祈老師與馮以堅老師，從筆者進入東海大學以來，不斷地幫助與鼓勵，是筆者終生銘記的。謝鶯興先生觀念上的溝通、修正與悉心校對，於拙文之完成，幫助最大。東海大學古籍室黃文興主任，在協助資料的獲得與精神上的鼓勵；葉含秋、楊怡卿同學於筆者受傷期間，熱心、細心的照顧；林繼柏同學在寫作期間，電腦程式運用及維護的隨時提供幫助；同門趙惠芬同學，在收集資料和撰寫過程中，互相扶持之情，也是筆者念之再三，不能忘懷的。指導老師潘美月教授，從題目提示到論文的撰寫、修改，無一不是費盡心思，是最要感謝的人。最後，謹以拙文，獻給支持我、疼愛我的父母親。

民國 79 年 5 月

附　記

　　讀十幾年前的碩士論文，有些論述，已不能說服自己；倒是校稿中，重溫寫作過程，似乎再度領受了親人、師友的關懷，這或許是此篇論文出版的最大收穫吧！

民國 96 年 8 月

目

錄

引　言

　　中國私人藏書之風，由來已久。兩漢之前，就有私人藏書。〔註 1〕到了魏、晉南北朝，藏書的風氣漸盛，例如：范蔚「家世好學，有書七千餘卷」〔註 2〕；張華亦喜藏書，「身死之日，家無餘財。惟有文書，溢於几篋」〔註 3〕；而任昉聚書至萬餘卷，且多異本，甚至於其卒後，「官之所無者，就昉家取之」〔註 4〕。下至唐代，則有「鄴侯家多書，插架三萬軸」之句；宋代藏書家，今尚可考者達一百餘家，且有不少藏書目錄傳世，私家藏書風氣至此大盛。〔註 5〕歷元、明兩代，藏書家不但多編有書目，並且漸有珍視宋元舊刻之風。此風在清朝達到最盛。藏書家雖以個人嗜好而藏書，典籍卻也因藏書家的珍視，而能在天災人禍諸多厄運下，仍得以保存、流傳，故私家藏書於文獻保存、學術文化的功勞頗大。

　　藏書家除了藏書，消極地保存典籍，亦往往刊刻前代或當代作品，以求其廣傳，則於學術文化傳承，有其積極性的作用。自唐代中期，中國雕版印刷術發明以後，〔註 6〕兩宋之雕版印刷已相當興盛，當時私人出資刊刻之書，多經精細的校勘，受到後代藏書家重視，「其中以岳珂相台家塾所刻五經為最著名，後代推為模範善本」〔註 7〕。接著元、明兩代，雖因風氣不同，刻書品質不一，但私家刻書風氣更盛。到了明代後期，常熟毛氏汲古閣更以其秘藏典籍，刊刻行世。自此藏書家刊刻珍藏

〔註 1〕陳登原《古今典籍聚散考》，頁 300。
〔註 2〕同註 1，頁 301。
〔註 3〕同註 1，頁 301。
〔註 4〕見《梁書·任昉傳》。
〔註 5〕據潘美月先生撰《宋代藏書家考》，宋代藏書家達一百餘家，今尚可見其目錄者，則有三十三種。
〔註 6〕採潘美月先生《圖書》第三章（印刷術的發明及唐、五代的圖書），頁 44 的論點。
〔註 7〕同註 6，頁 70。

古籍之風，在清代達到鼎盛時期。徐乾學即是承明末藏書之風，而啟清代藏書家刻書風氣者之一。

徐乾學，字原一，號健菴，人稱東海、玉峰先生。〔註8〕明崇禎四年生，清康熙三十三年卒，享年六十四（1631～1694）。江蘇崑山人。崑山徐氏，至徐乾學時已有十代，其先世多賢，仕宦清廉，可謂書香門第；而清初大儒顧炎武即其舅氏。徐乾學在優良門風濡染與舅氏的典範引導下，由讀書進而嗜書，其自述「嗟余纔縮髮，屈首事誦習。博膳服茂先，弇陋媿難及。發憤購遺書，蒐羅探秘笈。從人借鈔寫，瓶甒日不給。」〔註9〕可見其勤於讀書，訪購遺書。而在其善用資財，廣羅舊籍，至「藏書富於當代」時，建傳是樓以儲書，冀能以書傳後。又編《傳是樓書目》及《傳是樓宋元板書目》以備查檢，以供他人依目尋書，並善加利用藏書。除供人傳鈔，更以所藏宋元本舊籍，編為《通志堂經解》，刊刻行世，為清初的第一部大叢書，薈萃宋元經解之書，於兩代經學著作之流傳，有其不可泯滅的功能。像這樣能自致於深造之學問，且能保留希貴之典冊，並刻叢書以存前人心力，更能嘉惠後學的藏書家，正應對其人、其藏書及其刻書，深加考述與闡揚，表彰其對學術文化之功。筆者慕前人之風，故以此責自任，著手收集資料。

徐乾學的傳記資料，在正史方面有二：一是《清史列傳》卷十〈大臣畫一傳檔正編七〉〈徐乾學傳〉；二是《清史稿》卷二百七十一〈徐乾學傳〉。〔註10〕另有，《徐乾學家譜》〔註11〕、韓菼撰〈資政大夫經筵講官刑部尚書徐公乾學行狀〉〔註12〕、《崑新兩縣續修合志》〔註13〕以上均有助於對乾學仕宦經歷及其平日行誼的了解。而《清儒學案》〈健庵學案〉〔註14〕、《清代名人象傳》〔註15〕、《清名家詩人小傳》〔註16〕、《國朝詩人徵略》〔註17〕、《國朝鼎甲徵信錄》〔註18〕諸書中所載則論述徐

〔註8〕 宋犖〈憺園文集序〉中所言。

〔註9〕 《憺園文集》卷七，頁11～12。

〔註10〕《清史列傳》卷十，頁7～11。中華書局，民國17年印本。《清史稿》卷二七一〈列傳五十八〉，頁1～8。清史館趙爾巽等編，民國17年編纂。

〔註11〕《東洋文庫所藏漢籍分類目錄》・史部・傳記類・家乘之屬（頁90上）：「徐乾學家譜零本，清闕名輯，清後期鈔本。」此本現藏日本東洋文庫，筆者所見為微卷，為台北家庭歷史中心所複製。

〔註12〕錢儀吉編輯《碑傳集》卷二十，頁19～28。清光緒19年江蘇書局刊本。

〔註13〕《崑新兩縣續修合志》卷三十二。

〔註14〕徐世昌編《清儒學案》卷三十三〈健菴學案〉，民國27年，天津徐氏刊本。

〔註15〕葉蘭臺編《清代名人象傳》，台北：文海出版社，民國58年初版。

〔註16〕鄭方坤撰，馬俊良刪訂《清名家詩人小傳》（即《本朝名家詩鈔小傳》）卷一，頁16～17，民國10年掃葉山房石印本。

〔註17〕張維屏撰《國朝詩人徵略》卷八「徐乾學」條。《國朝詩人徵略》，清嘉慶24年至道

乾學在學術上、文學上的成就，並給予評價。至於《清稗類鈔》〔註 19〕、《世載堂雜憶——徐乾學等被控檔案》〔註 20〕、《榕村語錄續編》〔註 21〕雖然多是反面資料，卻也呈現了徐氏的另一面。不過，本文乃是以藏書家的觀點討論徐乾學這個人，而上述資料於徐氏各方面成就多有涉及，卻獨於藏書之事簡略帶過。

原以爲或因徐氏在政治、學術方面的成就較突出，故於傳記中僅以少數篇幅敘述其藏書。但是，經查閱各類索引及書目，雖有葉昌熾《藏書紀事詩》〔註 22〕、吳晗〈江蘇藏書家小史〉〔註 23〕、洪有豐〈清代藏書家考〉〔註 24〕、楊立誠、金步瀛合著《中國藏書家考略》〔註 25〕、袁同禮〈清代私家藏書概略〉〔註 26〕、汪闇〈明清蟬林輯傳〉〔註 27〕、陳登原《古今典籍聚散考》〔註 28〕等，討論徐氏之藏書概況；各篇字數雖多寡不一，簡介的性質卻相似。至於大陸地區，李萬健、鄭偉章撰〈以書傳後的徐乾學〉一文，〔註 29〕雖於其藏書來源及利用，多有述及，但缺乏論證，故仍嫌不足。

同樣地，徐乾學的藏書目錄——《傳是樓書目》及《傳是樓宋元板書目》，在目錄學專著中，如余嘉錫《目錄學發微》〔註 30〕、姚名達《中國目錄學史》〔註 31〕、

光 10 年番禺張氏遞刊本。

〔註 18〕閻湘蕙編輯《圖朝鼎甲微信錄》，卷一，頁 27。

〔註 19〕徐珂輯《清稗類鈔》〈正直類〉、〈經術類〉、〈舟車類〉等均有關徐乾學的資料。《清稗類鈔》，上海：上海商務印書館，民國 6 年 11 月初版。

〔註 20〕《文獻叢編》第二輯〈徐乾學等被控案〉，頁 112～129。劉禺生著《世載堂雜憶》卷二，頁 20，北京：中華書局，1960 年 10 月初版。

〔註 21〕李光地撰《榕村語錄續編》，查檢各種書目，未見有收藏者。然李氏文章，《雲自在龕筆記》中多引錄，由其中可知李氏之大略。(《古學叢刊》第二輯，民國元年，上海國粹學報社鉛印本)

〔註 22〕葉昌熾撰《藏書紀事詩》卷四，頁 220～221，台北：世界書局出版，民國 50 年 3 月初版。

〔註 23〕吳晗撰〈江蘇藏書家小史〉，《圖書館學季刊》第八卷第一期（民國 23 年 3 月），頁 59～60。

〔註 24〕洪有豐撰〈清代藏書家考〉，《圖書館學季刊》第一卷第二期（民國 15 年 6 月），頁 312。

〔註 25〕楊立誠・金步瀛合著《中國藏書家考略》，頁 71，台北：文海出版社，民國 60 年 10 月初版。

〔註 26〕袁同禮撰〈清代私家藏書概略〉，《圖書館學季刊》第一卷第一期，頁 6。

〔註 27〕汪闇撰〈明清蟬林輯傳〉，《圖書館學季刊》第八卷第四期（民國 23 年 12 月），頁 560～561。

〔註 28〕陳登原撰《古今典籍聚散考》《中國典籍史》，頁 323，台北：樂天出版社，民國 60 年 4 月台一版。

〔註 29〕《中國著名藏書家傳略》頁 87～90，〈以書傳後的徐乾學〉。鄭偉章、李萬健合編，北京：書目文獻出版社，1986 年 9 月印行。

〔註 30〕余嘉錫撰《目錄學發微》，台北：藝文印書館發行，民國 63 年 4 月初版。

昌彼得先生、潘美月先生合著《中國目錄學》〔註32〕、呂紹虞《中國目錄學史稿》〔註33〕、許世瑛《中國目錄學史》〔註34〕等，或簡介此書，或一字不提。而鄭鶴聲《中國史部目錄學》〔註35〕於《傳是樓書目》、《傳是樓宋元板書目》介紹較詳，卻在未詳究其版本的情況下，給予不甚公允的評斷。

至於，徐氏所刻之《通志堂經解》，近人論經學源流者，如錢基博《經學通志》〔註36〕、馬宗霍《中國經學史》〔註37〕、甘雲鵬《經學源流考》〔註38〕都未提到；日人本田成之《中國經學史》〔註39〕論及此編，卻將此編刊刻時間誤爲康熙十六年。另外，談及清代藏書家的刻書者，如鄭鶴聲、鄭鶴春合著《中國文獻學概要》等，〔註40〕卻多誤爲納蘭成德所刻；或者嚴厲苛責此編刊刻上的缺失，如何焯《通志堂經解目錄》〔註41〕；或如贊揚其刻書之功，如關文瑛《通志堂經解提要》〔註42〕，均有所偏失。

從藏書家的角度來看，徐乾學藏書正值明末清初之戰亂，故家藏書散出，而其善用資產及政治上的影響力，廣羅群籍，諸家舊籍盡歸於傳是樓，故其於清初藏書家中當是重要的一位；從清代私家刻叢書的觀點而言，其刻《通志堂經解》又有其前導地位。不過，上述資料顯然深度與廣度均無法表章徐乾學這方面的成就。

本文即基於此動機，擬從藏書之刊刻的觀點，對徐乾學的生平、交遊、著述、藏書及刻《通志堂經解》等問題，作較深入且全面的研究。希望能：

一、介紹徐乾學的家世，以明其藏書的背景；編撰徐乾學生平事蹟繫年，以明其一生的事蹟。

〔註31〕姚名達撰《中國目錄學史》，台北：商務印書館，民國60年台四版。
〔註32〕昌彼得先生、潘美月先生合著《中國目錄學》，台北：文史哲出版社，民75年9月初版。
〔註33〕呂紹虞撰《中國目錄學史稿》，頁159，台北：丹青圖書有限公司，民國75年台一版。
〔註34〕許世瑛編著《中國目錄學史》，台北：中華文化出版事業委員會出版，民國43年10月再版。
〔註35〕鄭鶴聲《中國史部目錄學史》，頁125～132，台北：華世出版社，民國74年9月再印。
〔註36〕錢基博撰《經學通志》，台北：學海出版社。
〔註37〕馬宗霍撰《中國經學史》，台北：商務印書館，民國55年9月台一版。
〔註38〕甘雲鵬《經學源流考》，台北：學海出版社出版。
〔註39〕日·本田成之撰《中國經學史》，頁352，台北：廣文書局出版，民國68年5月台初版。
〔註40〕鄭鶴聲·鄭鶴春合著《中國文獻學概要》，台北：商務印書館，民國56年1月台一版。
〔註41〕何焯《通志堂經解目錄》未見，凡本篇論文中提到何焯對於通志堂經解之批評，均引錄自翁方綱《通志堂經解目錄》。
〔註42〕關文瑛撰《通志堂經解提要》，書目類編第八十一冊，台北：成文出版社，民國67年出版。（據民國23年排印本影印）

二、了解徐氏友朋間的往來情形，及其生平著述，而由二者間得知徐氏的著
　　述、藏書、刻書，與其交遊有密切的關係。

三、了解徐氏藏書的源流、藏書的整理利用與散佚概況。

四、分析徐氏藏書目錄的分類體例及版本，並釐清因傳鈔所造成的錯誤，試爲
　　其藏書目錄作一定位。

五、討論刻通志堂經解刊刻因素、刻書過程及流傳情形。

六、分別從刻書以存書、校書以存書的不同角度，探討通志堂經解的得失，給
　　予較公允的評價；並從刊刻叢書的觀點，討論其對清代輯刻叢書的影響。

　　本論文因限於前人對徐乾學傳是樓藏書討論之不足，所得資料多是間接的。因
此除了據徐氏本身的資料，如文集、藏書目錄等，多以方志、筆記、同時人著作、
友朋、各家藏書志及期刊論文等，加以分析、歸納。從具體證據之羅列，推論過程
的呈現，至結論的提出，希望借由合理的邏輯推論，能釐清一些問題，期使徐乾學
及其藏書、刻書，得到一個公平的評價，以充分突顯其貢獻，闡揚其藏書刻書之功。

第一章　徐乾學的家世及其生平事蹟彙編

第一節　徐乾學的家世

　　關於徐乾學的先世，在其所撰之〈皇清敕封儒林郎翰林院修撰先考坦齋府君行述〉一文中，有頗詳細的敘述〔註1〕；而於《崑新兩縣續修合志》裡，載有徐氏先世的簡略事蹟，亦可供查考〔註2〕。茲據這兩件較重要的文獻，參看其他資料，介紹徐乾學的家世。並將徐乾學的先世，製成一表，附載此節之後。（見附表1-1）

　　據韓菼撰〈資政大夫經筵講官刑部尚書徐公乾學行狀〉知「徐氏原居常熟。」〔註3〕。

　　乾學十世祖徐良（號朴菴），力農成家，居崑山之墩上，再遷溢瀆村，爲崑山徐氏始祖。

　　九世祖徐春，生平無可考。八世祖徐昊生平無法考知，僅由《崑新兩縣續修合志》知以子申贈刑部主事〔註4〕

〔註1〕 徐乾學所撰之〈皇清敕封儒林郎翰林院修撰先考坦齋府君行述〉一文，收錄於《憺園文集》卷三十三。

〔註2〕 《崑新兩縣續修合志》〈列傳〉、〈好義〉、〈卓行〉等傳均有徐乾學先世的資料。

〔註3〕 韓菼撰〈資政大夫經筵講官刑部尚書徐公乾學行狀〉，收錄於錢儀吉編《碑傳集》卷十八。

〔註4〕 據徐乾學家譜殘卷載，乾學乃第十世，但若由徐乾學撰〈皇清敕封儒林郎翰林院修撰先考坦齋府君行述〉與《崑新兩縣續修合志》資料僅能排出九世，與家譜不合。縣志裡有「徐良以子春封監察御史」一條，然乾學敘其先祖時，若有封贈，必明白標出，何以獨於此疏漏；又徐春應官至監察御史，而縣志對這樣的仕宦未加介紹，使人無法確知此徐良，徐春是否爲徐乾學的先世，目前也沒有其他資料可供參考、論定，故暫論之，存疑待考。

　　七世祖徐申，字周翰，弘治中鄉舉乙榜，嘉靖初曾爲蘄水上饒二邑的知縣，因廉能而徵授爲刑部主事。在刑部主事任中，多用提牢，憐憫囚犯寒餒，時加資給，囚德之，比當代，相率讙於獄，請留三月。後因太后弟張延齡繫獄，世宗必欲殺之，徐申奏記尚書聶賢、唐龍謂太后春秋高，即延齡旦暮致辟，將何以慰太后心，賢等同意他的看法，所以獄久不決。但後來徐申還是因廷諍延齡之事，廷杖摘官，謫爲湖州府推官，遂歸淤瀆舊居以老，人稱南川先生。而徐氏一家由申後始漸興盛。〔註5〕

　　六世祖徐一元，字伯陽，號在川，刑部主事申子，以諸生入太學，大學士嚴文靖公（訥）時官翰林，延以教子，並爲幕僚。正值浙江倭亂後歲復大祲，閩浙諸大猾勾引，殺掠無虛日，米價翔湧，遍地瘡痍。一元旦夕蹙額，乃代草免漕疏三千餘言，靜夜焚香默禱，勸訥奏之。得諭旨，特減豁漕躅，全活東南百萬之民。不久謁選得交河主簿，治泊頭鎮。鎮爲南北水道要衝，一商稅卻河夫，常例浚治漕渠；又請於提學使，在鎮南董子書院集諸生課之，來學者踵至，告歸卒。

　　乾學高祖徐汝龍，字言卿，號鳳池，交河主簿一元子，母費氏生。年十四補諸生，天性孝友。以不遠事前母梅氏，每次臨祭必隕涕。及費氏卒，事父暨繼母桂氏俱盡禮。及棄養，所遺田盧悉予三庶弟，異母姐妹四人厚遇之。先崑山被島夷患，南門外老屋焚掠一空，借居外家顧氏，公私告竭，迨後家稍裕，奉外舅姑如父母，優卹其嗣以報患難相依之德。生平亮直倜儻，周急拯困，惟恐不及，卒年六十五，以子徐應聘封翰林檢討。

　　曾祖徐應聘，字伯衡，號端銘。汝龍之子。萬曆十一年進士，選庶吉士，初官翰林，以文章風義爲後進所宗。授檢討，坐累，謫歸安縣丞，罷。復起爲行人，遷南京行人司副卒。屢陞太僕寺寺卿。端方高潔，爲時名臣，卒於官，年六十三。著有春王正月辨〔註6〕，友竹居詩集。

　　祖父徐永美，字含孺，萬曆乙卯副貢，工舉業，饒才思，蔚然儒宗。聞父訃常泣飲，以不得視含爲憾，執父喪毀瘠骨立，得喀血疾，踰年卒。以孫乾學贈刑

〔註5〕《大清一統志》卷五十六，蘇州府三，有徐甲傳，「甲」應爲「申」之誤。另《明史》卷二〇七，頁14；《明史列傳》卷七十三，頁20；《崑新兩縣續修合志》亦均有徐申傳記。

〔註6〕查朱彝尊輯《經義考》卷二百一十載「徐應聘春王正月辨一篇存」，後附有顧湄之言：「公字端銘，崑山人，萬曆癸未進士，改庶吉士，授簡討，謫歸安縣丞，遷南京行人司副卒。……春王正月辨一篇，載諸翰林館課。」謫歸安縣遷南京行人之後，另見於張大復《明人列傳稿》，足見此語有其可靠性，故補入。而視顧氏之言，似乎〈春王正月辨〉一篇，並沒有另外刻版行世。

部尙書。

　　祖母潘孺人，爲上海光祿丞潘元升女，性至孝，年二十九而寡，備嘗辛苦，撫孤成立，教二子愼擇師友，有非禮立加誚讓。性喜施予，有稱貸不能償者，輒焚其券。邑中皆稱節孝徐母。卒於崇禎癸未，年五十五。以孫乾學等累贈太夫人，康熙十九年並敕建徐節母祠於小瀛橋西，三十八年建節孝坊於祠門外。

　　父徐開法，字坦齋，永美之子，生于萬曆甲寅三月廿五日。少孤，事母極爲孝順。年十五補博士弟子，即有聲庠序，從禮部張公學，因以盡交東南名士。天性剛直，好義，客至輒盛爲具，同舍生乏糧用，必分齋裝厚給之居，家無餘貨，累散之以賑窮救急。屢入鄉闈不遇，旋援例入辟雍。因其好義，中年生計日困，家漸落亡。後爲酷吏所羅織幾不測，賴族兄徐開禧營救才以得免。脫身渡錢塘，過太末，入豫章，盡探江浙山水，與其地之賢者相結。甲申乙酉間，當路以明經薦，然知時不可爲，尋稱疾歸。清朝定鼎，開法絕意進取，杜門課子，足跡不入城市。著有甲子會記考證，家世習易。〔註7〕沒于康熙五年三月廿一日，年五十三。有子四人，女二人。〔註8〕

　　母顧氏，崑山顧同應之女，顧亭林之第五妹。〔註9〕年四歲能屬對，誦唐詩。稍長，精曉組紃之事。年十五歸徐家，事潘太夫人意承顏孝，治家肅然有條理。於徐開法遊豫章閩越諸郡時，持家、課子之責雙挑；值鼎革之會，則攜三子一女避亂高巷張浦間。至乾學兄弟相繼擢第、任官，仍自奉儉約；而於宗黨姻親之貧老則時常饋問、資助，頗受族姓敬重。生於明萬曆丙辰七月二十八日，卒於康熙丙辰十一月初七，享年六十一歲。

　　由上述乾學之先世，即可知徐氏乃是一書香世家，雖然現今所見資料，未有藏書之載錄，然其家風之薰陶，對於乾學之能聚書、能讀書又能文章，當有極大的影響。〔註10〕

〔註7〕《崑新兩縣續修合志》，卷三十三，好義（總頁碼 573〜574）記載開法「嘗以漕政太壞，歷考前代漕規，附以己議曰漕政考要。」似乎爲徐開法的著作，但在徐乾學撰的〈行述〉及吳梅村所撰〈誥贈奉議大夫秘書院侍讀徐君坦齋墓誌銘〉均未提及此書，故僅以註釋存之。

〔註8〕長爲乾學，次秉義，次元文，爲元配顧氏出；次亮采，程氏庶出。女二，長適崑山陸最，次適吳縣申燧。

〔註9〕關於乾學母親之行事，詳見〈先妣顧太夫人行述〉一文，今收錄於《憺園文集》卷三十三，頁 44〜54。此段簡述即以此文爲據。

〔註10〕黃宗羲〈傳是樓藏書記〉稱徐乾學聚書、讀書能文章三者兼之。

第二節　徐乾學生平事蹟彙編

　　本文緒論曾提及徐乾學的傳記資料雖有不少，卻多以徐氏政治方面的行事為主，而於其藏書、刻書方面的資料較少。不過，因為本編論文重心在探討徐氏之藏書、刻書，所以，本節即試將徐乾學生平事蹟中與其交遊、著述、刻書、藏書有關者，作一彙編，而於其政治方面的糾葛儘量略談，以避免發生偏離主題，喧賓奪主的情形。

崇禎四年（辛未 1631）一歲

　　十一月初四徐乾學出生於崑山縣。友顧祖禹、吳兆騫同年生，季振宜二歲。

崇禎十一年（戊寅 1638）八歲

　　據〈行狀〉載徐乾學年少時極為聰穎，八歲即以能文而為尚書顧錫疇所知。〔註11〕

崇禎十六年（癸未 1643）十三歲

　　年十三歲而通五經，嘗賦蘇臺懷古及寶劍篇，丙魏優劣論，伯父徐中允亟賞之，置其文章於几案以勉群從子弟。〔註12〕

崇禎十七年（即順治元年 1644）十四歲

　　此年值興朝鼎革之會，父徐開法往來雲間吳門間，母顧氏因時事糾紛攜乾學兄弟避亂高巷張浦之間。

順治三年（丙戌 1646）十六歲

　　徐乾學補弟子員，即慨然有當世之志。此年弟徐元文從尤侗遊，則乾學與尤侗或亦於此時結識。尤侗從慎交杜、修纂明史，至乾學解任歸里，一直與乾學有往來唱和之作，與徐氏兄弟交往頗為密切，詳見交遊部份。

順治五年（戊子 1648）十八歲

　　徐乾學、徐元文等趨金陵應清廷新舉鄉試，但未中舉。〔註13〕

順治七年（庚寅 1650）二十歲

　　吳中社事甚風盛，乾學為之領袖。參與滄浪亭會和慎交社，於吳門梁谿婁東數次文會中，嶄然現頭角。此年並與太倉吳偉業、長洲宋實穎、尤侗、吳江計東、無

〔註11〕韓菼撰〈資政大夫經筵講官刑部尚書徐公乾學行狀〉。
〔註12〕同註11。
〔註13〕見〈冠月樓集序〉，轉錄自《明清江蘇文人年表》。

錫顧宸、武進鄒祗漢等會浙江毛奇齡、陸圻、朱彝尊等，在嘉興舉十郡大社。〔註14〕

又此年錢謙益絳雲樓失火被焚。爲江左圖書史一小劫。〔註15〕自此以後虞山藏書，遂以錢曾及毛晉爲巨擘。而絳雲樓焚餘之書經錢遵王或他人輾轉爲徐乾學所收藏。（詳見第三章第一節，徐乾學藏書的遞藏源流）

順治九年（壬辰 1652）二十二歲

江蘇府學甲午選拔順治年貢，乾學選入成均。貢入太學，聲名益起，海內賢士大夫皆傾心。又三弟元文亦於此年舉於鄉。

順治十五年（戊戌 1658）二十八歲

三月，吳兆騫以丁酉科場，自禮部逮捕至刑部。徐乾學有〈懷友人遠戍〉等詩。〔註16〕

順治十七年（庚子 1660）三十歲

是年徐乾學經由亳州赴順天鄉試，中舉。在亳州與顏餐園、陳希稷等唱和。有〈贈黍丘陳簡菴〉、〈顏餐園席上詠朝鮮牡丹二首〉、〈金谷〉、〈博興〉等詩作。〔註17〕

順治十八年（辛丑 1661）三十一歲

此年江南奏銷案起，江南官紳士子一萬多人涉案，徐乾學等亦在案中。〔註18〕乾學除名，弟元文降鑾儀經歷，友秦松齡、葉方藹〔註19〕、錢曾、黃庭表〔註20〕、

〔註14〕見《盛湖雜錄》，轉錄自《明清江蘇文人年表》。

〔註15〕此語乃錢謙益所言，見於《天祿琳琅書目》卷二〈宋本漢書〉錢氏之題語。

〔註16〕〈懷友人遠戍〉四首、〈懷漢槎在獄〉，見《憺園文集》卷二。

〔註17〕《憺園文集》卷二十九〈顏參原墓誌銘〉：「自庚子歲赴京兆試，道由于亳。……余數過瓢菴，旁有小樓，書史甚富。花欄植牡丹數本，……余至輒置酒賦詩而去。」與卷二〈顏餐園招飲即事次韻〉、〈贈黍丘陳簡菴〉等詩合看，知這些詩當作於此時期。

〔註18〕據孟森《心史叢刊》一集，〈奏銷案〉，頁1～15：「奏銷案者，辛丑江南奏銷案也。蘇松常鎮四屬，官紳士子，革黜至萬數千人，並多刑責逮捕之事，案亦鉅矣。……順治十八年辛丑，正月初七日丁巳，世祖晏駕。是月二十九日己卯，諭吏部戶部：『錢糧係軍國急需，經管大小各官，須加意督催，按期完解，乃爲稱職。……爾等即會同各部寺，酌立年限，勒令完解，如限內拖欠錢糧不完，或應革職，或應降級處分，確議具奏。』江蘇巡撫朱國治，因見協餉不前，創爲紳欠衿欠之法，奏銷十七年分錢糧，但分釐未完，即掛名冊籍，目爲抗糧，革職枷責者至一萬三千五百十七人云云。」

〔註19〕葉方藹，字子吉，崑山人。與乾學爲姻親，在《憺園文集》中亦有往來的文字；然而，兩人於政治上，因黨爭而有糾葛，所以李光地《榕村語錄續錄》謂方藹與徐乾學至親而不相能。

〔註20〕《憺園文集》卷二十〈黃庭表文集序〉云：「其後余補博士弟子員，與四方士往還，因得交於庭表。……既而與余同貢太學。」及康熙三十三年遂園褉飲會，黃氏亦與

錢陸燦、顧湄等也受輕重不一的處分。

康熙二年（癸卯 1663）三十三歲

是年三月在家，七月至汀州，過上杭，游南塔寺、普陀峰，入粵，與宋徵璧、梁佩蘭、程可則、洪暉吉等交往，數有文會。有〈游南塔寺記〉、〈游普陀峰記〉、〈惠州西湖景賢祠分韻二首〉、〈潮陽歲暮即事……〉、〈潮州雜興〉、〈廣州雜興〉、〈秋夜集梁芝五宅分韻〉、〈贈程周量〉、〈癸卯除夕和佩公暉吉〉等詩文作品。〔註21〕

康熙三年（甲辰 1664）三十四歲

春末從嶺南歸，往北行，經梅州、廣陵、高郵、新泰、泰安等地。倣杜甫做有十數首紀行詩。有〈甲辰元旦即事示暉吉〉、〈程鄉人日看迎春〉、〈梅州行寄暉吉〉、〈京口〉、〈周量中翰入都重陽前一日遇於廣陵〉、〈高郵九日〉、〈郯城道中〉、〈沂州〉、〈新泰〉、〈泰安道中〉等詩作。這兩年的遊歷，拓展了徐乾學交遊範圍。〔註22〕

康熙五年（丙午 1666）三十六歲

奏銷案事白，乾學復還舉人，元文奉旨賜還原官。三月廿一日父徐開法逝世，徐乾學自都門經亳州南歸返家。

案據《康熙實錄》四年三月戊子條載：

> 京師地震，有聲。辛卯，金星晝見。以星變地震，肆赦，免逋賦。

則徐乾學之復還舉人，似乎與此有關，而非真的事情澄清，但這僅是筆者推測，故仍循〈行狀〉之說。

又案《憺園集》卷三十三〈先考坦齋府君行述〉：「府君生於萬曆甲寅三月廿五日，歿於康熙五年三月廿一日，享年五十有三。」

康熙七年（戊申 1668）三十八歲

服滿。與宋穎實、江闓同等應吳綺之邀往吳興，並與吳、宋等十二人集於愛山臺，各有詩詠之，後集成《禊日愛山臺分韻》。〔註23〕

會，可知二人交往極密切。

〔註21〕〈潮陽歲暮即事……〉等詩，見《憺園文集》卷第三，〈遊南塔寺記〉、〈遊普陀峰記〉見同書卷二十五。

〔註22〕諸詩見《憺園文集》卷三，從這些詩中可看出這一系列紀行詩，當是倣效杜甫紀行詩的作法；且由這些詩中提到許多人、事，得知此二年徐氏的交遊範圍更廣。

〔註23〕據《憺園文集》卷三十六〈題吳梅村先生愛山臺上巳宴序卷〉：「此蘭次使君守湖州日，以上巳讌集郡署之愛山臺，而梅村所爲之序也。是日會者十有二人而余其一，先生所以有孝穆之句云。戊申迄今六年，蘭次以去官，……」

康熙八年（己酉 1669）三十九歲

據《憺園集》卷二十九〈顏參原墓誌銘〉知此年冬季，爲赴春官，曾取道亳宋。

康熙九年（庚戌 1670）四十歲

舉禮部殿試，以進士第三人及第（一甲三名進士）授內弘文院編修。

康熙十一年（壬子 1672）四十二歲

此年春，主試順天，往往憐收既落之才，拔韓菼於遺卷中，後菼會試、殿試皆得第一，天下文體爲之一變，人謂之識才。而納蘭性德亦於此次鄉試中舉。〔註 24〕

又是年黃虞稷與周在浚議徵刻唐宋秘本，並編成唐宋秘本書目。朱彝尊、錢陸燦等五人爲撰徵刻唐宋秘本書啓，張芳爲撰論略。徐乾學之刻《通志堂經解》頗受此事影響，而且可能在這時已有刊行經解的想法。

案：將二人徵刻秘本定於此年，王重民《千頃堂書目研究》有詳細說明，本文將在通志堂經解之刊刻部份作詳盡的引證。

康熙十二年（癸丑 1673）四十三歲

因鄉試取副榜不及漢軍，遭劾奏，與正考官修撰蔡啓僔並降一級，調用後補，南歸。南歸後即著手刊刻《通志堂經解》之事，並於是年次第開雕。又是年五月起，納蘭性德逢三六九日過徐乾學邸講論經史，每抵暮方去。二人師生之誼漸深，而乾學刻書之意或亦曾對納蘭氏提及，故而納蘭性德才會「慫惥是舉，捐金倡始」（通志堂經解總序）〔註 25〕

而從徐乾學撰〈新刊經解序〉中云「悉予兄弟家所藏本覆加校刊，更假秀水曹秋嶽、……釐正抄校，謀雕版行世。」則知至遲此年徐乾學與當時江南藏書家如毛辰、錢曾、黃虞稷及朱彝尊等人有往來，且抄借書籍。（詳見第二章第二節交遊考）

康熙十四年（乙卯 1675）四十五歲

是年援例復原官，徐母晉封太夫人。（〈行狀〉）

康熙十五年（丙辰 1676）四十六歲

是年徐乾學陞右贊善，十一月徐母顧氏逝世。於丁母憂時因「憫喪禮之流失，邪說溺人，寖以成俗，舊典棄而不講」於是蒐羅古今喪禮因革廢興的資料，並時與萬斯同、朱彝尊、顧湄及閻若璩等人商榷短長，編纂《讀禮通考》，歸里以後又加以

〔註 24〕見韓菼所撰〈行狀〉與張維屏《國朝詩人徵略》卷八（徐乾學）部份。
〔註 25〕見徐乾學撰〈通志堂集序〉，此序附於納蘭性德《通志堂集》卷首，《憺園文集》未錄。

修定，此書之編纂時間長達十餘年，三易稿才完成。《四庫全書》經部禮類著錄此書，秦蕙田《五禮通考》之纂亦受其影響。詳見第二章第一節著述考。

又此年納蘭性德成進士，而《通志堂經解》初刻工作亦完成，且是年確已決定將這套書刊刻之名轉於納蘭性德名下。所以，從這一年起性德著手撰寫通志堂經解各書之序，是年完成二十八篇。

康熙十六年（丁巳 1677）四十七歲

正月，與秉義、元文送舅氏顧炎武離京，話別於天寧寺。〔註26〕是年納蘭性德續成《通志堂經解》序三十五篇。而有一說，這六十三篇序非出於納蘭性德之手，詳見通志堂經解部份。又此年起為吳兆騫刻《秋笳集》四卷。

案：《四庫全書總目提要》別集類存目〈秋笳集〉條云：

> 此集前四卷為徐乾學所刊，後四卷為其子振所刊，而編次無序，……蓋隨得刊，故舛僞如是。

及今所傳《秋笳集》前附吳兆騫〈答徐健菴司寇書〉知徐乾學曾為吳氏刻書。而從吳氏此文中有「遭難以來，十有八年」之語，推測〈答徐健菴司寇書〉當在十五、六年左右，則《秋笳集》刊刻的時間當在這段時間內，故將此書之刊刻時間繫於此年。

康熙十七年（戊午 1678）四十八歲

上巳，與吳綺、李良年、吳任臣、姜宸英、陳維崧、盛符升等集於錢曾述古堂，作文友之會，酒闌有詩。〔註27〕後來，乾學與諸人至隱湖訪毛扆。

案：《憺園文集》卷六有〈同吳薗次志伊石葉陳其年姜西銘李武曾過隱湖訪毛黼季和薗次韻〉詩，因同去者除錢曾外，均上述文友之會者，且依《憺園文集》排列順序，此詩亦約作於此時，所以將此事定於是年。

康熙十八年（己未 1679 年）四十九歲

是年從給事中張鵬之請，再度詔修明史，命內閣學士徐元文為監修，翰林院掌院學士葉方藹、右庶子張玉書等為總裁官，并召試彭孫遹等五十人入館纂修。據楊椿《再上明鑑綱目館總裁書》云：

> ……於是湯文正公為太祖本紀，徐公嘉炎為惠帝本紀，朱君彝尊為成祖本紀，徐公乾學為地理志，潘君耒為食貨志，尤君侗為藝文志……。〔註28〕

知乾學當時已參與編修，且負責地理志部份。

〔註26〕見張穆編《顧亭林先生年譜》一卷，廣文書局年譜叢書，民國 60 年 11 月初版。
〔註27〕轉引自湯絢撰《清初藏書家錢曾研究》。
〔註28〕楊椿之文，見《明史例案》卷七，民國 4 年，吳興劉氏嘉業堂刊本。

康熙十九年（庚申 1680）五十歲

《通志堂經解》刊刻完畢，共一千七百九十二卷，徐乾學〈新刊經解序〉作於此年。

案：據徐乾學〈新刊經解序〉云：

　　……次第開雕，經始於康熙癸丑，踰二年訖工。

則刻經解的工作當在十四、五年已告一段落，但因欲移名納蘭性德，刻通志堂等字於版心，並另作去取，故至是年才完成，並由徐乾學撰寫序文。（詳見第五章第二節《通志堂經解》之刊刻）

康熙二十年（辛酉 1681）五十一歲

乾學與友宋德宜、納蘭性德、顧貞觀等爲吳兆騫鑱金納鍰，吳氏因而得以從關外放回。又是年延顧祖禹館於寓中。

案：陸隴其《三魚堂日記》：「辛酉七月初二，至常熟，會黃子鴻，言無錫顧禹錫字景範有方輿錄最精詳，今館於徐健菴家。」〔註29〕

康熙二十一年（壬戌 1682）五十二歲

是年正月舅氏顧炎武捐館。〔註30〕七月，徐乾學充明史總裁官。

案：清《康熙實錄》二十一年秋七月壬申條云：「以左贊善徐乾學充明史總裁官」而由乾學於二十八年所上之〈備陳修書事宜疏〉云：「……臣所輯明史，正德、嘉靖兩朝列傳及地理志、職官志、藝文志今已脫稿，其河渠志，儒林、文苑等傳，容臣一併帶回編輯，……。」則可知乾學是負責藝文志及列傳等之裁定。

康熙二十二年（癸亥 1683）五十三歲

此年徐乾學遷翰林院侍講（見《清史列傳》徐乾學本傳），並參與太宗、世祖聖訓的纂修工作〔註31〕。四月尤侗歸里，所撰《明史·藝文志稿》，乾學未加採用，而命黃虞稷重撰《明史·藝文志》。又於是年，邀閻若璩至京師，館乾學寓處。〔註32〕七月以後，浙江黃宗羲至崑山徐乾學家，讀傳是樓藏書，尋錄所需資料。

案：關於明史藝文志稿刪修始末，周彥文《千頃堂書目研究》〔註33〕有詳盡深入

〔註29〕陸隴其撰《三魚堂日記》，頁54，民國29年2月再版，商務印書館印行。
〔註30〕見張默撰《顧亭林先生年譜》。
〔註31〕《康熙實錄》卷一百七，二十二年二月丙子條：「以重修太宗文皇帝、世祖章皇帝聖訓，令內閣侍讀徐廷璽……左春坊左贊善徐乾學等……爲纂修官。」
〔註32〕見張穆編《閻若璩年譜疏證》。
〔註33〕周彥文撰《千頃堂書目研究》，民國73年度東吳大學中國文學研究所博士論文。

的探討，本篇與藝文志，黃虞稷有關的部份多參考此文。將在本文稍後，再做深入的引證、討論。

又案：《黃梨洲年譜》二十二年下云：「黃宗羲至崑山，主徐司寇家，觀傳是樓書。」而據年譜前後文看，黃氏至崑山當在七月之後。〔註34〕

康熙二十三年（甲子1684）五十四歲

徐乾學遷侍講學士，陞詹事府詹事。乾學子樹屏與姪樹聲（徐元文子）並中順天鄉試。康熙帝以是科取中各卷顯有情弊，下九卿詹事科道磨勘。後樹屏樹聲等均革去舉人〔註35〕又此年閻若璩仍寓徐乾學碧山堂，並爲說禮服。黃儀亦於此年至北京徐乾學處。

案：《康熙實錄》二十三年十二月壬辰條：

> 陞翰林院侍講學士徐乾學爲詹事府詹事。

又案：據《閻若璩年譜》引疏證卷八：

> 余甲子春寓東海公碧山堂爲說禮服云云。

又《閻若璩年譜》引箚記：

> 憶甲子初夏自碧山堂移徐公健菴寓邸。（箚記案語云：碧山堂蓋健菴館客之別第。）

康熙二十四年（乙丑1685）五十五歲

正月，聖祖召試翰詹諸臣於保和殿，乾學列上等第一。諭獎乾學等五人學問優長，文章古雅，優加賞賚。〔註36〕乾學旋奉命直南書房，擢內閣學士，充大清會典副總裁，並教習庶吉士，撰〈教習堂條約〉七則。此年又奉聖祖之命，編注《古文淵鑑》六十四卷。

案：《四庫總目提要・集部・總集類》五云：

> 康熙二十四年聖祖仁皇帝御選，內閣學士徐乾學等奉敕編註。所錄上起春秋左傳，下迄於宋。

又《四庫總目提要・子部・儒家類》存目三〈教習堂條約〉條云：

> 此書乃其教習庶吉士時所定學規，曹溶收之學海類編者也。

考徐乾學教習庶吉士爲康熙二十四年五月〔註37〕，則這七則條約當完成於此時之

〔註34〕《黃梨洲年譜》，見薛鳳昌編次《梨洲遺著彙刊》，民國58年10月臺初版。（原書係民國16年上海掃葉山房本）

〔註35〕《清史列傳》卷十〈大臣畫一檔正編七〉〈徐乾學傳〉

〔註36〕同註35。

〔註37〕康熙實錄二十四年五月乙酉條云：「命翰林掌院學士常書，內閣學士徐乾學，教習庶

後。另據《康熙實錄》二十三年五月己巳條：

> 纂修大清會典，以勒德洪、明珠……等爲總裁官，……王鴻緒、湯斌等爲
> 副總裁。

又《康熙實錄》二十四年二月己亥條又言：

> ……以掌院學士常書，詹事徐乾學充會典副總裁官。

則會典之開纂始於二十三年，而此年徐乾學才參與修纂，並任副總裁。以上三書，
詳見下一章著述考。

康熙二十五年（丙寅 1686）五十六歲

是年聖祖諭吏部，徐乾學等宜留辦文章事務，尋授禮部侍郎，充經筵講官。
〔註38〕三月，命修一統志，以徐乾學等爲副總裁，并專理館務。又此年黃虞稷撰
成明史藝文志稿，並充一統志纂修。〔註39〕

> 案：《康熙實錄》二十五年三月己未條云：「命修一統志，以大學士勒德洪……爲
> 總裁官，內閣學士徐乾學……爲副總裁官，并命陳廷敬、徐乾學專理館務」

康熙二十六年（丁卯 1687）五十七歲

是年六月乾學轉任禮部左侍郎，釐正禮制科條。九月陞爲左都御史。而於此年
內連續邀請劉獻廷、嚴虞惇、王原等入京，分纂〈曆志〉、〈食貨志〉等，備《明史》
采用。〔註40〕

又劉繼莊，名獻廷，字君賢，順天大興人。據全祖望撰〈劉繼莊傳〉：

> 崑山徐尚書善下士，又多藏書，大江南北宿老爭赴之，繼莊遊其間，別有
> 心得。……萬隱君季野於書無所不讀，乃最心折於繼莊，引參明史館，顧
> 隱君景范，黃隱君子鴻長於輿地，亦引繼莊參一統志事。〔註41〕

則知徐乾學與劉氏之交往當在此年之前，而徐乾學負責編纂之二部書，劉氏亦均參
與。至於其負責曆志之說，則引錄自《乙卯劄記》。〔註42〕

吉士。」

〔註38〕《康熙實錄》二十四年三月戊辰條云：「陞詹事徐乾學爲內閣學士兼禮部侍郎。」與
本傳將「尋授禮部侍郎」置於二十五年稍有出入，待查。

〔註39〕案《碑傳集》與《福建通志》均云，一統志之纂修始於康熙二十三年，今據《清史
列傳》徐乾學本傳與《東華錄》，可知清廷纂修一統志當始於此年。

〔註40〕「常熟嚴虞惇入京，館徐乾學家，助纂《明史》」；「安徽錢澄之以徐乾學邀北行，在
袞州度歲。」以上均轉錄自《明清江蘇文人年表》。「青浦王原徐乾學管家，陸續收
集資料，纂爲〈明食貨志〉十二卷」此則見《明季史料題跋》。

〔註41〕全祖望《鮚埼亭集》卷二十八，頁12。

〔註42〕《乙卯劄記》載：「直隸劉獻廷助徐乾學纂《曆志》，備《明史》采用，未定稿。」

案：《康熙實錄》二十六年六月乙亥條云：「轉禮部右侍郎徐乾學為左侍郎。」同
年九月丙申條云：「陞禮部左侍郎徐乾學為都察院左都御史。」

康熙二十七年（戊辰 1688）五十八歲

是年二月徐乾學充會試正考官，得唐孫華﹝註43﹞等人。於當月稍後又遷刑部尚
書。五月，與陳廷敬各以疾乞休，以原官解任。又是月黃宗羲至吳門，因徐秉義之
邀至崑山，徐乾學曾與之會面。

案：《康熙實錄》二十七年二月乙未條：

以大學士王熙，左都御史徐乾學為會試正考官。己巳，以都察院左都御史
為刑部尚書。

同年五月己卯條：

吏部尚書陳廷敬，刑部尚書徐乾學各以疾乞休，命原官解任。

關於徐乾學充會試正考官、遷刑部尚書事，《清史列傳》本傳亦載錄。又據《黃梨洲
年譜》二十七年下有「五月黃宗羲之吳門，崑山果亭徐公自來相接，遂至崑山。在
健菴尚書座，有突如而問道學異同者。」則此年黃宗羲與徐乾學曾在崑山會面；但
衡之《實錄》所載，五月徐乾學方乞休，是否當月就能抵達崑山與黃氏相見，值得
商議。然此仍暫依《黃宗羲年譜》繫此事於此年。

康熙二十八年（己巳 1689）五十九歲

十月，副都御史許三禮上疏劾乾學不顧品行，律身不嚴，大干物議，列乾學考
試舞弊，違禁取利，納賄置產等九大款，並及於三弟徐元文。徐乾學回奏並三疏乞
歸，倣古人書局自隨之義。康熙帝准其奏，並親書「光燄萬丈」額以寵其行。

另徐乾學於陛辭前上〈備陳修書事宜疏〉，奏明《明史・藝文志》等負責裁閱部
份已脫稿及一統志、宋元通鑑等書編輯的進度。疏中並請准姜宸英、黃虞稷隨往襄
助纂書。

案：《康熙實錄》：「二十八年，十一月，己未，管理修書總裁事務原任刑部尚書徐
乾學請假省墓，并請以奉旨校讎之御選之古文，會典，明史，一統志諸書帶
歸編輯，允之。」

又案：此次藝文稿為黃虞稷所撰，此年完成，並經徐乾學裁閱。據《千頃堂書目研
究》云，乾學曾就分類及小注部份與予增刪，此稿之刪增或與其《傳是樓書
目》之分類有關，亦可見其對目錄分類的看法，將於藏書目錄部份作較深入

﹝註43﹞康孫華，字君實，江蘇太倉州人。康熙二十七年進士。徐乾學開一統志局於洞庭東
山，曾招孫華前往。

的探討。

又案乾學遭許三禮劾疏，詳見《清史列傳》本傳。

康熙二十九年（庚午 1690）六十歲

乾學於二月陛辭，薦黃宗羲予玄曄，謂博學洽聞可備顧問。三月回籍，開一統志局於東洞庭山，延顧祖禹、胡渭、閻若璩、黃虞稷、黃儀及姜西溟等人分纂。五月，兩江總督傅拉塔劾徐乾學及徐元文平日縱其子姪交結仕宦，借勢招搖競利害民。徐元文因此事休致，徐乾學免究。

案：《清史列傳》本傳云徐乾學此年：

> 二月陛辭，玄曄賜御書光燄萬丈區額。五月，兩江總督傅拉塔劾乾學於三月回籍，即於四月內欲沽名譽，囑託蘇州府貢監等具呈巡撫洪之傑，建造生祠於虎丘山上。平日縱其子樹敏樹屏與元文之子樹聲樹本交結洪之傑，借勢招搖，競利害民，乞敕部嚴擬，語詳元文傳。聖祖命元文休致，劾款免究。

另據《黃梨洲年譜》是年下有：「二月聖祖仁皇帝問徐尚書乾學，海內有博學洽聞文章爾雅可備顧問者，徐乾學對以黃梨洲云云。」

又《顧祖禹年譜》：「是年先生在都門六十初度。自後先生即南歸，秋間至洞廷東山一統志局。」

康熙三十年（辛未 1691）六十一歲

是年延裘璉，馬澜等入一統志，裘璉並撰〈纂修書局同人私名題記〉。四月，徐乾學因濰縣令朱敦厚加收火耗事革職，又三子徐樹敏涉嫌收受嘉定縣令閻在上贓銀一事，乾學亦遭劾，汲汲可危，後因康熙下召而免議。〔註44〕又乾學於此年為納蘭性德刻《通志堂集》二十卷。

案：《顧祖禹年譜》：「馬澜字雲翔，號碧淪，國子生。……康熙中詔修《一統志》，徐乾學延澜共事。」（楊熙寧撰傳）

又案：張舜徽《清人文集別錄》云：

> 康熙三十年，纂修一統志，徐乾學為總裁，訪士於黃宗羲，宗羲舉璉以告，遂以三楚志屬焉。〔註45〕

至於所撰〈纂書同人私名題記〉今附於〈行狀〉之後，當在此年所作。《清史列傳》

〔註44〕見《清史列傳》徐乾學本傳。
〔註45〕張舜徽撰《清人文集別錄》卷三，頁 70～71，《橫山文集》十六卷。《清人文集別錄》，台北：明文書局股份有限公司，民國 71 年 2 月台初版。

徐氏本傳云：

> 山東巡撫佛倫鞫濰縣知縣朱敦厚加收火耗事，劾乾學曾致書前任巡撫錢鈺
> 庇敦厚，部議乾學與錢鈺均革職。先是乾學未罷歸時，嘉定知縣聞在上為
> 縣民告發私派事革任，究擬閱二年不結。至是按察使高承爵窮詰聞在上，
> 追憶未告發時，因徐樹敏聲言私派有干功令，曾以贓銀二千兩餽之。至告
> 發追還，論樹敏嚇詐取財應絞，江寧巡撫鄭端因疏劾休致，左都御史王鴻
> 緒曾受聞在上餽銀五百兩，為之設計私派，亦於告發後追還，應與不約束
> 子弟之徐乾學並敕部嚴議。部議乾學已革職免議，王鴻緒應令總督審供定
> 議。尋奉詔嚴戒內外各官私怨交尋，牽連報復，於是釋鴻緒弗問，乾學子
> 樹敏亦贖罪。

又案：納蘭成德卒於康熙二十四年，但由今傳《通志堂集》附徐乾學所撰序云：
> 「……余里居杜門，檢其詩詞古文遺稿」及嚴繩孫序所署乃三十年秋，則此
> 書之刻當在是年。

康熙三十一年（壬申 1692）六十二歲

是年撤一統志局，但乾學仍奉旨續進所纂書。因仍有媒蘖欲入其罪者，乃避居
嘉善〔註46〕，後又就居郡西華山之鳳村。六月，宋牧仲由江西巡撫調任江蘇巡撫，
情勢稍緩，是月友顧祖禹卒於家。

康熙三十三年（甲戌 1694）六十四歲

七月，康熙詔命徐乾學、王鴻緒、高士奇等人至京修書，而乾學已於七月十七
日卒，未聞命。後葬於吳縣十二者上扇十二蓋字生圩生穴，坐落鄧尉山費家河頭山
口向。享年六十四歲。所著有《憺園集》、《讀禮通考》諸書，遺疏進其所纂《一統
志》，下所司察收。

案：《康熙實錄》三十三年秋七月丁亥條云：
> 上命大學士等於翰林官員內知有長於文章，學問超卓者具奏。大學士等奏
> 曰：三朝國史典訓一統志明史尚未成書，徐乾學王鴻緒高士奇韓菼等在
> 籍，皆文學素優之人若召令各纂一書，書可速成，上曰：徐乾學等著來京
> 修書。

案：徐乾學的卒年及日期有二說法：

三十六年：待複查。

三十三年：此說正確，〈行狀〉，〈家譜〉，〈清史本傳〉均作此說。

〔註46〕見《徐乾學家譜零本》及韓菼撰〈行狀〉。

至於逝世的日期亦有二說：

（1）《清史列傳》，於四月疾卒，年六十四。

（2）〈行狀〉：

公生於有明崇禎四年十一月初二日，卒於康熙三十三年七月十七日。

據所見之徐乾學家譜所載日期亦作此，故應以此說爲確。清史列傳本傳有誤。

又案：據韓菼撰〈行狀〉，知徐乾學葬於康熙三十四年十一月二十六日。至於所葬之地，〈行狀〉並未註明，而僅言：今卜食於某山某鄉某原。徐乾學家譜記載如上，而《崑新兩縣續修合志》卷十五冢墓下則載爲「刑部尚書徐乾學墓在吳縣十九都十六鄙蓋用圩」或因時代不同，故說法有異，今並存之，而以家譜所載爲行文根據。

至於徐乾學著作纂修之書，則於下一章著述考中詳論。

附表 1-1：徐乾學世系表

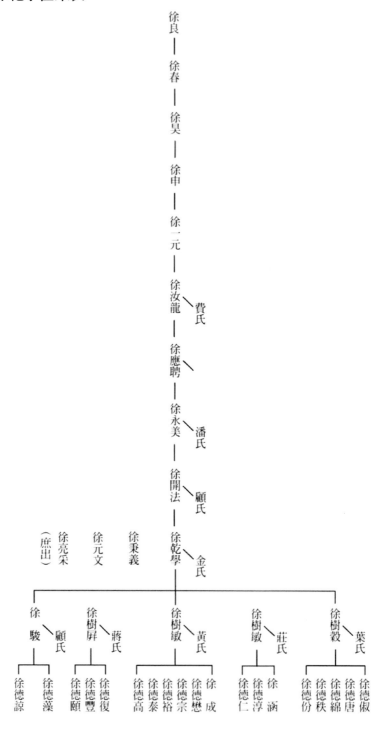

第二章　徐乾學的著述及其交遊

　　徐乾學在清初以藏書家聞名，有藏書目錄流傳於世；但從第一章徐氏的生平事蹟繫年來看，可知徐氏年輕時曾入慎交社、滄浪亭會等詩文社，爲郡域文社領袖，倡和者眾；中年後置身政治，則勤於獎掖後進，延致人才，門下士極多。彼此倡和或抒懷之作頗多，後來輯成《憺園文集》。其藏書刻書，與多位藏書家有往來；又因其學好經史，多延訪經學大儒，研討體例，有《讀禮通考》等著作。所以張之洞《書目答問》所附的〈國朝著述諸家姓名略〉把他與王夫之、萬斯同、黃宗羲、朱鶴齡等同列爲「漢宋兼采經學家」，認爲是「博綜眾說，確有心得者」〔註1〕；此外，徐氏的文章學術頗佳，受康熙欣賞，曾受敕命編輯一些書籍。所以徐乾學的著述可謂範圍廣泛，而交遊幾乎包括了當時政治、文學、經、史、理學各範圍的著名人物，並且與其著述、交遊有所關連，故列爲一章討論。

第一節　著述考

　　關於徐乾學的著述，以韓菼撰〈資政大夫經筵講官刑部尙書徐公乾學行狀〉，說明最爲詳細，將在以下的論述中擇其適當之處引述並稍作說明。這一節雖云徐氏著述考，但徐氏的藏書目錄將在後面詳加討論，所以此處將略而不提，而將重心放在徐氏其他的作品上。

　　徐乾學的著述可大略分爲兩部份：一爲他自己的作品，另一則爲奉敕命所編纂的。以下即按此分別介紹。

〔註 1〕　見張之洞撰《書目答問》總一百十〈國朝著述諸家姓名略〉，頁 113，台北：，新文
　　　　豐出版公司，民國 63 年 12 月初版。

一、徐乾學編撰之書

（一）《讀禮通考》一百二十卷

1. 編纂動機及經過

此書的編纂動機及經過可從原刊本之朱彝尊序、徐樹穀識語及韓菼〈行狀〉中得知，從徐樹穀〈讀禮通考識語〉云：

> 先大夫讀禮通考草創於康熙丁巳，時居王母顧太夫人之憂，憫喪禮之流邪說溺人，寖以成俗，舊典棄而不講，臨時注曆多不尊禮，乃蒐討古今喪紀因革廢興之由。〔註2〕

與韓菼〈行狀〉云：

> 先是公爲孝廉而喪贈公哀毀甚，三年不內寢，喪葬一以禮。

可見徐乾學對於「禮」頗重視且身體力行，而丁母憂時感世人之不重喪禮故有此作。此書之編纂時間長達十餘年，其間並時常與朱彝尊、萬斯同、顧湄及閻若璩等人商榷短長，博綜器數，量度人情，斟酌繁簡，歸里以後又加訂定，三易稿才完成，可見其著述之愼，用力之勤。

書的體例及內容爲徐乾學所定，是「經以三禮，緯以史」〈行狀〉，「先經史次群籍，而近世名公碩儒之議論亦附載於其後，更以己意疏通證明，俾疑義盡析。」〈徐樹穀識語〉並依朱彝尊的建議「并修吉君賓嘉四禮」〈朱彝尊序〉，但方事排纂而徐乾學逝，因此只刻喪禮，現今行世者只含喪禮部份。內容依徐乾學所撰凡例，大概可分爲：一喪期，二喪服，三喪儀節，四葬考，五喪具，六變禮，七喪制，八廟制喪期。歷代異同則有表，五服暨儀節喪具則有圖。

此書於儀禮、士喪禮等各篇博采眾說，縷析條分，頗爲詳備。《四庫全書總目提要‧經部‧禮類》二〈讀禮通考〉，認爲此書乃：

> 合眾力以爲之，故博而有要，獨過諸儒。……是書蒐羅富有，秦蕙田五禮通考即因其義例而成，古今言喪禮者蓋莫備於是焉。〔註3〕

乃肯定此書之價值及其影響，而由秦蕙田《五禮通考》序云：

> 丁卯戊辰治喪在籍，杜門讀禮，見崑山徐健菴先生通考，規模義例具得朱子本意，惟吉嘉賓軍四禮尚屬闕如……乃與學士吳君尊彝，陳舊篋置抄胥，發凡起例一依徐氏之本，并取向所考定者分類排輯，補所未輯。

〔註2〕徐樹穀識語，附於《讀禮通考》康熙三十五年刊本目錄前。此識語，四庫全書本予以刪除。

〔註3〕此書爲《四庫全書總目提要》‧經部‧禮類二的附錄，總頁碼 410～411。台灣商務印書館本，民國 60 年 5 月印行。

〔註4〕
則知秦蕙田確實循徐氏《讀禮通考》之例而考五禮之沿革，《四庫提要》所云不虛。

　　至於全謝山撰〈萬季野墓誌銘〉云：

　　　　徐侍郎乾學請先生纂讀禮通考，又以其餘爲喪禮辨疑四卷，廟制折衷二
　　　　卷，又請成五禮之書二百餘卷。〔註5〕

將此書歸爲萬氏著作，筆者雖然認爲《四庫提要》「合眾力以爲之」及《清儒學案》
中〈健菴學案〉中所云「當非一人所擅美」較爲公允；但以萬氏之嫺於禮，且徐乾
學極重其學識，此書之完成，得力於萬氏之處或許甚多，故備爲一說。〔註6〕

　2. 《讀禮通考》的版本

　　此書之版本由今所知見者有四：

　　（1）《清學部圖書館善本書目》經部，頁9曾載有「讀禮通考一百二十卷，國
　　　　朝徐乾學撰，稿本」可能即是徐乾學原撰稿本，今查考北平圖書館古籍
　　　　善本書目亦載有稿本一百二十卷，當爲同一書。茲據書目略述其板式行
　　　　款：三十三冊，十三行，二十字，小字雙行三十字，黑格，白口，四邊
　　　　單欄。〔註7〕

　　（2）清康熙三十五年刊本，前有朱彝尊序，徐樹穀識語及徐乾學所撰之凡例，
　　　　凡例後列有引用書目。此書板式行款如下：四周單欄，白口，單魚尾，
　　　　魚尾下標明書名、卷次及頁碼。半頁十三行，行二十字。卷首作「經筵
　　　　講官禮部左侍郎兼翰林學士教習庶吉士充大清會典一統志副總裁明史總
　　　　裁徐乾學」，書中除了中央圖書館印章，並無其藏書印記。

　　此種版本，台灣大學及師大各藏有一部，其中師大所存者爲東北大學寄存圖
書。〔註8〕

　　（3）《四庫全書》亦收此書於〈經部‧禮類〉二，附有朱序，徐氏凡例，引用

〔註4〕秦蕙田《五禮通考》，茲據版本爲東海大學所藏光緒六年九月江蘇書局重刊本。

〔註5〕全謝山之說，見《鮚埼亭集》卷十，頁4。又劉枋〈萬季野行狀〉則敘在著作時云：
　　　　「所著書數十種，……讀禮通考九十卷爲徐司寇乾學所撰，刻於徐氏傳是樓」（此文
　　　　今附見於《石園文集》）亦是把此書歸於萬斯同所作，但卷數卻與今通行本不同。《鮚
　　　　埼亭集》，此據四部叢刊初編。

〔註6〕萬氏之學，治經尤深於禮，治史尤詳於明，徐乾學聞其名而招致之，並曾欲薦萬氏
　　　　入史館。至康熙二十八年，仍館於乾學、元文家，與萬氏相處時間長，或常與商討
　　　　有關禮的問題。（詳見徐乾學生平事蹟彙編部份）

〔註7〕見《北京圖書館古籍善本書目》，北平，北京圖書館編，書目文獻出版社，民國76
　　　　年7月出版。

〔註8〕師大所藏版式同於前，而除「東北大學寄存圖書」外，無其他印記。

書目，而刪除徐樹穀識語。花口，板口注欽定《四庫全書》，單魚尾，魚尾下註書名卷次頁碼，半頁八行行二十一字。

（4）江蘇書局於清光緒七年，曾重刊此書，版式略同於康熙三十五年刊本，僅將四周單欄改為左右雙欄，封面後加上「光緒七年四月江蘇書局刊版」等字樣的版記，所附序、凡例等亦同，而無任何重刊的序跋。此版本就所知中央圖書館及台灣分館各藏有一部。中圖所藏者為三十二冊，版匡高十八點五公分，寬為十五點一公分，有「嘉興錢晉甫藏書畫印」（白文方印，封面），「國立禮樂館藏書圖書庫」（藍楷圓章，朱序）及國立中央圖書館印記。

（二）《資治通鑑後編》一百八十四卷

1. 編撰經過與評價

《四庫全書總目提要・史部・編年類》「資治通鑑後編」條，提及徐乾學之編輯此書乃因：

> 元明人續通鑑者，陳桱王宗沐諸本……大都年月參差，事蹟脫落；薛應旂所輯，雖稍見詳備，而……以胡瑗為朱子門人，疏謬殊甚，皆不足以繼司馬光之後，乃與鄞縣萬斯同、太原閻若璩，德清胡渭等，排比正史，參考諸書，作為是編。〔註9〕

由上敘述可知此書亦成於眾手，但以徐乾學為首，故書其名。不過在韓菼撰〈行狀〉未列此書，而另提及：「其於史，宋元通鑑草已成，方博采群書為目錄考異，尚未就」，又徐乾學上乞歸疏時曾「請改修宋元通鑑，倣司馬光通鑑例作目錄考異，彙為一書」。〔註10〕案〈提要〉云：「草創甫畢，欲進於朝，未果而歿。」與韓菼所說情況相近。不知韓菼所言之宋元通鑑，與此書僅是名稱異而內容同？抑或為徐乾學另一著作，然無直接證據能證明，故僅存疑待查。

《四庫提要》評此書缺點是「所輯北宋事蹟援證不能賅博，宋末二帝事蹟又誤沿舊史，有乖事實；且刻意博贍，頗少剪裁，徒傷煩冗」；但也肯定此書之「裒輯審勘，用力頗深，故訂誤補遺，時有前人所未及者。」（提要，同上）評論甚為公允。又莫友芝為畢沅撰〈續資治通鑑序〉：

> 本朝康熙中，徐健菴尚書乃萃一時淹洽鉅手，比正史集諸散記，成後編一百八十四卷。然健菴時宋熊氏克中興小記、李氏心傳建炎以來繫年要錄出

〔註9〕《四庫全書總目提要》・史部・編年類〈資治通鑑後編〉條，總頁碼 1053～1054。
〔註10〕見〈備陳修書事宜疏〉，今收錄於《憺園文集》卷第十。

永樂大典者未行于世，……故猶未能酌繁簡之當。逮秋帆尚書際《四庫》
告成明備之餘，得因徐氏舊編羅放失，翦榛蕪……以成定本〔註11〕

文中說明了徐乾學等當時編此書，有客觀環境的限制，也提到此書對畢沅之成續資治通鑑有影響。

2. 版本與流傳

但此書除《四庫全書》依原稿鈔入外〔註12〕，徐氏子弟似乎並未另刊。清季徐氏後裔傳鈔慈谿馮氏藏本以贈浙江學政徐致祥，而徐致祥則以此書囑富陽夏定武校定，並付浙江官書局刊行，夏氏並另著有校勘記十五卷行世。夏氏校定本共一百二十冊，民國二十幾年時藏於浙江圖書館，曾於浙江文獻展覽時展出。〔註13〕

茲據史語所藏之光緒二十六年富陽夏氏校刊本，略述書之板式行款：左右雙邊，花口，版口處題「資治通鑑後編」四周雙欄，單魚尾，魚尾下註卷次頁碼；半頁十二行行二十一字，小字雙行同。版匡高廿一公分，寬十四公分。卷首題「資治通鑑後編卷幾富陽夏氏校本」，次行「刑部尚書徐乾學編集」。書共四十八冊，前附《四庫總目》此書〈提要〉，及刊刻校對各員紳姓氏表。書末附有「夏定武識語」一則，略云其校勘緣起及經過。每冊有「國立中央研究院歷史語言研究所圖書之記」（朱文長方印）此書前雖未刻有浙江官書局牌記，但校對各員多有功名，似應即為上述之浙江官書局本。

（三）《教習堂條約》一卷

《四庫總目提要・子部・儒家類》存目三〈教習堂條約〉條云：

此書乃其教習庶吉士時所定學規，曹溶收之學海類編者也。

案，徐乾學教習庶吉士為康熙二十四年五月〔註14〕，則這七則條約當完成於此時之後。〈提要〉以其撰寫之年，曹溶病卒，且遠在嘉興，似不應得見其條約而編入叢書，推論此或曹溶歿後，傳鈔者所竄入。今考現傳之《學海類編》原序云：

學海類編者，浙西曹秋岳先生之所輯，其門人陶子艾村所增刪也。〔註15〕

則提要之說有其可能性，然究竟是誰竄入，則無從考知。

〔註11〕此序置於《續資治通鑑》前，畢沅此書有清同治六年江蘇書局補刊本，未見。此處據中華書局四庫備要本〈據原刊本校刊〉

〔註12〕據《四庫提要》云：「今原稿僅存，惟闕第十一卷，書中多塗乙刪改之處」，則四庫所收非完本。

〔註13〕此據《文瀾學報》第二卷三、四期（浙江文獻展覽專號），頁357所載。

〔註14〕清《康熙實錄》二十四年五月乙酉條云：「命翰林院掌院學士常書，內閣學士徐乾學教習庶吉士」。

〔註15〕據台北文源書局民國53年影印本引證。

又提要謂「此書」,且標明乃「編修程晉芳家藏本」,似乎教習堂條約曾有單行本,或傳鈔,或刊行俱不可考知,韓菼〈行狀〉亦未列。此教習堂條約今除收入《學海類編》〈集餘〉──行諧之一,也收入《憺園文集》卷三十六。兩處所收,徐了少數字寫法不同,並無差異。〔註16〕

(四)《憺園文集》三十六卷

1. 《憺園文集》的內容與評價

《憺園文集》凡收詞賦一卷,次八卷為詩作,包括卷二至卷四虞浦集三百五十首;卷五、六詞館集二百廿七首;卷七至卷九碧山集二百八十首;略依寫作先後編排〔註17〕。第十卷以下為各體雜文,按文類為次,依序為疏、奏、表、議、辨、說、或問、論、考、序、記、墓誌銘、神道碑、墓表、塔銘、祭文、哀辭、行狀、傳、書、雜著共二百八十四首。乃乾學卒後,其長子徐樹穀所編次。

若依韓菼〈行狀〉云:

> 所著……文集二十四卷,外集四卷,詩有虞浦集、詞館集、碧山集共十卷。

文集似應為三十八卷;然《徐乾學家譜零本》載徐氏著作:

> 已刻有《憺園文集》二十四卷,《詩集》十卷,《制義文稿》二卷,未刻者
> 有《憺園外集》、《憺園遺集》、《南遊日記》等書。〔註18〕

今集中收錄詩八卷而無外集等。不知是否已全收入,而分卷稍加調整;抑或詩集、外集均有佚失,故僅有三十六卷,因韓氏未說明外集收錄內容,所以現在並無法印證究竟。但張舜徽《清人文集別錄》推論道:

> 集中文字以書札為最少,以彼位秩之隆,交游之廣,交朋通問,不為不多,
> 而所存者僅寥寥數簡,蓋散佚為不少矣。〔註19〕

且筆者自《吳縣志》卷三十九所輯得之〈依綠園記〉一篇〔註20〕;高士奇《清吟堂全集》得詩〈答江村約遊北墅〉、〈將之北墅寄江村〉、〈北墅歌酬江村〉、〈梓花〉四

〔註16〕如「並」字於文源影印本作「竝」,又行文凡「朝廷」、「皇上」等詞都換行頂格書寫,而於學海類編本則只空一格
〔註17〕昌彼得先生撰〈憺園文集敘錄〉云:「詩係編年,文依體分」但據筆者略考,詩似乎僅是大致依撰寫先後編,非確實依年編次。
〔註18〕《徐乾學家譜零本》,清闕名輯,清後期鈔本。日本東洋文庫藏,所見為台北家庭歷史中心複製微卷。
〔註19〕見張舜徽《清人文集別錄》卷二,頁59~61。
〔註20〕〈依綠園記〉見於《吳縣志》卷三十九第宅園林上,頁41、2,書為吳秀之等修,曹允源等纂。中國方志叢書第十八號,成文出版公司有限公司據民國22年鉛字本影印,民國51年台一版。此篇文章乃記東洞庭山麓,隱士吳時雅所構之園庭。

首〔註21〕；《顏氏家藏尺牘》、《清代名人手札甲集》中輯得書四首〔註22〕等成果，
似可爲張氏推論徐乾學作品有散失之佐證。

不過《四庫總目提要‧集部‧別集類》存目十「憺園文集」條，肯定：

> 集中考辨議說之類，亦多與傳注相闡發。

而於乾學的文章則云：

> 然文章則力候未深，大抵隨題衍說，不甚講求古格。賦頌用韻，尤多失考。
> 尚未能憚鞅詞壇，與諸作者爭雄長也。（同前）

似乎認爲徐乾學的文章、詩作不足以收入全書中，故僅存目備考。但是，關於《四
庫全書》之所以不收徐乾學的文集，昌彼得先生撰〈憺園文集敘錄〉有另一番精闢
的見解，因文章頗長，故擷引其語。昌先生首述徐乾學「歷掌詞館文衡，甚獲聖祖
喜愛，而曲意庇護」；繼引沈德潛論其詩醇雅可傳、石韞玉氏謂『其文章本經史，旁
通諸子百家，開闔變化，歸於妥適』及邵長衡序其集稱其『發而爲文，無意求工，
而不能不工』等諸家之後〔註23〕，推言《四庫總目》之語並不公允。末則以《四庫
全書》之凡例言不著錄姚廣孝、嚴嵩等人文章之因，推考「《四庫》著錄於集部諸書，
不僅論其文，尚須察其人品」（見〈敘錄〉）而論乾學文集之未著錄於《四庫》，與其
人品有關，而非其詩文之不工。至於僅入存目之曲說，則因：「四庫館臣如直書其見
斥之由，適彰聖祖庇護之非，故不能不曲爲之說，藉文章力候未深爲由，而抑其書
入存目」，「然就文論文，亦足與朱竹垞、毛西河諸家相頡頏，不宜因人而廢其書」
（同上文）推論過程極爲詳盡，評斷公允精闢。

由昌先生之引語，可知前人對於徐乾學詩文的評價並不低，如《清名家詩人小
傳》說其詩：

> 格律圓整和諧，不離唐詩者近是。〔註24〕

〔註21〕 上述四首詩見於高士奇《清吟堂全集》中《歸田集》卷第十四（晤日大司寇徐公枉
過北墅，時梓樹……）詩後所附。

〔註22〕 《顏氏家藏尺牘》中有一首。此書原收錄於海山仙館叢書，今亦收錄於《叢書集成
初編》，民國24年12月初版，商務印書館影印。《清代名人手札甲集》有一首，書
爲吳長瑛輯，近代中國史料叢編第十五輯，文海出版社出版。吳修輯《昭代名人尺
牘小傳》亦收有二首，民國56年2月台一版，台中立德出版社出版。

〔註23〕 沈德潛之說見於《清詩別裁集》小傳卷九，邵長衡之說見於《青門賸稿》卷四〈憺
園文集序〉一文中。以上數文，除邵氏之文，其餘在影印本《憺園文集》附錄可查
閱到。《憺園文集》，收錄於昌彼得先生編《清名家集彙刊》，台北漢華文化事業股份
有限公司，民國60年8月初版。

〔註24〕 見《清名家詩人小傳》卷一，頁16。

而俞樾〈儋園全集敘〉則云：

> 今讀儋園集，原本經史，議論名通，可以配亭林之書，而無愧所謂酷似其
> 舅氏歟。〔註25〕

均肯定其文章詩作。鄧之誠《清詩紀事初編》卷三云：

> 乾學文辭淵雅，學有本原，其才不下潘未。使不爲達官，或更足取重于人。
> 〔註26〕

亦爲相當中肯之評論。不過，張舜徽《清人文集別錄》除了說「乾學之學長於議論」，如立孫議，孔廟兩廡位次議，卷十四北郊位配議、郊祀分合議，卷十八歷代社稷壇考、郊祀考諸篇，「皆準古酌今，考證詳悉，而確有發明」以外，也論及「集中文字亦有但事比輯，猶未成編者，如卷十八歷代纂修書史例考，卷三十五購書故事之屬，則皆當日隨手撮錄，未加潤色之作，乃亦采以入集，頗嫌其濫」。〔註27〕是唯一評論此書時，優缺點均及者。

2.《儋園文集》的版本與流傳

至於此書之刊刻，已知有三次，略述刊刻經過，並述流傳情形於下：

（1）首刻於康熙三十六年

爲徐樹穀排纂成帙，喪中以數十部贈人。此種版本「寫刻俱精」〔註28〕，但流傳不廣，可能與當時徐乾學逝世後，仍有言是非者有關。〔註29〕茲據中圖所藏，敘其版刻情形：

封面作「冠山堂藏版」，次行中題「儋園文集」。左右雙欄，白口，單魚尾，魚尾下有「儋園文集卷幾」，下註頁碼，版口處註每版字數，下象鼻則有刻工姓名。每半頁十行行十九字。版匡寬十四點四公分，高二十點二。書前有宋犖序。宋序有中

〔註25〕 俞樾此序，今附於光緒九年刊本之前，另於《春在堂全書》〈春在堂雜文四編〉五，亦可查到；筆者案，俞氏此序文僅就學術的觀點來看《儋園全集》，對此書優點亦僅言「今讀儋園集，原本經史，議論名通，可以配亭林之書，而無愧所謂酷僅其舅氏歟」而對集中幾近三分之一的詩作和序文則缺而不論。或俞氏認爲徐乾學文學作品不佳，不足以言，而於序中不便批評，故缺而不論以見微意？

〔註26〕 鄧之誠《清詩紀事初編》卷三，頁363～365〈徐乾學〉條，此書作者「鄧之誠」在台灣中華書局出版時改爲「鄧文成」。

〔註27〕 張舜徽撰《清人文集別錄》卷二，頁59～61。張氏此別錄論徐乾學文學，學術思想頗詳要。

〔註28〕 見昌彼得先生〈儋園文集敘錄〉。

〔註29〕 張舜徽撰《清人文集別錄》卷二云：「崑山知縣金吳瀾喜刻書，得改本儋園集爲之重刻，云集初刻成，乾學即歿，喪中以數十部贈人，或有言其非者，故流傳不廣。」今查光緒九年刊本，金氏敘言及識語中並未有如張氏所引者，但徐楫之識語則曾提到初刻爲喪中刻以答禮，或張氏誤記。

央圖書館藏印外。有「十□□珍藏」（朱文長方印），「□」（白文方印）及另一已模糊不清的方印。此書第三十六卷處有煙燻痕跡，亦有破裂、缺損，而〈教習堂條約〉一文有部份已缺，並末補全。

此一板本，台大文聯亦藏有一部，版式行款同，有「閩縣龔易圖收藏書畫金石文字」（朱文方印）印記，民國 60 年，曾影印出版，昌彼得先生爲作敘錄附於前。〔註30〕此外，北平圖書館、日本內閣文庫、東洋文庫等亦均藏有此書，但所記載的冊數不一。〔註31〕

（2）續刻於乾隆年間

在《憺園文集》光緒九年刊本，目錄後有識語二則，一爲金吳瀾識語云：

> 謹按是集始刻於康熙甲戌，續刻於乾隆己酉

一爲乾隆己酉年徐乾學五世孫徐楫小舟甫識云：

> 是集初刻因造次集纂，其中編次抬頭未盡穩妥，且有訛錯，脫落及應刪字句用過處。徐樹穀崑仲曾欲重刻，商之韓慕廬先生，嗣後因事未能重刻。……迄今將百年矣，事歷三朝，中多諱字，讀之者有失敬避之意。謹將原本逐細校讎，所有諱字訛字脫字悉行改補，并列目以便查閱。

由上二則可知，《憺園文集》在乾隆年間曾重刻，改補諱脫訛字，且有了目錄。但因此書就今所知並無傳世者，不知其板式行款如何。

（3）光緒九年，金吳瀾重刻

集前識語說明刊刻原委及其蒐訪經過，相當清楚：

> 光緒二年，瀾蒞崑山縣任，既求得歸震川顧亭林朱柏廬三先生年譜，合付手民。中丞吳公見而善之，因屬訪求先生憺園全集，兵燹之餘，益以難得。久之，始於其族假得鈔本，然缺軼不具。嗣又得黃孝廉文炳李大令祖榮所藏本，互相校勘，刪複補闕，於是憺園集三十六卷復爲完書。

此種板本或因年代較近，流傳稍廣些，台灣今藏有二，一爲中圖，一爲史語所。日本東洋文庫、京都人文研究所等亦有收藏。〔註32〕

其版式行款如下：左右雙欄，粗黑口，雙魚尾，魚尾間註《憺園集卷某》及頁碼，不註刻工。每卷卷首「憺園全集卷某　嘉興金吳瀾臚青甫重刊」字樣封面篆書

〔註30〕同註 23。

〔註31〕北京圖書館所藏爲三十八卷，不知卷數是否有誤；日本內閣所藏十六冊爲最多，其餘東洋文庫著錄爲十冊，詳見《日本現存清人文集目錄》，西村元照編，1972 年 3 月，東洋史研究會發行。

〔註32〕二者著錄冊數不一，東洋文庫著錄者爲十二冊；京都人文研究所所藏則爲十六冊。

有《徐大司寇憺園全集》，版記隸書「光緒癸未冬月□年□月館珍藏」。書前宋犖序，俞樾序，吳金瀾敍及徐輯跋語。另有目錄，但目錄於文章篇名或予刪省或有錯誤，不知是否沿誤前刻。又此版本有眉批校語刻於天頭，不知出於何人手筆。此書中圖所藏有「國立中央圖書館寄存圖書」（朱方），史語所藏則於宋犖序首有「國立中央研究院歷史語言研究所圖書之記」（朱方）。

另乾隆間平河趙熟典《國朝文會》清稿中，收錄《憺園文集》四冊，共有文章四十七首。此書現藏於中圖善本書室。〔註33〕又《國朝文錄續編》亦有《憺園文錄》二卷，所收文章十二篇。〔註34〕

（五）其他著作

1. 《班馬異同辨》及《遊普陀峰記》　已見

徐氏之著作，尚有《班馬異同辨》，今已收入《憺園文集》卷第十五；《小方壺齋輿地叢鈔》第四帙中有《遊普陀峰記》一卷，實只一篇，今亦收入文集中。〔註35〕而據韓菼〈行狀〉云：「又著歷代宗廟考、輿地備考、輿地紀要、輿地志餘諸書未卒業」，知徐氏卒時尚有著作未完成，然這些書或許徐樹穀等並未刊行，就所知似亦無鈔本傳世。不過，筆者推測輿地備考諸書可能是康熙十八年後纂修明史或康熙二十九年開清一統志局時，徐乾學編纂以備考而未加整理之稿。

2. 《遂園禊飲集》及《石埭學博張漢章傳》　已知未見

此外，據《北平圖書館古籍善本書目》載有《遂園禊飲集》三卷，《石埭學博張漢章傳》二書題為徐乾學輯、撰。前者當即為康熙三十三年三月三日耆年會，與會各人所作而編為一集刊行者。傅增湘《藏園群書題記》卷八有〈遂園禊飲集跋〉，略述當日集會的緣由及與會者的姓名年齡，並及其內容：

> 斯集與會者十二人，以錢圓沙為之長，用蘭亭字為韻，各賦七律二章。詩
> 凡三卷，卷一詩五十二首，為席間諸人所作；卷二詩五十五首，翼日再會
> 所作；卷三詩三十八首，則遠近貽寄和章也。前有江南學政門人許汝霖儷
> 體序，次尤侗黃與堅耆年禊飲序，次爵里姓氏，次耆年會約。〔註36〕

跋中並言「原書寫刻精雅，與通志堂經解相近，極為罕覯」。案，台灣公私立圖書館無藏此書者，現據《北平圖書館古籍善本書目》略述之：

> 遂園禊飲集三卷一冊，清康熙三十三年自刻本，十一行行廿一字，白口，

〔註33〕此書卷前有「發齋藏書記」及中央圖書館收藏二朱長方。
〔註34〕《國朝文錄續編》卷二，頁18起。
〔註35〕《憺園文集》卷二十五，頁20～24。
〔註36〕傅增湘《藏園群書題記》，民國20年至22年天津大公報出版部鉛印本。

左右雙邊。〔註37〕

因知見的藏書題記中僅有傳氏談論此書，且傳氏逝世後曾贈書予北圖，或今所藏即題記中所云者。而後者於韓菼〈行狀〉、清史本傳或其他傳記資料中均未見，不知內容爲何，是否眞爲徐乾學之著作，尚待查考。〔註38〕

二、徐乾學奉敕編輯之書

徐乾學以學問受知於康熙皇帝，曾論吏部「乾學學問淹博，宜留辦文章之事，勿開列巡撫」（《清史列傳》本傳）可謂甚獲聖祖眷顧信賴。故能歷掌詞館文衡，凡國家有大編述，屢命其總裁事務，且爲之發凡起例。茲據考索得知者，敘其概略。

（一）《大清會典》

由韓菼〈行狀〉曰：

> 命總裁大清一統志、大清會典及明史，凡領三館。

知徐乾學曾受命編輯上述三書。關於大清一統志及明史之編輯，留待稍後專條說明，此處先討論《大清會典》之編輯。《清康熙實錄》二十三年，五月己巳條云：

> 纂修大清會典，以勒德洪、明珠……等爲總裁官，……王鴻緒、湯斌等爲副總裁。〔註39〕

又二十四年，二月，己亥條云：

> ……以掌院學士常書，詹事徐乾學充會典副總裁官。〔註40〕

是會典之開纂始於二十三年，而徐乾學在二十四年才受命爲大清會典之副總裁。此次纂修任務在何時停止，〈行狀〉沒有提到。而《康熙實錄》二十八年十一月己未條云：

> 管理修書總裁事務原任刑部尚書徐乾學請假省墓，并請以奉旨校讎之御選
> 之古文、會典、明史、一統志諸書帶歸編輯，允之。〔註41〕

陶湘敘此書之刊刻則云：

> 會典於康熙二十三年敕纂，凡一百六十二卷。康熙二十九年刊行，載諸宮

〔註37〕北平圖書館古籍善本書目，頁 1752。

〔註38〕《北平圖書館古籍善本書目》，頁 926，載錄「石埭學博張漢章傳，清徐乾學撰，清抄本，一冊，九行二十三字藍格，四周雙邊」。

〔註39〕以下凡提及《康熙實錄》，所據均爲台灣華文書局總發行，民國 53 年 9 月出版。

〔註40〕同註39。

〔註41〕同註39。

史，是爲第一次纂修。〔註42〕

二說似乎有所衝突，不知何者爲是。但就徐氏歸里僅開一統志局，而未言《大清會典》之編纂來看，乾學解去此職，當在歸里之前，且或已完成纂修之事。今《憺園文集》卷十二錄有〈恭進大清會典表〉，略云其奉纂經過，末云「謹以所修會典若干卷，隨表上，進以聞」而無上表年月之記載。

至於徐氏總裁之《大清會典》稿最初的體例如何，因未見原書無法多加討論。然康熙間修纂爲《大清會典》的第一次修纂，徐乾學當時起例發凡的意見，對後來之編纂者應有其影響。〔註43〕此書今有商務、啓文及新文豐等影印本。

（二）《古文淵鑑》六十四卷

1. 編輯經過與評價

關於此書之編輯，韓菼〈行狀〉曰：

> 時公奉命選自周秦以來至元明之文，分正、外、別三集，名曰古文淵鑑。

而《四庫總目提要》則言：

> 康熙二十四年聖祖仁皇帝御選，內閣學士徐乾學等奉敕編註。所錄上起春秋左傳，下迄於宋。〔註44〕

另《憺園文集》卷十二有〈進呈御選古文淵鑑表〉，言此書乃康熙帝「捃摭得失，勾校錙銖，手自丹黃，親加甲乙」，而後命徐乾學等「補加箋注，再行校讎，正故牘之乖訛」後二說相近，看似韓氏有誤。但徐氏文集卷十九有〈御選古文淵鑑後序〉文中言「自臣之緝此書也，每篇奏御必親加評騭，指示瑕瑜」其選註之說又與韓氏相近。徐乾學或有諱言，故韓氏之說雖異，仍可參考。其選註之異，或始奉命選文，而經康熙帝確認，云御選乃所以彰顯康熙之重文章，鑑藻之深當。至於所收文章的差別，今由《四庫》所收《古文淵鑑》之目錄看，似以《四庫提要》所說爲確，但何以韓菼有彼說。筆者認爲，可能徐乾學初選時包括元明之文，後經康熙帝刪去，但僅是臆測，無法肯定。

至於選編工作始於何時，今就實錄等文獻並未考知，但徐乾學於〈御選古文淵鑑後序〉中序「臣以微末獲操鉛槧，以從事斯局者六年，於茲敢敬述……」而

〔註42〕見《故宮殿本書庫現存目》，典則，頁1。

〔註43〕今所見會典乃光緒時刊本，序中提到康熙時所修纂者僅寥寥數筆，但參照其他記載知此書體例乃「以官統事，以事隸官」，且從乾隆重修時，即將「會典」與「事例」分開纂輯，則原來徐乾學等纂輯的，應是將二者合在一起編纂。又五次編纂時間分別爲康熙二十三年至二十九年；雍正二年至十一年；乾隆十二年至三十年；嘉慶六年至十八年；光緒九年至二十五年成書，因爲經過五次修纂，又稱《五朝會典》。

〔註44〕見《四庫全書總目提要》·集部·總集類五〈御製古文淵鑑六十四卷〉條。

在文章前段有「今年春，臣乾學以蒙恩賜假奉辭便殿……」則文成於康熙二十九年，所以選編當在二十三、四年間。不過康熙二十四年首次刊行者，是否有徐乾學等之註，因書未傳，謹闕疑待考。〔註 45〕但此書之校讎工作，由前列進呈表云「……夫條彙排理既竣，次第進呈……」則在徐氏歸里前已完成一部份，歸里後，仍持續地在進行，至於何時結束則不得而知了。（見上述《大清會典》一條）

　　或許因為是康熙御選，而坧今所知見資料又都是清或民初的人所撰，故均盛贊此書之優點，茲舉《四庫提要》本書提要及劉聲木《萇楚齋續筆》卷三所論以見此書之價值。提要言：

> 用眞德秀文章正宗例，而睿鑑精深，別裁至當，不同於眞德秀之拘迂；名物訓詁，各有箋釋，用李善註文選例，而考證明確，詳略得宜，不同善之煩碎；每篇各有評點，用樓昉古文標註例，而批導竅要，闡發精微，不同昉之簡略。備載前人評語，用王霆震古文集為例，而蒐羅賅備，去取謹嚴，不同霆震之雜蕪。〔註 46〕

而劉聲木亦言：

> 不特選擇之精，校讎之善為他書所無，中有體例數端，亦編輯文字者所當奉為圭臬。〔註 47〕

均歷數此書體例之佳處，實為徐乾學編輯之書中最受好評者。

　　2. 版　本

《古文淵鑑》在清代曾經數次刊刻：

（1）首刻於康熙二十四年，此種刊本，今未見。

（2）次為康熙四十九年內府刻四色套印本，已知北京圖書館藏有一部。

（3）次為乾隆十三年內府刊古香齋袖珍版五色套印本，此種故宮現藏一部，然為殘本。〔註 48〕

（4）次為乾隆四十九年武英殿刊四色套印本，中圖、故宮均藏有一部。

（5）另有清內府刊滿文本，不知刊刻時間。

（6）又師大今東北大學寄存書中有一部《古文淵鑑》，為宣統二年，由學部圖書局印行，不知是否經過修板而重刻。〔註 49〕

〔註 45〕《師大線裝書目》原載有此種刊本，然經查對實為宣統二年重新印行者，不知是否為原貌。

〔註 46〕同註 44。

〔註 47〕劉聲木撰《萇楚齋續筆》卷三。

〔註 48〕此書僅餘一冊。

〔註 49〕同註 45。

又就所見之記載均為六十四卷，與〈進呈御選古文淵鑑表〉所記「謹以校過御選古文淵鑑正集八十卷，別集二十六卷，外集八卷」卷數不同，不知何故。

（三）《明史列傳》九十三卷及〈藝文志裁定稿〉

徐乾學的著述，就現今已確知者有兩種，一為《明史列傳》九十三卷，另一則是〈明史藝文志裁定稿〉。至於前面提過的《輿地備考》等書，也有可能是在與修《明史》時所纂，但無直接證據，故另置於前。以下就其與修、總裁《明史》之事，推算上述二書之編纂，並略述其體例及評價。

《明史》之創修，始於順治二年，不久即廢其事；康熙四年亦曾下詔開館修《明史》，但又告停頓〔註50〕。康熙十八年，從給事中張鵬之請，再度詔修《明史》，命內閣學士徐元文為監修，翰林學院學士葉方藹、右庶子張玉書等為總裁官，并召試彭孫遹等五十人入館纂修。據楊椿〈再上明鑑綱目館總裁書〉云：

> ……於是湯文正公為太祖本紀，徐公嘉炎為惠帝本紀，朱君彝尊為成祖本
> 紀，徐公乾學為地理志，潘君耒為食貨志，尤君侗為藝文志……〔註51〕

知徐氏當時已參與編修，且負責地理志部份。至康熙二十一年七月，徐氏又受命充纂修明史總裁官。〔註52〕

案乾學於二十八年所上之〈備陳修書事宜疏〉云：

> ……臣所輯明史，正德、嘉靖兩朝列傳及地理志、職官志、藝文志今已脫
> 稿，其河渠志，儒林、文苑等傳，容臣一併帶回編輯，……。〔註53〕

則由此奏疏可知徐乾學亦負責藝文志及列傳等之裁定，且前者已脫稿，後者則帶回編輯。今先述明史藝文志之裁定稿。

1. 〈明史藝文志裁定稿〉

由前引知藝文志原由尤侗負責，而據周彥文《千頃堂書目研究》〔註54〕中所考證，知尤侗撰稿於二十一年徐乾學為總裁時已完成，但尤稿為斷代，且錯誤甚多，徐氏頗不滿意，所以後另由黃虞稷接手編輯。黃氏於是據《千頃堂書目》加以修訂，撰成〈明史藝文志稿〉，於二十八年徐乾學歸里時已完全脫稿。

而黃虞稷之〈藝文志稿〉並經徐氏審定，由前所引〈備陳修書事宜疏〉一文中，得知此稿歸里前已進呈，交付史館。據周先生的考證，此進呈本已不可考，其內容

〔註50〕詳見《清康熙實錄》及《十二朝東華錄》。
〔註51〕見《明史例案》，劉承幹，吳興劉氏嘉業堂刊本影印。
〔註52〕《康熙實錄》二十一年「秋七月，壬申，以左贊善徐乾學充纂修明史總裁官。」
〔註53〕見《憺園文集》卷十。
〔註54〕周彥文撰《千頃堂書目研究》，頁214～215。

亦無法知詳情，但據吳校杭抄本《千頃堂書目》〔註55〕及倪燦之序與現今所傳之千頃堂書目對照，可見徐乾學對藝文稿增刪的情形。

據周先生對照研究云，徐乾學之改黃氏稿，較重要者一爲刪去四書類，而加經解類；二則在類名下加小註，三爲更易某些類別之名稱及位置，其餘與黃氏大抵相同。文中並將之與後來王鴻緒之藝文稿比較，認爲王稿「其刪四朝補志，使前代藝文之存佚無從考索；刪除條目（即類下之小註），不存考佚，不辨該書之重要性」而總括云「刪訂後之王稿，實遠不如徐稿之精良博贍」〔註56〕

此稿雖然絕大部份爲黃氏編撰，韓菼〈行狀〉亦未提及，但其中有徐乾學刪訂部份，故將此裁定稿亦列入著述討論。雖無法論其詳節以評其價值，但從其刪改處亦可概略窺知徐乾學對目錄的意見，這或許對其編《傳是樓書目》有影響，在藏書部份將試就此對照，以研究其分類。

2.《明史列傳》九十三卷

同樣地，此書於韓菼〈行狀〉及有關傳記也沒有著錄，但由其總裁明史，所負責裁定的部份看，（詳見上一書引〈備陳修書事宜疏〉部份）及今日傳本前附康熙甲辰韓方卓跋敘斯編之所自云：

> 明史九十三卷，司寇健菴徐公乾學所手輯也。……是書出於公弟果亭先生，蓋上自洪武，下迄啓禎，井井鱗鱗，靡不畢備，誠一代之良史哉。因憶在館時，闈扉靜哦，是書實托始矣。公眞有心人也。第公用世早而早逝，即是書亦工未竟之緒，其時爲之整齊釐次以存公手澤者，則公門狀元韓菼實有功焉〔註57〕

知此書乃徐乾學與修明史後即著手編撰，在歸里後仍繼續至三十三年去世時尚未完全脫稿，曾經韓菼釐次，後存於徐秉義處，並未刊刻行世。但既云經韓菼整齊釐次，而〈行狀〉竟未提及，是忽略？抑或整理此書的時間晚於撰寫行狀，故未收入，莫知其因由。

至於斯編之體例與價值，劉兆祐《《明史列傳》敘錄》有所討論。劉先生以此書與張氏《明史列傳》相核，得見其詳略頗有不同；舉姚廣孝傳爲例，言此稿詳而張氏稿略。並云：

> 是以兩書參閱，當更詳悉。且斯編未經萬斯同，王鴻緒諸家之考訂，尚保

〔註55〕「吳杭鈔校本」，據周先生文內所討論來看，當是指吳騫校、杭世駿鈔本。
〔註56〕《千頃堂書目研究》第六章，〈論千頃堂書目與明史藝文志之淵源關係〉，頁236。
〔註57〕見屈萬里主編《明代史籍彙刊》十七《明史列傳》，據國立中央圖書館藏本影印，台灣學生書局國民59年12月景印初版。劉兆祐撰敘錄即附於書前。

存甚多當時傳聞之事，然則是本之可貴，固不僅在與今明史行文有異同，
文句有出入而已。〔註58〕

而鄒福保題記（附於今傳鈔本之前）則更云：

兩書相較，遠勝張本，至其佳處不可枚舉，誠明代之良史，亦公不朽之業也。

給與相當高的評價。

是書今有舊鈔本，藏於中央圖書館，置於傳記類總錄之屬。鄒福保言「是書紙
墨精良，古香古色，令人愛不忍釋」（出處同上）書共六十五冊，白口，四周雙欄，
單魚尾，魚尾下有「明史卷幾」，半頁十行行二十一字，版匡寬廿二點九公分，高十
五點四公分。書前有印記：「廉過□眼」（白文方印），「玉涵堂珍藏」（朱文長方印），
「玉涵草堂」（朱文方印），「元和鄒氏書庫中物」（朱文長方印），「起潛臣印」（白文
方印），「乙雲山人」（朱文方印），「龢□當齋」（朱文方印），「國立中央圖書館收藏」
（朱文長方印）等及另二枚不清楚之方印。書前附有韓方卓跋語及鄒福保光緒丙申
五月所撰題記。

由鄒氏題記知，此書爲清光緒中，鄒福保以銀餅千枚購於坊間。而劉兆祐先生
敘錄考云：「後藏澤存書庫。對日抗戰勝利後，歸國立中央圖書館。」屈萬里先生主
編之《明代史籍彙刊》曾據所藏本影印出版，附有劉兆祐先生撰〈《明史列傳》敘錄〉
考其源流及價值，並編有目次冠諸書前，俾便檢索。

（四）《大清一統志》

《康熙實錄》二十五年三月己未條云：

命修一統志，以大學士勒德洪……爲總裁官，內閣學士徐乾學……爲副總

裁官，……并命陳廷敬、徐乾學專理館務。〔註59〕

可知自一統志之開纂，徐乾學即參與其事，並負責館務。〔註60〕而在其間徐乾學還
負責《大清會典》、《明史》等書之編纂事務，進度似乎不快。因此康熙二十八年，
許三禮屢劾乾學，而乾學上〈乞歸第三疏〉時，文中提及一統志之編修僅「考究略
有端緒」並請「比古人書局自隨之義，屏跡編纂」云云。康熙准許徐乾學之請，故
二十九年三月徐乾學回籍之後，於東洞庭山開一統志局，黃虞稷、胡渭、顧祖禹、
姜宸英等均以徐乾學之延聘往。〔註61〕

一統志局開於何處，一說爲洞庭西山（亦即包山），如《福建通志》即其一，而

〔註58〕同註57。
〔註59〕同註39。
〔註60〕同註39。
〔註61〕參與《一統志》諸人，見裘璉撰〈纂修書局同人私名題記〉。

朱彝尊《曝書亭集》卷十五有〈送史館姜君宸英赴包山書局〉二首，則爲另一佐證。
〔註62〕但是，〈行狀〉言開局於東洞庭山，《清史列傳》卷七十一〈唐孫華傳〉、〈姜宸英傳〉等均載如此，又《吳縣志》有〈依綠園記〉一篇爲徐乾學所撰，文中盛稱東山景緻，其中有一句「至東山開館，從事於是，得與隱君慰二十於年之企慕」（出處見註16），則一統志於洞庭東山開館當無誤。

　　大清一統志局後來因徐乾學革職而撤除，但徐氏仍繼續未完的工作，逝世後遺疏進呈，由所司察收。至於完成部份有多少卷，則〈本傳〉、〈行狀〉均未標明。但由《四庫全書總目提要》「大清一統志」條云：

　　　　清康熙間，徐乾學曾奉敕撰修一統志，未就。乾隆二十九年尤下敕撰著，
　　　　成大清一統志五百卷。

知當時並未完成修纂的目的；直到乾隆年間才續完刊行。至於後來成書體例，是否依徐乾學原貌，《四庫全書》中所收之一統志，序文未提，亦無它書討論。

　　孫殿起《販書偶記》卷七錄有：

　　　　一統志案說十六卷，崑山顧亭林原本，崑山徐乾學撰，道光丁亥清芬閣刊
　　　　木活字本。〔註63〕

此書不見於任何相關傳記資料中，今未見刊本，不知其眞僞。

（五）《鑑古輯覽》一百卷

　　由韓菼〈行狀〉云：「又披命纂輯歷代安危治亂之迹，有關政事者，曰鑑古輯覽」知徐乾學曾奉命纂輯《鑑古輯覽》一書，且略曉其內容。此書編纂之起始、結束，《康熙實錄》及清史本傳、〈行狀〉均未記載明確的時間。至於書的內容，從《憺園文集》卷十二〈恭進鑑古輯覽表〉云：

　　　　臣等先奉上諭古昔聖賢忠臣孝子義士大夫儒隱逸，凡經史所紀載卓然有關
　　　　於世運者，詳察里居名字諡號官爵及所著作，纂成一書，歷代姦邪亦附於
　　　　後，以備稽考，又奉旨賜名鑑古輯覽，今已成書，伏以鑑……謹奉全書一
　　　　百卷，恭進伏候聖睿施行。〔註64〕

可知大概。而由〈備陳修書事宜疏〉未提及此書，推知書之完成當在徐乾學回籍之前。此書刊刻情形不詳，查檢台灣公藏書目亦未發現此書，僅在《故宮殿本書庫現

〔註62〕《福建通志》原文爲：「二十三年，徐尚書乾學領修一統志，南歸包山，以文書
　　　　局，……」。
〔註63〕傅增湘《藏園群書經眼錄》，卷五，云「一統志案說十六卷，崑山顧亭林原本，徐乾
　　　　學纂，吳兆宜抄。」書名卷數同，不過是抄本，與孫氏所載有異。
〔註64〕《憺園文集》，卷十二，頁9～10。

存目》進呈部份，有一條記載：

> 鑑古輯覽一百卷，寫本，七十九冊，陳廷敬纂進。〔註65〕

書名卷數同，而纂者異，今未見，不能確定是否同一書。

　　總括來看，若將徐乾學的著述與予歸類，可看出泰半爲經、史部之作，足見徐乾學所擅者爲此。因其學擅經史，且其交遊多當時經、史大儒，時與討論切磋，著書編纂均有其傳世價值；而亦因學有本原，發而爲論述考證詳悉，辨析精審。著詩文亦諸體愜當（沈德潛語）「亦足與朱竹垞、毛西河諸家相頡頏」（昌先生敍錄）筆者以爲其學之所擅，加上交遊者及當時重經史的風氣，亦即徐乾學之所以刻《通志堂經解》的原因。

第二節　交遊考

　　前述已經提過，從徐乾學的傳記及著作等資料，可知其交遊包括了當時政治、文學、經、史、理學各範圍的著名人物。今所述諸人，多與其著述或藏書刻書等事業有關者，以見徐乾學之所以能成爲清初藏書大家，實與其交朋之相互切磋及幫助有關，而非僅其一己之力。至於，交往雖言密切，但非關於此者〔註66〕則僅列見於友朋人名中，不多著筆，以免偏離本篇論文的主題。不過，因爲現有資料有限，無法確定徐氏與諸人交往的親疏。所以本節將以諸人之生卒年先後爲序，討論徐乾學與諸人的交遊情形。

一、曹　溶（1613～1685）

　　曹溶字潔躬，又字秋岳，號倦圃，晚自號沮茮翁，別號金陀老圃，平湖人，居秀水。明崇禎十年進士，官至御史。入清歷官戶部侍郎，左遷山西陽和道按察副使，康熙三年以裁缺歸。十八年薦博學鴻詞，又薦修明史，皆未就，康熙二十四年卒。事具清史列傳貳臣傳。曹氏家多藏書，愛才若渴，四方之士，倚爲風雅宗主，著有《徵獻錄》五十輔臣傳，《靜惕堂詩文集》及《靜惕堂書目》等。〔註67〕

〔註65〕《故宮殿本書庫現存目》，進呈部份，頁14。
〔註66〕例如汪懋麟高士奇王鴻緒等人在《憺園文集》中，徐乾學的詩文中屢次提到；而汪懋麟《百尺梧桐閣集》、《百尺梧桐閣集遺稿》有十五、六首與徐乾學有關，也曾因詩論觀點不合而有爭辯。見於《憺園文集》卷二十九〈刑部主事季甪汪君墓誌銘〉。而高士奇與徐乾學更是互有酬贈屢次結伴出遊，分見《憺園文集》及《清吟堂全集》。高氏並曾借鈔乾學藏書，刻成高薵《信天巢遺薰》；二人於政治上的鬥爭也一直持續。王鴻緒的情形亦是如此，不過，徐乾學與三人之交往，偏離本文主題故捨去不論。
〔註67〕曹溶生平參《清史列傳》卷七十八，《清史稿》卷四百八十九及鄧之誠撰《清詩紀事

曹溶家多藏書，因鑑於錢謙益以所藏書「傲他氏以所不及，片楮不肯出借」（〈絳雲樓藏書題辭〉）致使某些珍籍在絳雲樓焚毀後，不復見於人間，故撰《流通古書約》，為流通古書創一良法。

關於徐乾學與曹溶的交往究竟始於何時，今無法確定。然曹氏於〈絳雲樓書目題辭〉一文提到：

> 偕同志申借書約，……崑山徐氏、四明范氏、金陵黃氏皆謂書流通而無藏匿不返之患。〔註68〕

而徐乾學撰〈新刊經解序〉則云：

> 悉予兄弟家所藏本覆加校刊，更假秀水曹秋嶽、無錫秦對巖、常熟錢遵王、毛斧季、溫陵黃俞邰及秀水朱竹垞家藏書舊版書。〔註69〕

案曹氏之文撰於康熙三年錢謙益卒後，〔註70〕而徐乾學刻《通志堂經解》始於康熙十二年，則在這數年間二人往返已漸密切。二人的交往，今所見資料以曹溶《靜惕堂詩集》較多些，如詩集卷三十六頁18〈送徐健菴入都〉有「稽古足專編史局，沃心方值災年。無忘濟我雕蟲癖，秘籍時當寄遠天」；又卷三十七頁7〈壽徐健菴〉有「身為國史劉中壘，狀作神佺李鄴侯」前詩寄語訪求書籍，而後詩則以李鄴侯比喻徐乾學藏書之多。

曹溶在《倦圃曹先生尺牘》〈與黃俞邰〉書云：

> 冠山堂宋集已許對鈔十四種，蘇頌方回等，其中弟有之，不當先生有之，通融最便等處，尤多奇秘，以利勸之，欣然代鈔。〔註71〕

及〈與龔薾圃〉云：

> 弟將為宋元詩選，已得專集二百七十餘種，所未備者方求玉峰徐氏，四明范氏，虞山錢氏，鹽官胡氏。人間奇寶，歲月之內，可悉列几案間。〔註72〕

二信提到徐乾學之書讓曹氏對鈔。

而在此書卷上頁7～8有〈與徐健菴〉二首。其一，信中提及曹溶自己的著作：

> 五十輔臣傳，識切過多，未敢輕出。惟續徵獻錄，俱係名臣事蹟，可以公

初編》。

〔註68〕錄自《絳雲樓書目》。錢謙益《絳雲樓書目》，據商務印書館叢書集成初編本。（據粵雅堂叢書本影印）

〔註69〕康熙十九年刊本及同治十二年刊本均附有此序。

〔註70〕〈絳雲樓書目題辭〉中有「宗伯地下聞之，必以為寒氣可笑」。宗伯指錢謙益，則當作於康熙三年錢氏卒後。

〔註71〕見《倦圃曹先生尺牘》卷下頁57。《倦圃曹秋嶽先生尺牘》，繡水胡蓮峰選，清雍正三年含暉閣刊本，史語所藏。

〔註72〕同前書，卷下頁1。

之海內，其末年諸臣，間與本朝相涉，或有闌入世家者，恐干忌諱，正在
刪修，亟欲令傳書者見之，敬當次第繕寫，秋冬呈寄。

另一則言乾學之定明史大綱，趨事經筵云云，最後提及：

> 弟無他長，惟好觀古人未見之籍，竊謂呂伯恭文鑑止及汴京，建炎後缺不
> 載者百五六十年；蘇天爵文類，成於元之中葉，所采盡朝士，不及四方，
> 二書均為不備，弟不自量，妄輯二編卷帙相同，人則加倍，久塵蠹篋，莫
> 為流通，先生一言，能使好事者響應，試為托之有力者授之梓人，古賢者
> 皆拜明賜矣。

又於〈與丁雁水〉信中提及：

> 弟一生精力專在故明史書，種類頗多，中間崇禎疏鈔，續徵獻錄二書，余
> 佺老（余佺廬）徐健老（徐乾學）力勸刊布，約六千紙，而困於費之不敷。
>
> 〔註73〕

從三信來看，則曹溶在裁缺歸里後，亦曾託乾學以其政治勢力，勸他人刊刻其作品。

另徐乾學《憺園文集》卷七有〈寄曹秋岳先生〉二首，其中提及自己讀書藏書
情形：

> 嗟余纔縐髮，屈首事誦習。博膳服茂先，夸陋媿難及。發憤購遺書，蒐羅
> 探秘笈。從人借鈔寫，瓶罄日不給。側聞曹氏倉，積書如堵立，裝以紺琉
> 璃，重以錦繡襲。漆文既發魯，殘竹或穿汲。昔稱三十乘，較書慚搜茸。
> 矧予保殘缺，嘗苦心力澀。願言解纓組，藤笈自負執，一窺未見書，為解
> 飢渴急。我公年仕鄉，……。

是現傳徐乾學談到他自己藏書的少數資料中之一。又曹溶撰《古書流通約》有：「出
未經刊布者，壽之棗梨，始小本，訖鉅編，漸次恢擴，四方必有聞風接響，以表章
散帙為身任者」的看法，或對徐乾學之刊刻叢書觀念不無影響。除此，徐、曹二氏
之藏書，除了傳鈔外，也有遞藏的情形，如《公是先生七經小傳三卷》一書，有徐
乾學、曹溶二人印章，即是一例。〔註74〕

衡諸所見資料，二人交往雖不算極為密切，卻可看出往返的重心在於藏書流通，
是頗重要的一點。

二、尤 侗（1618～1704）

尤侗字同人，一字展成，號西堂，一號艮齋，長洲人。明末有聲社盟。入清，

〔註73〕同前書，卷下頁24。

〔註74〕《天祿琳琅續編》宋版經部頁21。據東海藏光緒十年長沙王氏刊本。

以貢生謁選永平推官，坐擅打旗丁降調歸。康熙十八年舉博學鴻儒科，授檢討，閱三年乞假歸，敝徉林下者二十餘年，稱東南老宿，卒於康熙四十三年，年八十七。著《西堂全書》，事具《清史列傳·文苑傳》。〔註75〕

　　在明末清初，東南社盟極盛時，尤侗是相當有聲望的，於崇禎十三年參與復社之流的「滄浪亭會」的發起，吳中士子新銳大率先後加入此會，徐乾學兄弟於順治六年左右也加入。〔註76〕七年，尤侗與宋德宜、計束諸人舉慎父社，七郡文士相從，徐氏兄弟亦在其列。十二年，尤侗至河間過都城，徐乾學在京亦往會面，《憺園文集》卷二有〈永平推官尤展成有事河間道經都門喜晤〉二首以紀之。可見在徐乾學年輕時，因入社盟與尤侗有相當密切的往返。後乾學膺朝廷重職，侗亦登博學鴻辭，都下交往更盛，在《西堂全集》中《秋水集》卷四有〈九日徐健菴寓樓登高〉、〈慈仁寺毘閣同健菴西溟容若作〉即此段時期之作。然康熙二十一年，尤侗成藝文稿，負責裁閱的徐乾學不滿意尤氏所訂體例而未加採用，是後二人集中均無往返的文字，似二人交誼曾因此受影響，直至徐乾學返鄉罷官後，彼此息影田園，才又恢復情誼，而有三十三年共舉耆年褉飲於徐氏遂園。二人均有詩文以紀之，所謂「白髮婆娑直可追履香山，其深交厚誼，自在風流餘韻之中」令人羨慕。〔註77〕

三、黃虞稷（1628～1690）

　　黃虞稷，字俞邰，上元人，本籍晉江，父居中明季爲南京國子監丞。明崇禎元年（1928）生，七歲能詩，號爲神童，十六歲入縣學。順治五年，虞稷繼其父志，增裹藏書，錢謙益往借書，遂與定交，並撰黃氏〈千頃齋藏書記〉。康熙十八年，舉博學鴻詞；遭母喪，不與試。後徐元文薦修明史，召入史館食七品俸，分纂列傳及〈藝文志〉。徐乾學開書局於洞庭山，修一統志，上疏請以偕行，力疾從事以勞卒，康熙二十九年（1690）卒，享年六十三。著《千頃堂書目》三十二卷，

〔註75〕以上見《清詩紀事初編》頁317，尤侗生平另可參考潘耒撰〈尤侗傳〉（《遂初堂文集》卷十八）及《清史稿》四八九，《清史列傳》卷七十一，《碑傳集》卷四十五。

〔註76〕杜登春《社事始末》頁19：「己丑秋，余與何涵齋棟有婚姻之訂，喬寓婁封間。章子素文，彭子雲客，王子其長皆涵齋之中表兄弟也，於涵齋席上識之，併識我在芳青，徐子原一乾學，徐子彥和秉義，王子禹齋……，因問宋子既庭，始知皆滄浪會中人，爲徐楊兩先生門下高足。」

〔註77〕尤侗《艮齋倦稿》卷十有〈耆年會詩序〉，徐乾學《憺園文集》卷九有（甲戌三月三日招同錢湘靈盛誠齋尤悔菴黃忍菴王卻非何涵齋孫赤崖許鶴沙周礪巖秦對巖諸公舍弟果亭褉飲遂園用蘭亭二字爲韻）另丁昌撰《尤侗之生平暨作品》頁67～68，敘徐乾學與尤侗的交往，請參閱。民國68年6月，政大中研所碩士論文。

所錄有明一代之書最為詳備，即〈明史藝文志〉所本。又有《楮園雜志》、《我貴軒》、《朝爽閣》、《蟬窠》諸集（參史傳）。

黃家兩世藏書，至虞稷時多至八萬餘卷，曾與當時江蘇諸名士約為經史會，以資瀏覽。〔註78〕康熙五年，黃氏館於龔佳育家，為龔翔麟師。康熙十一年（1672）左右，虞稷與周在浚將兩家所藏唐宋秘本九十六種，詳加校定後，編成唐宋秘本書目，並公開徵求有力者梓刻流傳，〔註79〕此書在當時影響頗大，王重民〈千頃堂書目考證〉並推論：

> 龔家刻玉玲瓏叢書是這個倡議的第一次響應，而徐氏校刻經解應該是第二次響應。〔註80〕

《通志堂經解》於康熙十二年開雕，且所收書籍，有二十二種出於〈徵刻唐宋秘本書目〉，則徐乾學之刻經解受此事影響當是不可置疑的。又徐乾學於經解總序中也提到借黃虞稷家藏書校對，而王重民並以為黃氏也幫忙經解刊刻工作，（詳見通志經解之刊刻）或因此事徐乾學兄弟與黃氏漸熟稔，所以在康熙十九年徐元文薦虞稷入館修《明史》。到了康熙二十二年左右，並在徐乾學授意下，著手編纂〈明史藝文志稿〉，此稿完成後並經徐乾學裁定。至康熙二十八年歸里前，上疏並請以黃虞稷同往洞庭山，協助《大清一統志》之纂修。〔註81〕

由上可推知，二人至遲在刻經解時認識，黃氏之議刻秘本對徐氏有影響，並於刻經解時予以幫助，而後互有珍籍的鈔藏，修明史後接觸更頻繁；從徐乾學之上疏請同行，亦得見對黃氏的信賴，因此徐、黃的交誼當不僅泛泛，惜傳世資料極少，無以作更直接有力的證明。

附：周有浚

周在浚，字雪客，周亮工長子，祥符人。官經歷，生卒年不詳。著有《雲煙過眼錄》、《秋水軒集》、《天發神讖碑釋文》及《晉樗黎莊集》等。（以上錄自《中國藏書家考略》頁51後，總124）周氏家富藏書，朱彝尊曾云：「周子雪客，藏書累葉，

〔註78〕見周彥文撰《千頃堂書目研究》第一章〈黃氏父子生平事蹟編年彙考〉

〔註79〕據王重民〈千頃堂書目考證〉，將二人徵刻唐宋秘本的事定於康熙十一年。

〔註80〕王重民云：「黃虞稷周在浚的提議，大概就是在康熙十一年左右，而且首先響應這個提議的就是虞稷坐館的龔家。龔家曾刻玉玲瓏叢書五種，都在他們徵刻唐宋秘本九十六種之內。」又云：「假若說龔家刻玉玲瓏叢刻是這個倡議的第一次響應，則徐氏校刻經解應該是第二次響應。」

〔註81〕《憺園文集》卷十〈備陳修書事宜疏〉云：「現在纂修一統志明史支七品俸臣姜宸英臣黃虞稷，學問淵博，文筆健雅，……分輯一統志已有成緒，若得隨往襄助，一如在館供職，庶編輯易成」。

手澤猶新。玉笈縹緗，不減李鄴侯之架，御書炳煥，何殊孫長孺之樓」〔註82〕與黃
虞稷編次《徵刻唐宋秘本書目》。在《憺園文集》中，徐乾學有〈送周雪客次韻〉二
首、〈贈周雪客之任山西藩幕〉等詩贈周氏，而杜登春《社事始末》關於滄浪亭會部
份屢及周在浚徐乾學之名，則二人相識甚早，相交亦久，但似乎未多研討藏書之事。

四、朱彝尊（1629～1709）

　　朱彝尊，字錫鬯，號竹垞，晚號小長蘆釣魚師，又號金風亭長。浙江秀水人。
明崇禎二年（1629）生。幼家貧，明亡，曾結客共圖恢復，以布衣自尊，遂負重名。
康熙十八年舉鴻博之試，授檢討，與修明史。朱氏每入史館，私以楷書手王綸自隨，
錄四方經進書，掌院牛鈕劾其漏洩，降級逐出內廷。卒於康熙四十八年，（1709）年
八十一。著有《曝書亭全集》、輯《經義考》、《明詩綜》、《詞綜》、《日下舊聞》等書。
〔註83〕
　　彝尊富藏書，家有曝書亭，潛采堂。中年好鈔書，通籍以後，於史館所儲，京
師學士夫所庋藏者，必借錄之，徐乾學的藏書亦是彝尊借鈔的對象。《鐵琴銅劍樓藏
書目錄》卷十一〈太平寰宇記二百卷〉下有朱氏跋云：

　　　　……鈔自濟南王祭酒池北書庫，闕七十餘卷，借傳是樓本補之。〔註84〕

可證之。乾學藏書亦附有朱彝尊跋者，如《鐵琴銅劍樓藏書目錄》卷一〈押韻釋疑
五卷〉即是一例。〔註85〕二人藏書也有遞藏情形，如《公是先生七經小傳》、《重校
添注柳文》四十五卷二書均有二人藏章可證。〔註86〕
　　除了藏書的互通，二人在經史方面時相切磋。徐乾學之成《讀禮通考》、《資治
通鑑後編》，朱彝尊提供了不少意見，並為《讀禮通考》作序；朱彝尊輯《經義考》
引錄徐乾學意見。〔註87〕另外，徐氏曾捐資助彝尊刻《日下舊聞》，〔註88〕而二人

〔註82〕朱氏語見〈徵刻唐宋秘本書目啓〉。
〔註83〕以上參閱《清史列傳》〈文苑傳〉本傳及《中國藏書家考略》頁72。
〔註84〕朱氏此跋，現收錄於《曝書亭全集》卷四十四，頁7。〈中華書局四部備要本〉
〔註85〕《鐵琴銅劍樓藏書目錄》卷一頁30〈宋刊本押韻釋疑五卷〉條，為徐乾學藏書，附
　　　　有朱彝尊跋「……此本猶見歐陽氏真面目也」云云。〈《鐵琴銅劍樓藏書目錄》，台北：
　　　　廣文書局書目叢編，民國56年影印出版。
〔註86〕《天祿琳琅書目續編》宋版經部頁21〈公是先生七經小傳〉一書有曹溶徐乾學朱彝
　　　　尊等人印章；萬曼《唐集敘錄》載〈重校添注柳文四十五卷外集二卷〉條云：「書通
　　　　體完整，僅有鈔葉數十繙，係徐氏傳是樓舊物，有秀水朱氏潛采堂圖書，朱彝尊所
　　　　藏也，係同治丙寅在北京購得的。1930年海源閣書散出，江安傅增湘氏在天津曾見
　　　　過這個宋刊九行本。」《唐集敘錄》，台北：明文書局，民國77年6月再版。
〔註87〕《經義考》卷二十九《楊萬里誠齋易傳》、卷三十一《朱文公易說》。
〔註88〕見《憺園文集》卷二十〈日下舊聞序〉。

集中也有酬贈之作。〔註89〕綜上得知，康熙十八年修明史起，二人往來當極密切。

五、錢　曾（1629～1701）

　　錢曾，字遵王，號也是翁，貫花道人，籛後人，述古主人。〔註90〕裔肅之子，江蘇常熟人。明崇禎二年（1629）生，十六年補生員。明亡，未再著意於功名。至清順治十八年，錢曾三十三歲，因江南奏銷案被革去生員。〔註91〕其後，他即專意於古籍之鈔校，並與藏書家研討、購買圖籍，終其身與古書爲伍。康熙四十年（1701）卒，享年七十三。〔註92〕撰有《讀書敏求記》、《述古堂書目》、《交廬集》、《判春集》等。〔註93〕

　　錢曾少即酷嗜宋槧，十八歲就從事鈔校古書。弱冠時，已經與叔祖錢陸燦，馮舒、馮班兄弟及毛晉訂交，時與商榷學問，〔註94〕並受學於錢謙益，謙益謂能紹其緒。順治七年絳雲樓被焚，爐餘書籍及詩文稿，悉付錢曾藏，自此虞山藏書，即以錢曾與毛晉爲巨擘。而因錢氏之性嗜宋槧，時與當日藏書家往返，徐乾學即是其中之一。章鈺《讀書敏求記校証》〈補輯類記〉云：

> 遵王承父餘業，又侍錢牧齋左右者有年，絳雲爐後，且趙清常遺書爲贈，累得柳大中，陸孟鳧手寫善本，同時往返者，有族祖求赤及毛子晉斧季父子，馮己蒼定遠昆弟，陸敕先，馮研祥，葉林宗，季滄葦，葉九來，徐健菴，顧伊人諸人，皆以藏弆校定名者，左右采獲，積有歲年。〔註95〕

湯絢《清初藏書家錢曾研究》頁28云：

〔註89〕如《曝書亭集》卷八有〈和韻送徐編修乾學還崑山〉；《憺園文集》卷七（正月十七日曹頌嘉招同吳志伊嚴蓀友朱錫鬯汪蛟門舟次喬石林潘次耕家勝力電發飲作歌）。

〔註90〕錢曾「也是翁」等四個號的出處，分見於《四庫全書總目提要》卷八十七，史部目錄類存目〈讀書敏求記〉條；黃丕烈《蕘圃藏書題識》卷五〈明鈔本西漢叢語二卷〉條；《讀書敏求記校證》附錄；瞿鏞《鐵琴銅劍樓藏書目錄》卷十九〈校宋本鮑氏集十卷〉條。以上出處，乃轉引自湯絢撰《清初藏書家錢曾研究》頁38。

〔註91〕奏銷案一事，詳見孟森《心史叢刊》一集，頁1～15。

〔註92〕此據錢大成撰〈錢遵王年譜稿〉所定（《國立中央圖書館刊》復刊一卷三號，頁10～18，民國36年9月出版，今所見爲香港龍門書局所發行第一卷合刊本），湯絢《清初藏書家錢曾研究》則引章鈺《讀書敏求記校證》〈補輯類記〉及孫楷弟的說法，認爲錢曾當辛於康熙四十一年，享年七十四。詳見湯文第一章附註113。

〔註93〕錢曾生平部份，參考錢大成〈錢遵王年譜稿〉及湯絢《清初藏書家錢曾研究》及《中國藏書家考略》頁288。關於錢曾著述的問題，在湯絢《清初藏書家錢曾》第二章論〈錢曾的著述〉有更詳盡的敘述，請參閱。

〔註94〕湯絢《清初藏書家錢曾》，頁24～25。

〔註95〕章鈺《讀書敏求記校證》，頁11。

康熙十七年，上巳，遵王集徐健菴，吳蘭次，李武曾，吳志伊，姜西溟，

陳其年，盛珍示諸友於述古堂，作文酒之會，酒闌有詩。〔註96〕

由二則可知徐乾學與錢氏兩人有交誼，而自徐乾學〈新刊經解總序〉及何焯之通志堂經解目錄校語，得知刊刻經解時曾向錢曾借鈔，且有數書所據底本乃錢氏所藏（詳見〈通志堂經解之刊刻〉）

　　另錢曾於康熙五、六年之間，曾售宋刊複本給季振宜，振宜歿，其書旋散，多數為徐乾學所得。如《讀書敏求記》卷二〈考古圖十卷，續考古圖五卷，釋文一卷跋〉云：

滄葦歿，此書歸之徐健菴，予復從健菴借來，躬自摹寫其圖象。〔註97〕

即是錢氏親自提及的。因此，二人藏書有互借鈔對的情形，也有遞藏的關係。

六、季振宜（1630～1674）

　　季振宜，字詵兮，號滄葦，揚州泰興人。明崇禎三年生，順治四年進士，授浙江蘭谿令，歷任刑部主事，戶部員外郎郎中。十五年擢御史，尚氣節，敢直言，上疏劾罷劉正宗，奏章錚錚鑿鑿，世祖呼之為啞固山真御史。康熙二年巡鹽河東，五年乞假歸，十三年卒於家，享年四十五。有《季滄葦藏書目》一卷，《靜思堂稿》二卷、《奏疏》一卷，《聽雨樓集》二卷等。〔註98〕

　　季氏為延令望族，家本豪富。振宜善屬文，喜藏書，善用其財，餅金懸購宋雕善本，江南故家之書多歸之，精本最富。藏書印有「吾道在滄州」朱印，又有「柱下史」方印，又有「得之千載外正古人書」十字長印，與「滄葦」、「季振宜讀書」朱印，又有「宋本」橢圓印。〔註99〕

　　振宜與錢曾嗜尚相近，往來極密，錢氏並舉家藏宋刻之重複者，折售給季氏。〔註100〕是振宜之書半出錢氏。從王士禎《分甘餘話》記述：

錢先生(謙益)藏書甲江左，絳雲一炬後，以所餘宋槧本盡付其族孫曾，……

〔註96〕錢仲聯《錢遵王詩手稿在海外》頁281所錄《判春集》詩目之一。

〔註97〕《讀書敏求記校證》卷二，頁324。

〔註98〕以上季振宜生平綜合楊立誠金步瀛撰《中國藏書家考略》頁128及任長正〈季振宜日記注及其生卒年月考〉一文而成。關於季振宜卒年，《讀書敏求記校證》、《也是園舊藏古今雜劇》均未考出，今任氏據《季振宜日記》定為康熙十三年。

〔註99〕《天祿琳琅》〈毛詩二十卷〉：「季振宜藏書，有宋本橢圓印」；《藏書記事詩》卷四，季振宜條云：「昌熾案：天祿琳琅又載宋版文選，明版長慶集，皆有『滄葦』，『吾道在滄洲』朱記，又追昔游詩，季滄葦藏，有柱下史方印；又明刻元豐類稿有『得知千載外，正賴古人書』十字長印，與季振宜藏書印，均在序首，疑亦季氏所鈐也」

〔註100〕見錢曾〈述古堂藏書目序〉。

　　　　先生逝後，曾盡鬻之泰興季氏，於是藏書無復存者，聞今歸崑山矣。（見
　　　　《讀書敏求記》，序跋題記）

知振宜歿後，其藏書多入乾學家中，今所見宋元版古籍常兼有二人藏書印者，亦可
證之，現考知曾經徐季遞藏之宋元版書（宋版較多）達五十種之多。（詳見藏書之遞
藏部份）另《憺園文集》卷六有詩〈季滄葦舉子〉一首，於〈經解總序〉亦提到他，
則二人交情或不甚密切，但於藏書之互通亦時有往返。〔註101〕

七、顧祖禹（1631～1692）

　　《清儒學案》將顧祖禹列爲徐乾學之交遊，而顧氏之生平大略如下：顧祖禹，
字端五，〔註102〕號景范，無錫人，世居宛溪，學者稱宛溪先生。明崇禎四年生，父
柔謙，精於史著。祖禹承家學，博極群書，尤精輿地。沉敏有大略，貧而廉介，不
求名於時。好遠遊，歸而著書。康熙三十一年卒於家，年六十二。著有《讀史方輿
紀要》等書。〔註103〕

　　乾學在朝勤於獎進人物，有人倫水鏡之目；〔註104〕對於鴻學之士往往因慕其學
養而延聘館於家，顧祖禹即是其中一位，彭士望〈傳是樓藏書記〉云：

　　　　庚申（康熙十九年）暮春余因顧子景范陸子拒石得登崑山徐公之傳是樓。

　　〔註105〕

而於〈徐健菴春坊五十壽序〉云：

　　　　庚申八月，……公既延武林陸子抱時、太滄顧子伊人與共晨夕，……而虞
　　　　山顧景范，不求聞達，落落人外。〔註106〕

從以上二則知十九年乾學延顧祖禹等人館於傳是樓，且由《顧祖禹年譜》知至二
十七年左右仍在乾學家中。〔註107〕後乾學領一統志，也延致顧氏佐之，而顧氏並
曾引劉繼莊參修《一統志》。其自著《讀史方輿紀要》即於志局成之。乾學撰《輿

〔註101〕因今未見《季振宜詩集》，不能確定二人是否還有酬贈之作。
〔註102〕據夏定域撰〈顧祖禹年譜〉所載，夏氏並辨正《清史稿》〈遺逸傳〉本傳稱「祖禹
　　　　字復初」、王紹蘭纂《三禮集義》稱「祖禹亦字韓」均有誤。此文見《文獻》（季刊）
　　　　1989年第一期，北京書目文獻出版社，1989年1月出版。
〔註103〕據夏定域撰〈顧祖禹年譜〉。
〔註104〕鄭方坤撰《清名家詩人小傳》（《本朝名家詩鈔小傳》）徐乾學條云：「而先生尤知人，
　　　　能得士，有人倫水鏡之目。」
〔註105〕收於《恥躬堂文鈔》卷七、八，今未見彭氏文鈔，轉引自〈顧祖禹年譜〉。
〔註106〕同註105。
〔註107〕據〈顧祖禹年譜〉所載、陸隴其《三魚堂日記》辛酉七月初二一則及全祖望《鮚埼
　　　　亭集》外編卷三十〈題徐介傳後〉等。

地備考》、《輿地紀要》、《輿地志餘》諸書當曾與顧祖禹切磋研商。《望溪詩鈔》載乾學曾欲上疏推薦顧祖禹，〔註108〕可見乾學對顧氏學養之慕。

八、閻若璩（1636～1704）

閻若璩，字百詩，號潛丘，山西太原人。明崇禎九年生，年十五補弟子員，後來屢次赴試及舉鴻博皆不遇，遂專意研經。若璩長於考據，尤善尚書及古地埋。撰有《尚書古文疏證》八卷、《四書釋地》五卷、《潛丘箚記》六卷等書，卒於康熙四十三年，年六十九。

《劉蕺山黃梨洲學案合輯》附弟子〈閻先生若璩〉一則云：「先平隨徐尚書乾學最久，佐修一統志」〔註109〕今查對《閻若璩年譜疏證》，康熙十九年下云：

徐乾學問禮於閻若璩（譜云：徐尚書乾學因問於經亦有微乎。）徐嘆服即

邀至邸，延爲上客，每詩文成必屬裁定。〔註110〕

乾學相當欽佩閻氏的學問，於是邀至家中爲上客。二十二年，若璩客福建方歸，乾學復邀至京師。二十三年閻若璩寓徐乾學碧山堂爲說禮服，與黃子鴻初晤於碧山堂，初夏自碧山堂移徐健菴寓邸。〔註111〕二十四年仍客徐邸，〔註112〕二十五年，是年乾學領一統志、會典、明史三館總裁，常與閻氏商推義例，考證辨析。乾學歸里，開一統志局於東洞庭山，仍邀閻若璩同往。而一統志局後移往嘉善，復歸崑山，若璩皆參預其事。〔註113〕這段時期，乾學日與若璩「晨夕談古援今，慰譬開廣，不以出處隱顯異致」。（年譜引行述之言）乾學革職後，閻若璩未避離，乾學卒，閻若璩有〈吞聲一首〉自注爲東海公作，〈殘年哭知己一首〉，〈讀唐書張說傳有懷一首〉皆爲徐乾學作〔註114〕；三十六年有〈將過江展司寇徐公墓先寄一首〉，又〈鄰笛〉則展墓後作也。〔註115〕深情厚誼，令人歎之。

〔註108〕附見於方苞撰《望溪詩鈔》〈海虞詩話〉。

〔註109〕蘇德用纂輯《劉蕺山黃梨洲學案合輯》，台北，正中書局印行，59年4月臺二版。

〔註110〕以下多引用《閻若璩年譜彙編》所列資料。

〔註111〕《閻若璩年譜彙編》引疏證卷八：「余甲子春寓東海公碧山堂爲說禮服云云」；引箚記：「憶甲子初夏自碧山堂移徐公健菴寓邸。」（案語云：碧山堂蓋健庵館客之別第。）

〔註112〕年譜二十四年下：「李分虎《香草居集》有閻百詩人日招集碧山堂云云。」

〔註113〕錢傳：「及徐公奉敕修一統志開局洞庭山既又移嘉善，復歸崑山，先生皆豫其事」。

〔註114〕同註111。引箚記有「吞聲一首自注爲東海公作」；有〈殘年哭知己〉一首、〈讀唐書張說傳有懷〉一首張穆注云：「皆爲東海公作而不得其年，類記於此。」

〔註115〕同註111。譜曰：「康熙三十六年有〈將過江展司寇徐公墓先寄一首〉。」張穆案語云：「健菴以乙亥十一月葬，詩領句云『素平曾未至，宿草蓋興哀』，以宿草之義推知當在此年。」

九、韓　菼（1637～1704）

　　韓菼，字元少，號慕廬，長洲人。崇禎十年生，康熙十二年進士第一人及第，官修撰，以善爲制藝名於時，亦因此久值內廷。二十六年告歸，起官至禮部尙書兼掌院學士，《平定朔漠方略》、《政治典訓》、《一統志律例》之修，皆命領之。四十二年，乞休不允，且責其與庶吉士飲酒教習不勤，翌年再請不許，而卒于官，年六十八，事具《清史列傳·大臣傳》。撰《有懷堂詩稿》六卷、《有懷堂文稿》二十二卷。〔註116〕

　　韓菼文學法歐、曾，甚有法度，詩則溫原有旨。康熙十一年乾學主順天鄉試，拔韓菼於遺卷中，次年菼大魁天下，人謂乾學有識才之明。而自此菼也以師禮事之。是時朝中有南北二黨，乾學位居權要，未免於黨爭。菼素受知于乾學，事後不免受累，然于徐氏之交始終不改，頗爲人所稱。

　　《有懷堂文稿》有不少作品，顯示徐乾學韓菼情誼之深：卷六，頁3～4〈東海公壽序〉爲乾學六十歲所作。文中云：

> 康熙己未冬赴闕補官，上益稔公深寵，欲大用公。……若當進之時，任進
> 之事，毅然致其身，不復計其後，既已涉危險之途，獨超然爵祿之外，兩
> 全於上下之交，非深於易者不能，而古今以爲難，則吾失東海公一人而已。

〔註117〕

文中所褒過甚，但頗能道出如徐乾學有任事之志又能受知於皇帝者，進退上的難處。又《有懷堂詩稿》卷二，頁7～8〈上健菴師八章以『既明且哲，以保其身』爲韻〉，八章內容雖僅敍乾學仕宦，末云「但祝公無疆，千秋屬公身」但題目中隱含規勸乾學之意。詩作於三十年徐乾學撤職以後，事師之誠一如往昔。

　　韓菼雖與乾學藏書刻書事業無關，然因其撰〈崑山縣世德倉碑記〉敍徐乾學徐元文兄弟立世德倉之義行，令後人得知二人義行〔註118〕乾學輯《明史列傳》九十三卷未竟而卒，韓菼爲之整齊鱗次，使此書得以完整面貌傳世。（詳見徐乾學著述部份）徐乾學逝世後，菼亦屢有懷念乾學之作，如〈被命修一統志先師司寇公完書也，感而有作〉等〔註119〕則徐乾學韓菼師友情誼之深可知，而韓菼亦不負乾學知遇之恩。

〔註116〕韓菼生平參閱《清史稿》卷二百七十二、《清史列傳》卷九。

〔註117〕《有懷堂文稿》卷六，頁3～4。

〔註118〕《有懷堂文集》卷八頁2～5。

〔註119〕《有懷堂詩集》卷四頁3～4，共四首。前兩首敍乾學之修書，後二首爲懷念乾學之作；卷三另有〈碧山堂山桃盛開〉、〈上已讌集碧山堂〉就內容看，應均作於徐乾學逝世以後。

十、萬斯同（1638～1702）

萬斯同，字季野，學者稱石園先生，卒後門人私諡貞文，鄞縣人。明崇禎十一年生。萬氏少師事黃宗羲，得聞劉蕺山之學，後因一言不合，而後不復論性道，專窮經史。因博覽群書，而所學大成，治經尤深於禮，治史尤詳於明。十八年，詔試鴻博，力辭不赴試。修《明史》，徐元文延往分纂，萬氏以布衣參史局，不署銜不受俸。康熙四十一年卒，享年六十。著有《群書疑辨》十二卷，《宋季忠義錄》十六卷，《補歷代史表》六十卷，《儒林宗派》八卷等。〔註120〕

徐乾學好研經史，尤嫺於禮，聞萬氏專窮經史之名，即延請主其家，問喪禮之原委，商搉前人諸說。徐乾學撰《讀禮通考》一百二十卷，實多得諸萬氏的幫助。〔註121〕

十一、毛扆（1640－？）

毛扆，字斧季，毛晉第五子，常熟人，生於崇禎十三年，卒年不詳。精校勘，著名於時，著有《汲古閣秘本書目》。〔註122〕

乾學與毛扆定交於何時不得而知，僅知康熙十七年，徐乾學與姜西溟、陳其年諸人至隱湖訪毛扆，有詩紀之。〔註123〕則二人應有往來。

明末清初，毛氏汲古閣刻書風行天下，藏書亦豐富。徐乾學刻《通志堂經解》，就曾向毛扆鈔借秘本作爲底本，現今已知有二十五種，是當時向他人鈔借的部份數量最多的。（詳見通志堂經解版本源流）又毛扆亦曾爲徐乾學購書。何焯〈孟子音義跋〉云：

> 孟子篇敘，自世綵堂下諸刻皆闕，毛斧季爲東海司寇購得章邱李中麓少卿
> 所藏本宋本乃有之。〔註124〕

十二、納蘭成德（1654～1685）

納蘭成德，後改名性德，字容若，號楞伽山人，滿洲正黃族人，明珠子。順治十一年生，自幼讀書敏異，工詩，尤長於詞。康熙十一年舉順天鄉試，十五年殿試

〔註120〕萬氏生平見全祖望撰〈萬貞文先生傳〉（《鮚埼亭集》卷廿八）與劉坊撰〈萬季野行狀〉。
〔註121〕見本章第一節著述考，《讀禮通考》部份。
〔註122〕以上錄自《中國藏書家考略》頁34。
〔註123〕《憺園文集》卷六〈同吳蘭次志伊石葉陳其年姜西溟李武曾過隱湖訪毛黼季和蘭次韻〉一首。
〔註124〕《何義門先生文集》卷十二。

二甲七名，賜進士出身，授乾清門侍衛。康熙巡遊諸地，屢次扈從。卒於康熙二十四年，年才三十一。〔註125〕

性德自康熙十一年舉順天鄉試，因是科主考官為徐乾學，即以師禮事之，二人的往來也日益密切，徐乾學〈通志堂集序〉：

　　五月起，逢三六九日，過余邸講論經史，每抵暮方去。〔註126〕

及《通志堂集》、《憺園文集》中多有二人酬贈詩作可知。〔註127〕性德少有才名，以詞名於世。與乾學往來漸密，乃有志讀書，性德〈上座師徐健菴先生書〉云：

　　承示宋元諸家經解，俱時師所未見，某常曉夜窮研，以副明訓，其餘
　諸書尚望次第以授，俾卒業焉。〔註128〕

能見性德之篤意於經史，或也因這個因素，徐乾學後來會將輯刻的《通志堂經解》移於性德名下，並由他撰寫六十五篇序及刊刻經解總序。

然性德年命短淺，康熙二十四年卒，年僅三十一。乾學有祭文以哀之，作墓誌銘及神道碑文，今均收錄於《憺園文集》中。〔註129〕墓誌銘中云容若之「天姿純粹，識見高明，學問淹通，才力強敏」而嘆天不假之年，又屢言性德舉止閒雅，執禮甚謹，師友之情真摯流露。乾學嘆其早夭，懼其遺文佚失，而於康熙三十年輯刻其詩文為《通志堂集》二十卷。徐乾學一生之行事雖然結黨互鬥，毀譽參半，但與納蘭性德之間亦師亦友的情誼，卻讓人為之感嘆。

十三、顧　湄

顧湄，字伊人，太倉人。諸生，湄本惠安令程新子，新與顧夢麟善，夢麟無嗣，幼鞠湄，遂姓顧。〔註130〕父夢麟，長於毛鄭之學，湄傳其業。尤工詩，清麗婉約，師事陳瑚，陳瑚以為其詩過元人。有詩集曰水鄉集。當時，慎交同聲社興，皆以得

〔註125〕納蘭性德生平參閱張任政撰〈納蘭性德年譜〉，《國學季刊》第二卷第四號，頁741～790，民國19年12月。

〔註126〕徐乾學〈通志堂集序〉見於《通志堂集》前，關於納蘭成德往徐乾學宅研討經史的事，在〈通議大夫一等侍衛進士納蘭君墓誌銘〉中也提到：「三日謁余邸談經史源委及文體正變，老師宿儒有所不及。」

〔註127〕例如：《憺園文集》卷八〈贈容若扈蹕〉、〈走筆與容若〉九首、〈送容若赴梭龍〉等詩。《通志堂集》卷四，頁7～8有〈秋日送徐健菴座主歸江南〉四首、卷四頁14〈喜漢槎歸自關外，次座主徐先生韻〉等。

〔註128〕見《通志堂集》卷十三。

〔註129〕見《憺園文集》卷二十七〈通議大夫一等侍衛進士納蘭君墓誌銘〉、卷三十一〈通議大夫一等侍衛進士納喇君神道碑文〉及卷三十三〈祭納蘭君文〉。

〔註130〕見《國朝耆獻類徵初編》，卷四百十七，頁52，此乃引自《江蘇詩徵》一書。

湄爲重。順治十八年因奏銷案罣誤，而絕意進取，專力詩古文。徐乾學慕其名，延館於家。而據何焯《通志堂經解目錄》屢及顧湄校讎之語，知此刻校讎工作顧氏著力最多。《清儒學案》健菴學案或因此將顧湄列爲徐乾學的交遊。在《憺園文集》卷六有〈同顧伊人赴雲棲出尊甫織簾先生倡和詩冊次原韻〉〈題雲棲寺次韻同伊人作二首〉，亦得見二人時有倡和。〔註131〕

　　由此章二節的探討，可知徐乾學的著述，甚至其藏書、刻書，與其交遊有相當密切的關聯性。以下有一附錄，名曰「徐乾學之刻文集與其他」，敘述徐乾學除了刻《通志堂經解》外，尚刻有幾種文集。而這幾種文集，多屬於其友朋的著作，實與其交遊有關，故附論於此章之後。

附表 2-1：徐乾學友朋人名表

姓　名	字　號	里　貫	憺　園　集	其　他
彭　瓏	雲　客	長　　洲	卷　二	
尤　侗	展　成	長　　洲	卷　二	尤西堂全集
陸　圻	麗　京	錢　　塘	卷　二	
計　東	甫　草	吳　　江	卷二 2	
吳百朋	錦　雯	仁　　和	卷　二	
姜軼簡				卷　二
陳皇士				卷　二
薛仔鉉				卷　二
安　朋	亦　生	江南常熟	卷　二	
孫嘉客				卷　二
陳曉江				卷　二
龔在田				卷　二
韓公年				卷　二
繆　彤	歌　起	長　　洲	卷　二	
馬鳴鑾	殿　聞	崑　　山	卷二 2、卷五	祭馬鳴鑾文
張家駿	雲　亭	吳　　縣	卷　二	
宋德宜	右之蓼天	長　　洲	卷二、卷五	
吳兆騫	漢　槎	吳　　江	卷二 2	秋笳集
宋之繩	其　武	江南溧陽	卷　二	

〔註131〕此段見《清史稿》卷四百八十四，《江蘇詩徵》等。

姓　　名	字　　號	里　　貫	憺　園　集	其　　他
嚴　臨　覽	民		卷　二	
沈　子　湘			卷　二	
史　曉　瞻			卷二2、三	
金　耳　中			卷　二	
姚　亦　章			卷　二	
史　在　晉			卷　二	
宋　聿　新			卷　二	
陸　昌　生			卷　二	
瞿　雲　谷			卷　二	
顏　餐　園	知　天	亳　　州	卷二、三、四3	顏參園墓誌銘
朱　瑤　岑			卷　二	
陳　希　稷	簡　菴	夏　　邑	卷　二	
史　大　成	立　菴	鄞　　縣	卷　三	
洪　暉　吉			卷三7	
嚴　築　公			卷三2	
黎　傳　人			卷三2	
李　其　拔			卷三2	
胡　沖　之			卷　三	
丘　象　升	曙　戒	山　　陽	卷　三	
邵　正　菴			卷　三	
張　青　雷			卷　三	
王　毓　東			卷　三	
宋　徵　璧	尙　木	江　南　華　亭	卷　三	
梁　佩　蘭	芝　五	南　　海	卷三3	
程　可　則	周　量	南　　海	卷三5、卷五	
周　鶴　田			卷　三	
張　居　玉			卷　三	
侯　定　一			卷　三	
董　劍　鍔	佩　公		卷三2	
姚　媒　長			卷三2	
黃　愛　九			卷　三	

姓　　名	字　　號	里　　貫	憺　園　集	其　　他
李可汧	元仗	崑　　山	卷三4、卷四2	
汪琬	苕文鈍翁	長　　洲	卷三2、卷七	堯峰文鈔四十卷
葉方藹	子吉	崑　　山	卷三1、卷四	
董文驥	玉虬	江南武進	卷　三	
王學棨	襄璞		卷四4、卷五	
鄧廷羅	偶樵		卷　四	
趙湛	秋水	邯　　鄲	卷四2	
龔伯通			卷　四	
吳綺	薗次	江　　都	卷四3、六3、卷七1	林蕙堂全集
陳祺芳	子壽	江南常熟	卷　四	
吳任臣	志伊		卷　四	
茆再馨			卷　四	
張芳	菊人	江　　寧	卷　四	
李蘡菴			卷　四	
秦松齡	留仙	無　　錫	卷　四	
吳興祚	伯成	漢軍旗人	卷四4、六1	
王翬	石谷		卷　四	
周亮工	櫟園	祥　　符	卷　四	
盛符升	珍示誠齋	崑　　山	卷四、卷九3	
丘象隨	季貞	山　　陽	卷四2	
汪繼昌	徵五	歙　　縣	卷　四	
黎士宏	媿曾	長　　汀	卷　四	
施閏章	愚山	江南宣城	卷四、六1	施愚山先生全集
丘鍾仁	近夫	江南崑山	卷　四	
余西崖			卷　四	
宋犖	牧仲	商　　丘	卷四、七1	西陂類稿
吳國對	玉隨	全　　椒	卷　四	
方文	爾止	桐　　城	卷　四	
王懋麟	蛟門	江　　都	卷五2、六1、卷七3	百尺梧桐閣集、遺稿
蔡啟僔	石公	德　　清	卷五4	
汪康以			卷　五	

姓　　名	字　　號	里　　貫	憺　園　集	其　　他
王師晉	敬　齋		卷五 2	
閻華亭			卷　五	
金君之			卷　五	
宋鶴問			卷　五	
宋　琬	荔　裳	山東萊陽	卷　五	
魏裔介	石　生	直隸柏鄉	卷五 3	
陳宗石	子　萬	江南宜興	卷五、七	
彭之鳳	橫　山	湖廣龍陽	卷　五	
張玉裁	禮　存	江南丹徒	卷　五	
宋長元			卷　五	
曾　燦	青　黎	寧　　都	卷　五	
潘　高	孟　升	金　　壇	卷　五	
熊賜履		孝　　感	卷　五	
吳　光	長　庚	歸　　安	卷　五	
許　玭	天　玉	侯　　官	卷　五	
李召霖			卷　五	
周在浚	雪　客	祥　　符	卷五、八	
陳台孫	階　六		卷五 2、六 1	
孫在豐	屺　瞻		卷五 3、七 2、卷八 2	
王士祿	西　樵	山東新城	卷五 1、六 1	
王士禎	阮　亭	山東新城	卷　五	漁洋山人精華錄
嚴允肇	修　人	浙江歸安	卷　五	
米漢雯	紫　來	宛　　平	卷　五	
喬　萊	石　林	寶　　應	卷五 3、六、卷七 2、八	
周　弘	緘　齋		卷　五	
吳之振	孟　舉	浙江石門	卷　五	
王　撰	異　公	太　　倉	卷五 2	
顧放亭			卷　五	
葉舒崇	元　禮	江南吳江	卷五 2	
陳元龍	廣　陵	浙江海寧	卷　五	
朱爾邁	人　遠	浙江海寧	卷　五	

姓　名	字　號	里　貫	憺　園　集	其　他
昌敬菴			卷　五	
張惟赤	螺　浮	海　　鹽	卷　五	
錢中諧	宮　聲	江南吳縣	卷　五	
魏象樞	環　溪	山西蔚州	卷五3	
陳祚明	胤　倩	仁　　和	卷　五	
杜　鎮	子　靜	南　　宮	卷　五	
陸恂若			卷　五	
孫承澤	退　谷	山東益都	卷五2	
王　寬	敷　五		卷　五	
陸元輔	翼　王	江南嘉定	卷五、九2	
李鴻藻	文　正		卷　五	
吳文定			卷　五	
顧大申	見　山	江南華亭	卷　五	
沈　荃	繹　堂	江南華亭	卷　五	一硯齋詩集
韓　菼	元　少	長　　州	卷　五	有懷堂文稿
王鴻緒	季　友	婁　　縣	卷　五	橫雲山人文集
嚴繩孫	蓀　友	江南無錫	卷五、七1	
姜宸英	西　溟		卷五、六1、卷八2	姜先生全集
高　詠	阮　懷	江南宣城	卷　五	
耿願魯	又　樸	館　　陶	卷六2	
朱即山			卷六2	
葉方恆	學　亭	崑　　山	卷　六	
張四教	芹　沚		卷　六	
吳本立	意　輔	江南武進	卷　六	
汪叔定			卷　六	
吳　受	修　齡	江南崑山	卷　六	
徐　倬	方　虎	浙江德清	卷六、七、八	
彭孫遹	駿　孫	浙江海鹽	卷　六	彭羨門全集
顧　湄	伊　人	太　　倉	卷六2	健菴學案
方艾質			卷　六	
舜瞿禪師			卷　六	

姓　　名	字　　號	里　　貫	憺　園　集	其　　他
審爾講	元　著		卷　六	
潘　耒	次　耕	吳　　江	卷六、七	遂初堂詩集
陳廷敬	說　巖	山西澤州	卷　六	午亭文編
馬雲翎	狝		卷　六	
季振宜	滄　葦	江南泰興	卷　六	
顧　汧	伊　在	江南長洲籍	卷　六	
方少參			卷　六	
董得仲			卷　六	
金　鎮	長　眞	宛　　平	卷六二	
金在五			卷　六	
諸嗣郢	乾　一	江南青浦	卷六2	
陳維崧	其　年	江南宜興	卷六2	陳迦陵文集六卷
李良年	武　曾	浙江秀水	卷　六	
毛　扆	黼　季	常　　熟	卷　六	
祝子堅			卷　六	
錢澄之	飲　光	桐　　城	卷六、九	
俞彙嘉			卷　六	
金世德	孟　求	漢　軍　人	卷　六	
沈國望			卷　七	
黃　斐	菉　園		卷　七	
朱彝尊	錫　鬯	浙江秀水	卷七、八2	曝書堂全集
徐　釚	電　發	吳　　江	卷七、八	南村草堂詩集
張　玿	力　臣	山西山陽	卷　七	
張　英	敦　復	江南桐城	卷七3	
梁清標	棠　村	直隸眞定	卷　七	
侯開國	大　年	江南嘉定	卷七、八	
孫　蕙	樹　百	山東淄川	卷　七	
曹　溶	秋　岳	秀　　水	卷　七	曹倦圃先生尺牘
蔣　伊	莘　田		卷　七	
趙士麟	玉　峰	雲南河陽	卷　七	
潘進也			卷　七	

姓　　名	字　　號	里　　貫	憺　園　集	其　　他
王　掞	顓　菴	太　　倉	卷七 2	
高士奇	澹　人	錢　　塘	卷八 5、九 2	清吟堂全集
納蘭成德	容　若	滿洲正黃旗人	卷八三 3	通志堂集
王師曾	省　齋		卷　八	
吳震方	青　壇	浙江石門	卷　八	
許虞廷			卷　八	
孫封公			卷　八	
張南村			卷　八	
孟瑞士			卷　八	
楊忠愍			卷　八	
黃百家	主　一	餘　　姚	卷　八	學箕初稿
萬斯同	季　野	鄞　　縣	卷　九	石園文集
翁叔元	寶　林	江南常熟	卷　九	
查嗣瑮	德　尹	海　　寧	卷　九	
李質醇	厚　菴		卷　九	
許承宣	筠　菴		卷　九	
張　鵬	南　溟		卷　九	
陳惕若			卷　九	
李德中			卷　九	
葉文蔚	敷　文		卷　九	
曹　寅	子　清	奉　　天	卷　九	棟亭集
金　張	介　山	錢　　塘	卷　九	
唐孫華	君　實	太　　倉	卷　九	東江詩鈔
繆虞良			卷　九	
吳　暻	元　朗	太　倉　州	卷　九	
孫　暘	赤　崖	江南常熟	卷　九	
王日藻	卻　非	江南華亭	卷　九	
錢陸燦	湘　靈	江南常熟	卷九 3	
黃與堅	忍　菴	江南太倉	卷　九	社事始末
何　棟	涵　齋		卷　九	
許纘曾	鶴　沙	江南華亭	卷九 6	

姓　　名	字　　號	里　　貫	憺　園　集	其　　他
周　金　然	礦　巖	江　南　華　亭	卷　九	社事始末
胡　　渭	朏　明	德　　清		健菴學案
閻　若　璩	百　詩	山　西　太　原		健菴學案
朱　鶴　齡	長　孺	吳　　江		愚菴小集
黃　　儀	子　鴻	江　南　常　熟		健菴學案
劉　獻　廷	繼　莊	大　　興		二萬先生學案附
裘　　璉	橫　山	慈　　谿		大清一統志
邵　長　衡	子　湘	武　　進		邵子湘全集
嚴　虞　惇	寶　成	江　南　常　熟		
顧　祖　禹	景　范	無　　錫		健菴學案
黃　虞　稷	俞　邰	晉　　江		健菴學案
翁　　澍	季　霖	具　　區		翁元直暨配席孺人合葬墓誌銘
王　士　祐				
曹　彝　士				
湯　　斌				
陸　予　載				予載翁寶林一合稿序
田　漪　亭				田漪亭詩集序

附錄：徐乾學刊刻文集——《通志堂集》及其他

　　徐乾學除了刻通志堂經解這套叢書，也刻了些單行本的文集、詩集，且多半為其友朋的著作，少數為前人作品予以重刻或增修。因為這類書的一致性較低，且今多未見原書，所以將它們集中並提前於此討論，以見徐乾學刻書之另一概略情況。

一、《通志堂集》二十卷

（一）《通志堂集》的刊刻

　　《通志堂集》，作者納蘭性德。性德自康熙十一年舉順天鄉試，因是科主考官為徐乾學，遂以師禮事之，而二人的往來也日益密切。（詳見〈友朋〉一節）徐乾學後來並將輯刻的《通志堂經解》移於性德名下。二十四年，性德卒，徐乾學有祭文以

哀之，並爲作墓誌銘及神道碑文，今均收錄於《憺園文集》中。〔註132〕三十年，乾學歸里後並輯刻其詩文爲《通志堂集》二十卷。

由徐乾學〈通志堂集序〉：

> ……余里居杜門，檢其詩詞古文遺稿太傅公之所授者，及友人秦對巖、顧梁汾所藏，并經解小序，合而梓之，以存梗概，爲通志堂集，碑志哀輓之作附於卷後。〔註133〕

及嚴繩孫〈成容若遺藁序〉末署撰時間爲康熙三十年秋九月，可知其刊刻緣由及刻成時間。不過，鄧之誠撰〈通志堂集提要〉時卻認爲：

> ……是時明珠已罷相，實由乾學受聖祖密旨嗾郭琇劾罷之。旋乾學亦解尚書任回籍修書，明珠外甥傅臘塔官江南總督，正督過乾學兄弟，爲明珠報復，乾學之刻此集或意在釋嫌修好歟？〔註134〕

鄧氏所作揣測，因時間的吻合，且以徐氏於黨爭中的形象看來，極有可能。然筆者認爲二人師友之情，亦足徐乾學爲之刻書，何必事事牽涉政治。故以爲張舜徽所云：

> 觀其上徐氏一書，執弟子之禮，申請業之敬唯謹，宜乾學哀其早天，既爲撰墓誌銘及神道碑，又爲刊布其文，百計以傳之也。〔註135〕

是較爲公允的說法。

（二）《通志堂集》的內容及流傳情形

至於《通志堂集》的內容及刊刻流傳情形則簡述如下：

此書共二十卷，包括詩四卷（三百五十四首），詞四卷（三百零九闋），經解序六十三首（經解書後二首附），序三首，記一首，書六首，雜文十六首及淥水亭雜識四卷。另二卷爲附錄，包括墓誌銘祭文輓詞輓詩等。此書在康熙三十年刊刻流傳後，似未曾翻刻。據今所知，此書台大文圖藏有一部，而上海圖書館、北京圖書館亦各藏有一部。上海古籍出版社於 1979 年於《清代文集叢刊》中，曾據館藏之書照相影印出版。而北圖則於《中國版刻圖錄》中列出此書書影。台大所藏未見，待查〔註136〕。現就上海及北京所藏二書略記其版刻形式：匡高十八點一公

〔註132〕見《憺園文集》卷二十七〈通議大夫一等侍衛進士納蘭君墓誌銘〉、卷三十一〈通議大夫一等侍衛進士納喇君神道碑文〉及卷三十三〈祭納蘭君文〉。

〔註133〕此篇序文，無論是康熙三十六年或光緒九年刊刻的《憺園文集》，均未收錄；而僅見於《通志堂集》書前。

〔註134〕見鄧之誠撰《清詩紀事初編》卷六〈通志堂集〉，頁 644～645。

〔註135〕見張舜徽撰《清人文集別錄》卷四〈通志堂集〉，頁 97。

〔註136〕據《台灣公藏普通線裝書目書名索引》所載台大文圖藏有此書，然至文圖館內查對，

分，廣十三點二公分。九行行十九字，白口，左右雙欄。單魚尾，魚尾下記書名卷次，下註頁碼。（以上匡高寬為北圖藏書，上海所藏者匡高十八點七公分，寬十四點一公分）

二、《西崑酬唱集》

馮武〈重刻西崑酬唱集序〉云：

> ……昔年西河毛季子，從吳門拾得抄白舊本，狂喜而告於徐司寇健菴先生，健菴遂以付梓，汲汲乎恐其又亡也。刻成而以剞劂未精，秘不示人。吳門壹是堂又以其傳之不廣而更為雕版。〔註137〕

而《四庫總目提要》卷三十七‧集部‧總集類〈西崑酬唱集〉則有相似、但更明確的說明：

> 其書自明代以來世罕流布，毛奇齡初得舊本於江寧，徐乾學為之刻版，以剞劂未工，不甚摹印。康熙戊子，長州朱俊升又重鐫之，前有常熟馮武序……。

由上兩則知徐乾學曾為毛奇齡刻《西崑酬唱集》，但因刻得不好，印得不是很多，加上康熙四十七年即又有另一種刻本出現，或許因此而流傳不廣。

至於此書究竟是在什麼時候刊刻的，徐乾學《憺園文集》中并未提到，且查閱現今《四庫全書》所收的《西河全集》，集中也無隻字談到此事，所以現暫無法查究。不過，毛氏十八年以後入詞館修史，則此書之刻或在十八年之後。〔註138〕

三、錢澄之《田間文集》三十卷

桐城錢澄之撰，澄之字飲光，明季諸生，晚自號田間老人。張舜徽《清人文集別錄》卷一論〈田間文集〉云：

> ……其文集在康熙中，崑山徐氏曾為刊版，上海復排印徐刻所無者，為藏山閣文存，皆非完本。〔註139〕

而據徐乾學《憺園文集》卷二十〈田間全集序〉：

> 歲壬子冬，忽來都下，館余座師龔端毅公家，因與訂交，歡甚。明年，余

並未見到。

〔註137〕見粵雅堂叢書本《西崑酬唱集》前所附，今叢書集成初編本即據此本刻，亦附有此序。

〔註138〕據楊椿撰〈再上明鑑綱目館總裁書〉述及毛奇齡為流賊土司外國傳，知毛奇齡十八年即參與明史修纂。或因修書之故，與徐乾學往來較頻繁，才有刻書之舉。

〔註139〕見張舜徽《清人文集別錄》卷一，頁18～20。

將出京，與葉訒菴、張素存諸公邀之共游西山蕭寺，……以丁太夫人艱歸，
先生時訪余廬居，或不至，亦因風便通慇懃焉。丁卯春，余在禮部，方有
文史之役，即安得飲光先生北來，一切與就正乎……既至，盡出所著書，
所謂田間易學、田間詩學、莊屈合詁及諸詩文，……因謀爲授梓以傳……。

知道徐乾學與錢氏二人交往頗密切，文中亦提到準備爲錢氏刻書，則張舜徽所說的
「徐氏」極可能是徐乾學。但序中所述沒有文集一書，不知是否已包括仕其中。今
查台灣大學藏有清初《田間文集》葉斟稚堂原刊本，﹝註140﹞書前附有唐甄序，文中
並未說明爲徐乾學所刊，而只提到：

> ……先生註二經二子成，負書至吳郡，并手次其文曰，田間文集凡三十卷，
> 詩別編焉，諸公助之雕版畢……。

則張舜徽直言徐氏曾爲刻錢澄之文集，可能據〈藏山閣文存〉序言或另有其他資料
而筆者未見；然而，徐乾學爲錢氏刻書由其文章確可證知，故此處循張氏之說，暫
將《田間文集》列爲徐乾學所刻。

四、吳兆騫《秋笳集》四卷

《四庫全書總目提要・別集類》存目：

> 兆騫字漢槎，吳江人，順治丁酉舉人，戊戌以科場寅緣事戍寧古塔，後蒙
> 恩赦還。此集前四卷爲徐乾學所刊，後四卷爲其子振所刊，而編次無
> 序，……蓋隨得隨刊，故舛僞如是。

兆騫涉科場案而遠戍寧古塔，其間與顧貞觀等仍有書信往返，徐乾學亦曾有詩懷念
在獄、遠戍之友，即爲吳兆騫而作﹝註141﹞；而吳氏能得赦還，顧貞觀爲其奔走，徐
乾學、納蘭成德爲之納鍰，都盡了心力。

至於徐乾學所刊之《秋笳集》四卷，今查書目並未見其傳世。不過由現傳《秋
笳集》八卷﹝註142﹞後的附錄，可略知其端倪。附錄有吳兆騫〈答徐健菴司寇書〉云：

> 至於欲索僕平生撰著，付諸剞劂，無使泯沒，嗟乎，此豈僕素望所及
> 哉？……天下文章翕然歸于三徐，言論所及，藝林以爲宗，今不鄙僕，欲
> 序而梓其所作，使天下知劫灰寒地猶有燼光……少作故有刻稿，患難幾度
> 已散失，請室諸詠，稍有存者，今所錄詩賦若干篇，皆己亥出塞後作，昨

﹝註140﹞此書現藏於台灣大學文學院圖書館。
﹝註141﹞見《憺園文集》卷二〈懷友人遠戍〉、〈懷漢槎在獄〉二詩。
﹝註142﹞據粵雅堂叢書本（第八集）《秋笳集》八卷書前所附，叢書集成初編即據粵雅堂本，
　　　　所以也有附錄。附錄包括吳兆騫、吳兆宜、吳兆寬及吳振臣等人的題詞或跋語。

歲捲哈喇之亂，倉卒中遺亡百餘篇，睽離日久，無所取正，恐日就弇陋，
不復自知，望加刪定，以質當世。

及吳兆寬跋云：

余弟漢槎自塞外貽書徐健菴，以所著秋笳集奉寄，今健菴函謀剞劂，不負
故交萬里之托，……。

從以上引文可知《秋笳集》四卷乃吳兆騫仍在塞外時，徐乾學因「悲故人之淪落」
（吳振臣跋語）而刊刻的，刻的作品則是吳氏出塞後所作。又吳兆騫文中有「遭難
以來，十有八年」之語，推測〈答徐健菴司寇書〉當在十五、六年，則《秋笳集》
刊刻的時間當在這段時間內。因書未見，徐乾學作品中亦未論及，故謹敘其刊刻情
形加上。

徐乾學除了上述獨力所刻的書外，亦與他人合刻或資助刻書，就所知略敘於下：

據《北京圖書館古籍善本書目》登錄，有二書與徐乾學刻書有關，一是《昌黎
先生集四十卷外集十卷遺文一卷，朱子校昌黎先生傳一卷》〔註143〕書名下記：「明
東吳徐氏東雅堂刻，清初冠山堂重修本。」冠山堂爲徐乾學崑山宅第的一個堂名，
〔註144〕且就今所知清初亦僅有一冠山堂，則此書之重修本，當即徐乾學所刻。此書
共十冊，半頁九行，行十七字，小字雙行同，白口，四周雙邊。另外於宋之繩撰《載
石堂詩二卷，柴雪年譜一卷》條下註明：「清康熙十八年繆彤徐乾學等刻本，徐乾學
與繆、宋二人均愼交社及滄浪亭會中人，亦有詩唱和，〔註145〕爲宋之繩刻書不無可
能，且書目中直書二人之名，當有所據，則此爲徐乾學與他人合刻書籍之據。此書
行款據書目所載如下：「九行，行十九字，白口，四周雙邊」〔註146〕不過，上述二
書，在徐乾學現傳著作中都沒有談到，以上均據書目而論。又《憺園文集》卷十九
〈重刻歸太僕文集序〉言：「歸子元恭刻其曾太父太僕公文集，未就若干卷而卒。予
偕諸君子及其從子安蜀續成之，計四十卷。」考其言，則知其亦曾參與《歸震川文
集》之刊刻。〔註147〕

另除刻書外，徐乾學亦出錢資助或遊說他人刻書。如《憺園文集》卷二十〈日

〔註143〕《北京圖書館古籍善本書目》，頁2053。

〔註144〕據《崑新兩縣續修合志》卷十三，第宅園亭二，頁21載：「尚書第在半山橋西，徐
乾學建，有冠山堂，傳是樓，樓中藏書萬卷。」

〔註145〕杜登春《社事始末》一書中，論及愼交社、滄浪亭會時，徐乾學、繆彤、宋之繩等
人均列名其上。而如《憺園文集》卷二〈發潞河留別繆歌起〉、〈呈宋其武先生〉等
詩即是給二人之詩。

〔註146〕《北京圖書館古籍善本書目》，頁2484。

〔註147〕《憺園文集》，卷十九，頁2～3。

下舊聞序〉云：

> 踰年書成曰日下舊聞。余輒光祿饌金，助剞劂費，爲序其大凡如此……。

〔註148〕

《顧祖禹年譜》二十一年下云：

> 徐乾學告知先生贈魏叔子刻書費。〔註149〕

及曹溶〈與丁雁水〉書中提及：

> 弟一生精力專在故明史書，種類頗多，中間崇禎疏鈔、續徵獻錄二書，余
> 佺老(余佺廬)徐健老(徐乾學)力勸刊布，約六千紙，而困於費之不敷。……

〔註150〕

即是其中的三個例子。

　　從上述資料顯示，徐乾學除了刻《通志堂經解》外，對於刊刻同時代或前人作品亦均觸及。所刻之書雖不多，但對著作的流傳仍有些許的貢獻，若以其刻書全在於好名或利害關係而抹煞其刻書之功，筆者認爲是過於苛求了。

〔註148〕同註147，卷二十，頁24～26。
〔註149〕見夏定域撰《顧祖禹年譜》。
〔註150〕〈與丁雁水〉，見《倦圃曹先生尺牘》卷上，頁16。

第三章　徐乾學藏書之源流及散佚

　　洪亮吉《北江詩話》論藏書家有數等，認為「崑山徐氏傳是樓為收藏家」〔註1〕；黃宗羲〈傳是樓藏書記〉則稱徐氏是藏書、讀書且能文章三者兼之。〔註2〕且由徐乾學的自述裡，可知他從縮髮之齡即「發憤購遺書，蒐羅探秘笈」〔註3〕至其畢生蒐羅典籍，欲以書傳後，故將藏書樓命名為「傳是樓」。然徐乾學的藏書細節，已隨其歿後，藏書散佚而不復可知。今僅試據其藏書目錄與清代以來諸家藏書志、筆記、雜記等記載，對其藏書的源流、散佚，典籍的整理、利用，以及藏書內容，作概括性的介紹。

第一節　藏書來源

　　徐乾學談論其藏書之記載雖少，但現今仍可就旁人述及者歸納出徐氏藏書之大概。以下分從徐乾學徵訪圖書的方法與徵訪的對象，探討其藏書來源。

一、徵訪方法

（一）購　買

　　購買是圖書徵集的方法中，最普遍、直接，也是最有效的。徐乾學藏書大部份是購買得來。從記載者，其購買的管道大約有以下數種。

1. 徐氏自己訪購

〔註1〕洪亮吉《北江詩話》卷三，頁1。叢書集成初編本，民國24年12月初版，上海，上海商務印書館據粵雅堂叢書本影印。
〔註2〕〈傳是樓藏書記〉，《傳是樓書目》王存善印本卷首附。
〔註3〕徐乾學《憺園文集》卷七，頁11～12，〈寄曹秋岳先生二首〉。

　　乾學少年就「發憤購遺書，蒐羅探秘笈」，其年輕時，與文社諸人交往甚密，且四處遊歷，當已有訪購情形。在他為官時期，更是用心於典籍的蒐討。如《古夫于亭雜錄》云：

> 昔在京師，士人有數謁予而不獲一見者。以告崑山徐尚書健庵，徐曰：
> 此易耳，但值每月三五於慈仁寺市書攤候之，必相見矣。如其言，果然。
> 〔註4〕

雖然說的是王士禛之事，但從中亦可見徐乾學對書市情形相當熟悉。可惜，徐氏訪購典籍的記載，今僅知王士禛《居易錄》卷十四曾曰：

> 長短經十卷，總六十三篇，唐梓州郪縣草莽臣趙蕤撰，其文亦申鑑論衡之流。……此書流傳絕少，徐健菴過任城得之市中者，宋刻也。〔註5〕

得罕見之書於市中，由此可見徐氏訪求典籍之勤。

2. 整批購自藏書故家

　　明末清初，時代的紛亂使得許多藏書家的藏書散落四方；即使幸存，亦有藏書家子孫因戰亂已無法維繫，故於局勢稍趨平定，出賣先人藏書。徐乾學此時即善用其財，趁機廣為蒐購。《靜志居詩話》：

> 中麓最為好事，先時邊尚書華泉、劉太常西橋，亦好收書。邊家失火，劉氏散佚無遺，獨中麓所儲百餘年無恙。近徐尚書原一購得其半，予嘗借觀，籤帙必精，研朱點勘，北方學者能得斯趣，殆無多人也。〔註6〕

王士禛〈山谷精華錄跋語〉亦云：

> 予與中麓為鄉里後進，曾購其藏書目錄，累年不可得。……後聞其書盡捆載崑山徐司寇矣。康熙戊寅，司寇次子章仲為工部郎中，以宋槧本山谷精華錄八卷見貽，即中麓印記在焉。此書藏濟南李氏二百年而歸於江南，又十餘年而復歸濟南，似亦有數焉。〔註7〕

二者均載徐乾學之書乃購買來的，而從王氏於康熙三十七年見此書來推算，徐氏購進李開先藏書，應是在康熙二十年前後。

3. 友人、門生為其購書

　　徐乾學少時參與文社、詩社，又廣遊歷；而在官宦生涯中，他一直是「以文學

〔註4〕王士禛《古夫于亭雜錄》，卷三，頁12。四庫全書本。（子部‧雜家類著錄），台北‧商務印書館影印文淵閣四庫全書本。

〔註5〕王士禛《居易錄》卷十四，頁22。四庫全書本。（子部‧雜家類著錄），台北‧商務印書館影印文淵閣四庫全書本。

〔註6〕朱彝尊《靜志居詩話》卷十二，頁11～12。據東海大學藏清嘉慶二十四年刊本。

〔註7〕見《重輯漁洋書跋》，書目類編第九三冊，台北‧成文書局據民國47年排印本影印。

風節負海內望。愛才若渴，好獎進人物」〔註8〕，因此乾學之門生、故人相當多，這些人爲其訪求秘笈，亦是乾學藏書來源之一。例如，何焯〈孟子音義跋〉曰：

> 孟子篇敘，自世綵堂下諸刻皆闕，毛斧季爲東海司寇購得章邱李中麓少卿所藏本宋本乃有之。〔註9〕

即是友人爲其訪求的一個例子。另黃宗羲〈傳是樓藏書記〉曾敘及徐氏之藏書云：

> 先生之門生故吏徧於天下，隨其所至，莫不網羅墜簡，搜抉縹帙，而先生爲之海若。〔註10〕

就是說明乾學藏書之多，實亦賴其門生、故吏多，網羅群籍較獨力訪求爲易。由黃宗羲之語看，則李萬健、鄭偉章撰〈以書傳後的徐乾學〉一文中，推測說：

> 徐乾學收藏圖書的最盛時期是他爲官的二十年間。……當時，在全國各地，到處都有他的學生和部屬，他經常委託這些人在各地爲他搜集圖書。徐乾學的學生、部屬都知道他是個嗜書如命的人，深知能爲他找到一部好書，要比送他任何貴重的禮物都更爲珍貴。所以每年他都能收到從各地收集到的大批圖書。〔註11〕

並非無根之臆測。

（二）借　鈔

「徐乾學所藏之書，大部份是花錢購買的，實在買不到，他就借鈔。」〔註12〕徐乾學〈寄曹秋岳先生二首〉中「從人借鈔寫，瓶甔日不給」〔註13〕二句，即說明其勤於借鈔，以借鈔的方式，充實所藏。徐氏借鈔傳錄的記載，有：

1. 鈔自天一閣

黃宗羲〈天一閣藏書記〉曰：

> 天一閣書，范司馬所藏也。……癸丑（1613），余至甬上，范友仲破戒引余登樓，悉發其藏，余取其流通未廣者鈔爲書目。……荏苒七年，未蹈前言。然余之書目，遂爲好事流傳。崑山徐健菴使其門生謄寫去者，不知凡幾。〔註14〕

〔註8〕黃宗羲之作，附載於王存善印本《傳是樓書目》卷首。
〔註9〕何焯撰《義門先生集》卷九，頁7。（清宣統三年刊本，東海大學藏本）
〔註10〕同註8。
〔註11〕《中國著名藏書家傳略》頁 87－90〈以書傳後的徐乾學〉。鄭偉章、李萬健合編，北京：書目文獻出版社，1986 年 9 月印行。
〔註12〕同註11。
〔註13〕徐乾學《憺園文集》卷七，頁 11～12。
〔註14〕《南雷文約》卷四，頁 24～25。《南雷文約》收錄於《梨洲遺著彙刊》。

全祖望〈天一閣碑目記〉亦云：

> 是閣之書，明人無過而問者，康熙初黃先生太沖始破例登之，於是崑山徐
> 尚書健菴聞而來鈔。〔註15〕

兩則說明了徐乾學藏書部份乃借鈔傳錄而來，其中相當大的比例從天一閣鈔來。徐乾學刊《通志堂經解》時，有數種即自天一閣鈔來，〔註16〕可惜今未見傳世。

2. 友朋間的借鈔傳錄

曹溶〈絳雲樓書目題辭〉提到「偕同志申借書約，……崑山徐氏、四明范氏、金陵黃氏皆謂書流通而無藏匿不返之患」。徐氏既贊同曹氏〈流通古書約〉，則其與友朋間當有傳錄借鈔的情形。

徐乾學〈寄曹秋岳先生〉二首，其中提及自己讀書、藏書情形：

> 嗟余纔縮髮，屈首事誦習。博膳服茂先，弇陋媿難及。發憤購遺書，蒐羅
> 探秘笈。從人借鈔寫，瓶甌日不給。側聞曹氏倉，積書如堵立，裝以紺琉
> 璃，重以錦繡襲。漆文既發魯，殘竹或穿汲，昔稱三十乘，較書慚搜茸，
> 矧予保殘缺，嘗苦心力澀。願言解纓組，藤笈自負執，一窺未見書，為解
> 飢渴急。我公年仕鄉，……〔註17〕

而觀其詩意，實有向曹溶借鈔之意。另朱彝尊〈曝書亭著錄序〉：

> 遇故人項氏子稱有萬卷樓殘帙，畀以二十金購之。時曹侍郎潔躬、徐尚書
> 原一，皆就予傳鈔。〔註18〕

則是交朋記述徐氏之借鈔。而徐氏向友朋借鈔傳錄，可能在刊刻《通志堂經解》時最為頻繁。徐氏〈新刊經解序〉曰：

> 因悉予兄弟家所藏本覆加校刊，更假曹秋嶽、無錫秦對巖、常熟錢遵王、
> 毛斧季、溫陵黃俞邰及秀水朱竹垞家藏舊版書，若鈔本釐敦是正。

何焯《通志堂經解目錄》批語亦屢及之，例如於〈定正洪範集說一卷〉下曰：

> 何焯：汲古元刻，李中麓藏本，中缺一葉，從黃梨洲處補全。〔註19〕

又於〈春秋集傳詳說三十卷〉下云：

> 何焯：東海先有鈔本，從黃俞邰處來，仍偽書也。

而《藏書記事詩》卷四，亦載曰：

〔註15〕全祖望《鮚埼亭集》卷十七，頁2。
〔註16〕何焯批語言及《通志堂經解》各書版本來源時，如《南軒孟子說七卷》、《南軒論語解十卷》、《春秋經筌十六卷》、《春秋集傳詳說三十卷》等書，均註明自天一閣鈔來。
〔註17〕同註13。
〔註18〕《曝書亭全集》，卷三十五，頁12。
〔註19〕何焯之說，附見於翁方綱《通志堂經解目錄》。以下何焯之說，同出於此。

東越文苑傳，林佶，字吉人，號鹿原。康熙三十八年舉於鄉，五十一年欽
賜進士，授內閣中書，家多藏書，徐乾學鋟通志堂經解，朱彝尊選明詩綜，
皆就傳鈔。〔註20〕

足見徐乾學藉由借鈔方式所得圖書，當亦不在少數。

（三）豪 奪

徐乾學除了以上述兩種正當方式，蒐覽典籍，增加藏書；其藏書也有用不正當
手段得來的。何焯〈跋中州集〉曰：

毛氏刻此書時，所見只嚴氏重開之本，其行款俱不古，毛斧季丈曾從都下
得蒙古憲宗五年刊本，爲東海司寇公豪奪以去。今汲古閣止有壬癸及閏集
三卷耳。〔註21〕

即是徐乾學以豪奪方式得書，而徐、毛二氏之往來未密，乾學奪書之舉，或爲一
因。徐乾學此舉，可能因珍視那個刊本而起，然究竟非君子行徑。另外，徐乾學
門人、故吏遍天下爲其訪書，然其門下因緣爲奸利者時有之，當時社會上已有嗤
議。〔註22〕這些書是否均循購買之正當途徑而來，亦頗值得懷疑。若有門人豪奪
舊籍以獻之，則徐乾學實亦難辭其咎。

二、徵訪對象

徐乾學藏書徵集的途徑有數種，上已詳述；而從現今得見之記載，看得出徐氏
藏書很多是前代或當時的藏書家曾經秘藏的。這是否爲徐氏特別著意收集的結果？
沒有徐氏撰寫的題記傳世〔註23〕，現已無法證知。然歸納這些資料，卻可以對徐乾
學藏書來源之廣，有更深的了解。

（一）購得李開先之舊藏

李開先，字伯華，章邱人，嘉靖己丑進士，除戶部主事，歷太常少卿、提督
四夷館，罷歸，有《閒居集》。「開先藏書之富，甲於齊東，然經百餘年後，散逸

〔註20〕葉昌熾《藏書紀事詩》，卷四，頁 238～239。

〔註21〕何焯撰《義門先生集》，卷九，頁 7。

〔註22〕《亭林餘話》載，康熙十五年，崑山顧炎武自山東至北京，寓徐乾學家。曾書告潘
耒，以「見蠅營蟻附之流，駭人心目」之語形容於徐氏家所見情形，戒潘耒自定出
處。另《骨董瑣記》卷八，載有四柳軒主人編《東海傳奇》五十回，乃影詆徐乾學。
今就其回目觀之，實亦就徐乾學家人門士夤緣爲虐的行徑提出控訴。

〔註23〕朱彝尊《經義考》於《誠齋易傳二十卷》、《朱文公易說二十三卷》二書下均引徐乾
學之說，且二則都是談論該書的內容，因此極有可能是徐氏的題跋。不過，就現今
所知，未見此二則題識，故存疑待考。

無遺」〔註24〕，其中有大半爲徐乾學所購得，相關記載上已引述。就現存記載而言，李中麓之書，可說是徐乾學得自明代藏書中最大的一筆，王士禎亦云「後聞其書盡捆載崑山徐司寇矣」，數目當是很多，然現今可見李開先、徐乾學遞藏之書，僅有《漢官儀三卷》一種，此書鈐有「李開先」、「健菴考藏」、「傳是樓」、「天祿續鑑」、「乾隆御覽之寶」、「太上皇帝之寶」等印。（末二印疑是僞印）〔註25〕此書現藏於北京圖書館。

（二）得自季振宜之舊藏者

季振宜，字詵兮，號滄葦，揚州泰興人，有《季滄葦藏書目》一卷，和徐乾學時有往來（季氏生平於交朋一章已述明，請參見）季氏喜藏書，善用其財，蒐購宋雕善本，江南故家之書多歸之，擁有宋、元精本甚多。振宜與錢曾者尙相近，往來極密。康熙五、六年前後，錢氏「舉家藏宋刻之重複者，折閱售之泰興季氏」〔註26〕，季氏藏書益富。而康熙十三年，振宜歿，其藏書旋即散失，多數爲徐乾學所得。如王士禎《分甘餘話》曰：

> 錢先生（謙益）藏書甲江左，絳雲一炬後，公所餘宋槧本盡付其族孫曾，……先生逝後，曾盡鬻之泰興季氏，於是藏書無復存者，聞今歸崑山矣。〔註27〕

錢曾亦於〈考古圖十卷續考古圖五卷釋文一卷跋〉云：

> 滄葦歿，此書歸之徐健菴。〔註28〕

足見季氏死後，其藏書歸徐氏者數目很多，現傳之宋元版古籍常兼有二人藏書印者，亦可證之。現據各藏書目錄所載，經徐乾學、季滄葦遞藏的書達五十九種，是可考知徐乾學藏書的來源中，數目最多的。而這其中除了錢謙益、錢曾的書，另有許多是明代藏書家，如文徵明、文彭、王履吉、項元汴、項篤壽、沈與文等經藏之書。所以要釐清徐氏藏書授受之源，首先需對文、王諸家作一介紹。

1. 文、王、項、沈諸家

文徵明，初名璧，以字行，更字徵仲，別號衡山，明長洲人。生於成化六年，卒於嘉靖三十八年，年九十正德末，授翰林院待詔，乞歸，築室於舍之東，曰玉磬

〔註24〕袁同禮撰〈明代私家藏書概略〉，見《圖書館學季刊》第二卷第一期（民國 16 年 3 月出刊）頁 1～8。

〔註25〕見《天祿琳琅續錄》卷五，頁 32。于敏中、彭元瑞等編《天祿琳琅續錄》，據光緒十年長沙王氏刊本。

〔註26〕見錢曾撰〈述古堂藏書目序〉，附於《述古堂藏書目》前。

〔註27〕轉引自《讀書敏求記》〈序跋題記〉，頁 950～951。

〔註28〕《讀書敏求記校證》，卷二，頁 323～324。

山房。其藏印甚多：有「江左」二字長方印，「停雲」圓印，及玉蘭堂，辛夷館，翠竹齋，梅華屋，梅溪精舍等。……著有《甫田集》。〔註29〕

文彭，字壽承，號三橋，徵明長子。生於弘治十一年，卒於萬曆元年，年七十六。以貢授秀水訓導，擢南京國子助教，精鑑別，《讀書敏求記》稱：「項墨林每遇宋刻，即邀文氏二承鑑別之。」其藏書印有漁陽子、清白堂諸印。〔註30〕

項元汴，字子京，號墨林，明秀水人。讀書敏求記：『項墨林每遇宋刻，即邀文氏二承（指文彭與文嘉二人）鑑別之，故藏書皆精妙絕倫。』有墨林山堂詩集。〔註31〕

項篤壽，字子長，明秀水人。嘉靖壬戌進士。廣東參議。性好藏書，見祕冊，諏令小胥傳鈔，儲之舍北萬卷樓。〔註32〕

王寵，字履仁，後更字履吉，別號雅宜山人，明蘇州人。生於弘治七年，卒於嘉靖十二年。性嗜古本書，藏書印記有王履吉印、銕研館、古吳王氏、王履吉印等。〔註33〕

就筆者知見之記錄，並無論及三人藏書之流向者，然查閱各藏書志及各地圖書館之著錄，得知徐乾學藏書亦有文、項、王諸家的藏書，甚至有一、二種文、項、王遞藏，爲季振宜所得，而後歸乾學所有。

文、項各家善本既有歸於季氏，而後入藏傳是樓，則徐氏藏書之源可知矣。

2. 錢謙益、錢曾

錢謙益，字受之，號牧齋，晚號蒙叟，又號東澗遺老、峨眉老衲、石渠舊史等。常熟人。生於明萬曆十年，卒於康熙三年，年八十三。萬曆庚戌（三十八年）進士，官至禮部侍郎，入清授禮部右侍郎。順治五年，因黃毓祺案，被逮下獄。獄解，即稱疾歸里。〔註34〕

錢謙益藏書極富，建絳雲樓以貯之。曹溶〈絳雲樓書目題詞〉曰：

> 虞山宗伯生神廟盛時，早歲科名，交遊滿天下。盡得劉子威、錢功甫、楊五川、趙汝師四家書。更不惜重賞購古本，書賈奔赴捆載無虛日。用是所積充牣，將埒內府，……。〔註35〕

〔註29〕《中國藏書家考略》頁6及《藏書紀事詩》卷二，頁98。
〔註30〕《中國藏書家考略》頁5及《藏書紀事詩》卷二，頁99。
〔註31〕《中國藏書家考略》頁108及《藏書紀事詩》卷三，頁146。
〔註32〕《中國藏書家考略》頁108及《藏書紀事詩》卷三，頁147。
〔註33〕《中國藏書家考略》頁9及《藏書紀事詩》卷二，頁106～107。
〔註34〕《中國藏書家考略》頁137及《藏書紀事詩》卷四，頁193。
〔註35〕見《絳雲樓書目》。

順治七年冬，絳雲樓大火，「所餘書籍，大半皆脈望館校藏舊本，盡以贈族孫錢曾」〔註36〕

　　錢曾，字遵王，常熟人。（生平於第二章已論，請參看。）絳雲樓焚後，其藏書之富，已成虞山之巨擘。〔註37〕而在順治十八年江南奏銷案被革去生員之後，錢氏即專意於古籍之鈔校，並與藏書家研討、購買圖籍，終其身與古書為伍。季振宜、徐乾學亦其往返之藏書家之一，章鈺《讀書敏求記校証》〈補輯類記〉云：

> 遵王承父餘業，又侍錢牧齋左右者有年，絳雲爐後，且趙清常遺書為贈，累得柳大中，陸孟兔手寫善本，同時往返者，有族祖求赤及毛子晉斧季父子，馮己蒼定遠昆弟，陸敕先、馮研祥、葉林宗、季滄葦、葉九來、徐健菴、顧伊人諸人，皆以藏弄校定名者，左右采獲，積有歲年。〔註38〕

可證之。不過，錢曾於康熙五、六年間將宋版書折售給季氏時，並沒有售書給徐乾學，直到季氏歿後，才有部份歸徐氏所有。

　　從以上的敘述，可知徐乾學藏書得諸季振宜舊藏者之遞藏源流，而見其藏書多前代藏書家弄藏之精本。以下據各家藏書志或目錄所載印記，將已考知的季、徐遞藏之書列出，其中凡附有說明者，可見徐氏藏書在季氏之前的遞藏源流。

　　（1）山海經（張金吾《愛日精盧藏書志》，以下省稱《張志》。卷三，頁9～11）〔註39〕

　　（2）資治通鑑綱目五十卷（《張志》‧卷二、頁1）

　　（3）揚子法言十三卷（《張志》‧卷二十一、頁3）
　　　　何焯題識：〔註40〕
　　　　絳雲樓舊藏李注揚子注言，……後轉入泰興季氏，又歸傳是樓。

　　（4）皇朝通鑑長編紀事本末（《天祿琳琅書目續編》，以下省稱《天祿續編》，卷四，頁11）〔註41〕

　　（5）碧雲集三卷（黃丕烈《百宋一廛書錄》，省稱《黃書錄》）〔註42〕
　　　　文徵明（以下省稱文）、季振宜（省稱季）、徐乾學（省稱徐）遞藏。

〔註36〕見袁同禮〈清代私家藏書概略〉。
〔註37〕錢大成〈錢遵王年譜稿〉，頁11～12。
〔註38〕《讀書敏求記校證》〈補輯類記〉，頁11～12。
〔註39〕張金吾《愛日精盧藏書志》，據清光緒十三年吳縣靈芬閣活字本。（東海大學藏本）
〔註40〕何焯語見《愛日精盧藏書志》卷廿一，頁3，所引錄之何焯題識。
〔註41〕所據版本同註廿五。
〔註42〕黃丕烈撰《百宋一廛書錄》，新文豐出版公司，《叢書集成續編》，第五冊。（此據適園叢書影印）

（6）朱慶集詩集一卷（《黃書錄》）

　　文、張（雋）、季、徐氏遞藏。〔註43〕

（7）李群玉詩集三卷（鄧邦述《群碧樓善本書目》，卷一，頁 18）〔註44〕

　　文、張、季、徐遞藏。

（8）沖虛至德眞經（《黃書錄》）

　　王寵、文、毛晉、季、徐遞藏。

（9）謝宣城集五卷（四部叢刊初編）〔註45〕

　　毛子晉、季、徐遞藏。

（10）孟東野詩集十卷（楊紹和《楹書隅錄》，省稱《楊錄》，卷四，頁 535）〔註46〕

　　毛子晉、季、徐遞藏。

（11）周易注（《中國版刻圖錄》，圖版一五九）〔註47〕

　　毛子晉、季、徐遞藏。

（12）昌黎先生集考異十卷（上海古籍出版社據宋張洽校刊本影印）〔註48〕

　　毛子晉、季、徐遞藏。

（13）孝經註一卷（《天祿續編》，卷三，頁 15）

　　晉府書畫之印（明‧晉莊王）、季、徐遞藏。

（14）附釋文互註禮部韻略五卷（傅增湘《藏園群書經眼錄》，省稱《傅錄》，卷二，頁 153）〔註49〕

　　毛子晉、季、徐遞藏。

（15）漢書注一百卷六十冊（《楊錄》，卷二，頁 193）

　　毛奏叔、季、徐遞藏。

（16）後漢書注一百二十卷（《楊錄》，卷二，頁 229）

　　華亭朱氏、〔註50〕周良金、〔註51〕汲古閣毛晉、毛扆、季、徐遞藏。

〔註43〕《中國藏書家考略》，頁 81：「張雋，字非仲，一名僧願，又字文通，清吳縣人。樓居積書甚富，手錄者千餘卷，擁列左右。」另《藏書紀事詩》卷四，頁 211，也錄有張雋藏書的有關資料。

〔註44〕鄧邦述撰《群碧樓善本書目》，廣文書局書目續編，民國 56 年 12 月影印初版。

〔註45〕《四部叢刊初編》，上海商務印書館，民國 11 年印行。

〔註46〕楊紹和撰《楹書隅錄》，廣文書局書目叢編本，民國 56 年 12 月影印初版。

〔註47〕《中國版刻圖錄》，北京圖書館編。日‧勝村哲也覆刊編著。日本朋友書店出版，民國 72 年 9 月印行。

〔註48〕上海古籍出版社，民國 70 年影印出版。

〔註49〕傅增湘撰《藏園群書經眼錄》，北京中華書局出版，1983 年 9 月印行。

〔註50〕《藏書紀事詩》卷三，頁 137～138，曾言及朱大韶藏書印有「華亭朱氏」印。此書

（17）漢雋十卷（《傅錄》，卷六，頁 523）

　　　毛子晉、季、徐遞藏。

（18）文中子中說注十卷（《黃書錄》）

（19）備急總效四十卷（王文進《文祿堂訪書記》，省稱《王記》，卷三，頁 10）
〔註 52〕

（20）金壺記三卷三冊（《靜嘉堂秘籍志》，省稱《靜志》）

　　　錢謙益、季、徐遞藏。

（21）帝王經世圖譜十卷（《傅錄》，卷十，頁 825）

（22）白氏六帖事類三十卷（《傅錄》，卷三，頁 29）

　　　文徵明、季、徐遞藏。

（23）王右丞文集十卷（《黃書錄》）

（24）呂太尉經進莊子全解十卷六冊（《楊錄》，卷三，頁 443、444）

　　　文彭、吳元恭、季、徐遞藏。〔註 53〕

（25）新序十卷（《楊錄》，卷三，頁 8）

　　　明華亭朱氏、錢謙益、季、徐遞藏。

（26）宋本元豐類藁五十卷續附一卷二十四冊兩函（《楊錄》，卷五，頁 605）

　　　王寵、季、徐遞藏。

（27）東坡樂府二卷二冊（《楊錄》，卷五，頁 725）

　　　王寵、文、季、徐遞藏。

（28）周易本義十二卷八冊（《楊續錄》，卷一，頁 31）

（29）史記一百三十卷四冊（《楊續錄》，卷二，頁 185）

　　　毛晉、季、徐遞藏。

（30）晉書一百三十卷三十六冊（《楊續錄》，卷二，頁 247）

　　　朱氏華亭、季、徐遞藏。

（31）建康實錄二十卷（《楊續錄》，卷二，頁 267）

　　　毛氏汲古閣毛晉、毛表、季、徐遞藏。

　　　「華亭朱氏」印當即為朱大韶之印。案朱大韶，字象元，華亭人，嘉靖廿六年進士，性好藏書，尤愛宋時鏤版。

〔註 51〕《中國藏書家考略》，頁 51～52：「周良金，明毘陵人。嘉靖三十年歲貢，光祿寺署丞。愛宋本書，……鐵琴銅劍樓書目：『四書，宋刊本，有毘陵周氏九松迂叟藏書記，周良金印，周笈私印。』」

〔註 52〕王文進《文祿堂訪書記》，民國 31 年北平文祿堂書籍舖鉛印本。

〔註 53〕同註 51，頁 32：「吳元恭，明時人。」

（32）咸淳臨安志九十八卷四十八冊（《楊續錄》，卷二，頁 67）

（33）密庵語錄一卷（《王記》，卷三，頁 47）

（34）白氏文集七十一卷（《王記》，卷四，頁 17）
　　　文、季、徐遞藏。

（35）甲乙集十卷（《王記》，卷四，頁 20）

（36）文粹一百卷（《王記》，卷五，頁 30）
　　　文、季、徐遞藏。

（37）宋書一百卷五十四冊（《中央圖書館宋本圖錄》，省稱《中圖宋錄》。頁 88）
　　　〔註 54〕

（38）李賀歌詩編四卷集外詩一卷二冊（《中圖宋錄》，頁 274）
　　　王履吉、文、季、徐遞藏。

（39）唐僧弘秀集十卷一冊（《中圖宋錄》，頁 347）
　　　李廷相〔註 55〕與季、徐遞藏。

（40）北山小集四十卷（《黃書錄》）
　　　錢謙益、季、徐遞藏。

（41）參寥子詩集十二卷（《黃書錄》）

（42）新刊訓詁唐柳先生文集四十五卷（萬蔓《唐集敘錄》）〔註 56〕

（43）監本纂圖重言重意互註點校毛詩二函十冊（《天祿目》，卷一，頁 2）

（44）唐書十函一百冊（《天祿目》，卷二，頁 12）

（45）新唐書糾繆六冊（《天祿目》，卷二，頁 12）
　　　唐寅、季、徐遞藏。

（46）容齋三筆三冊（《天祿目》，卷二，頁 42）
　　　文、項篤壽、季、徐遞藏。

（47）春秋繁露一函六冊（《天祿續編》，卷三，頁 12）
　　　明朱大韶、皇甫沖、毛晉、季、徐遞藏。

（48）孟子一函六冊（《天祿續編》，卷三，頁 16）

（49）資治通鑑一百十七冊（《天祿續編》，卷四，頁 8～10）

〔註 54〕《國立中央圖書館宋本圖錄》，中央圖書館編輯，47 年 7 月印行。

〔註 55〕同註五一，頁 40：「李廷相，字夢弼，明濮州人。生於成化十七年，卒於嘉靖二十三年，年六十四。歷官南京戶部尚書。其藏書散見《天祿琳琅前編》及《天祿琳琅續編》、《楹書隅錄》……諸書。其藏書處，曰雙檜堂。」

〔註 56〕萬蔓撰《唐集敘錄》，頁 194。

文、橋李項氏、焦竑、毛氏、季、徐遞藏。

（50）續資治通鑑長編六函五十冊（《天祿續編》，卷四，頁 11）

（51）十一家註孫子一函三冊（《天祿續編》，卷五，頁 4）

（52）春秋經傳集解三十卷三十冊（《寶禮堂宋本書錄》，省稱《寶錄》，經十七至十八）〔註 57〕

（53）春秋公羊經傳解詁十二卷四冊（《寶錄》，經二十二至二十三）

（54）陸士龍文集十卷五冊（《寶錄》，集十一）

　　　文、項元汴、季、徐遞藏。

（55）宋版九域志十卷（王聞遠《孝慈堂書目》，頁 40）〔註 58〕

（56）陸宣公翰苑集二十二卷（《讀書敏求記校証》四之上，頁 13、14）

（57）大廣益會玉篇殘本一冊（《寶錄》，經三八）

　　　文、項元汴、項篤壽、季、徐遞藏。

（58）東觀餘論二卷四冊（潘祖蔭《滂喜齋藏書記》，卷二，頁 16）〔註 59〕

　　　文、王履吉、項元汴、季、徐遞藏。

（59）孫子算經三卷張邱建算經三卷殘本九章算經五卷（《潘記》，卷二，頁 9）

　　　毛晉、黃虞稷、季、徐遞藏。

（60）南塘四六文（《故宮宋版書特展目錄》，頁 126）〔註 60〕

　　　毛氏汲古閣、季振宜、徐乾學遞藏。

（三）得諸其他藏書家

1. 毛氏汲古閣

《書林清話》卷七，頁 24 載曰：

> 毛氏汲古閣，當時欲售之潘稼堂太史耒，以議價不果，後遂歸季滄葦御史
> 振宜，⋯⋯。〔註 61〕

從上列有數種書毛、季二氏先後遞藏的情形來看，葉氏之說應是正確的，且季振宜經藏的毛氏汲古閣藏書，後來爲徐乾學所得。但陸心源曾言「毛、錢兩家散出，半歸徐健菴、季滄葦」〔註 62〕，劉階平也說：

〔註 57〕潘宗周撰《寶禮堂宋本書錄》，民國 28 年南海潘氏鉛印本。

〔註 58〕王聞遠撰《孝慈堂書目》，現收入新文豐叢書集成續編第五冊。

〔註 59〕潘祖蔭撰《滂喜齋藏書記》，台北廣文書局書目叢編，民國 56 年影印出版。

〔註 60〕《故宮宋版書特展目錄》，國立故宮博物院編輯委員會編輯、出版，民國 75 年元月初版。

〔註 61〕葉德輝撰《書林清話》，台北世界書局出版，民國 72 年 10 月四版。

〔註 62〕陸心源《儀顧堂續跋》卷一〈宋槧婺州九經跋〉，頁 38，台北：廣文書局書目續編，

　　康熙五、六年間，毛氏之書，亦多散出，季滄葦、徐健菴得之最多。〔註63〕今考下列四種，僅有毛、徐二氏印記，而無季氏藏印，應當即是徐氏直接得諸毛氏的：

（1）棲霞長春子丘神仙蹯溪集三卷（《傅目》，卷四，頁29）

　　　有沈與文、毛子晉、徐遞藏。

（2）纂圖重言重意互注周禮十二卷（《王記》，卷一，頁10）

　　　有「毛襃華伯」（毛襃，毛晉次子）、「徐乾學」印。

（3）文選三十卷十六冊（《中圖宋錄》）

　　　毛奏叔（毛表，毛晉三子）、徐遞藏。

（4）周易十卷（瞿鏞《鐵琴銅劍樓藏書目錄》，省稱《瞿目》，卷一，頁1～3）〔註64〕

　　　文、毛、徐遞藏。

　　因此，徐乾學藏書，毛氏汲古閣也是一大來源。不過，一部份從季氏處轉入，其他則直接得諸毛氏。

　　2. 其　他

　　今日所見徐乾學曾經藏過的書，書中所鈐印記除了上述幾家外，還有些明代及當代藏書家的藏章，以下舉數家：

（1）公是生先七經小傳三卷（《續古逸叢書》之二十三）

　　　有徐乾學、曹溶、唐寅留眞館。

（2）王建詩集八卷（《唐集敘錄》，頁156～157）

　　　唐寅、徐乾學、徐炯遞藏。

（3）離騷草木疏四卷一冊一函（卷四，頁455）

　　　焦竑、徐乾學遞藏。

（4）書古文訓十六卷（翁方綱《通志堂經解目錄》）

　　　焦竑、徐乾學遞藏。

（5）五百家註唐柳先生文集四十五卷外集二卷二十四冊（《楊錄》，卷四，頁527）

　　　黃宗羲、徐乾學遞藏。

（6）押韻釋疑五卷（《瞿目》，卷一，頁30）

民國56年影印出版。

〔註63〕劉階平撰〈海源閣藏書概略與劫後保存〉，《東方雜誌》第二十八期第十號，民國20年5月，頁68～81。

〔註64〕瞿鏞撰《鐵琴銅劍樓藏書目錄》，台北廣文書局書目叢編，民國56年影印出版。

王獻臣〔註65〕、徐乾學遞藏。

（7）西漢詔令十二卷東漢詔令十一卷（《瞿目》，卷九，頁30）

葉九來〔註66〕、徐乾學遞藏。

（8）桯史十五卷（卷十七，頁22）

吳寬、徐乾學遞藏。

（9）說類五十卷（《王記》，卷三，頁32）

項元汴、徐乾學遞藏。

由這些藏書來看，即能見徐乾學藏書來源之廣，則黃宗羲所謂「先生爲之海若」
〔註67〕除了指徐氏門人故吏爲之蒐購，當亦稱其藏書廣羅了明代晚期及清初藏書家
藏過的珍貴典籍。

第二節　藏書的保存、整理與利用

古人珍視其藏書，多半會建藏書樓以貯之，到了清後期，孫從添撰《藏書紀要》
要特別列一則，說明藏書處當注意的各種問題。〔註68〕徐乾學典藏書處－傳是樓，
其興廢情形如何？藏書家對於收藏典籍多半會加以整理，徐氏於藏書之整理，又作
了多少？另外，徐乾學既贊同曹溶流通古書的方法，又響應黃虞稷、周在浚徵刻唐
宋秘籍的倡議，則他是否實踐他的觀念，善加利用其藏書？這些都是本節將要提出
來探討的。

一、保存：建傳是樓以儲書

（一）傳是樓之興建與命名

徐乾學家譜載曰：

> 中年卜居西塘之冠山堂。平生喜讀書，購得萬餘卷，於宅後新園築傳是樓
> 以藏之，汪堯峰琬爲之記。又築憺園，立家祠以奉祖先。

《崑新兩縣續修合志》，卷十三〈第宅園亭〉亦云：

〔註65〕同註51，頁14：「王獻臣，字敬止，明蘇州人。弘治六年進士，擢御史。……平津
館鑑藏書籍記：『經籍考有吳門王獻臣家藏書印，詩禮傳家，王氏圖書子子孫孫永寶
之，虞性堂書畫印金四朱記』」。
〔註66〕葉奕苞，字九來，江蘇崑山人。工詩，善書法，尤酷嗜金石。
〔註67〕《傳是樓書目》王存善印本卷首附。
〔註68〕孫從添撰《藏書紀要》，台北廣文書局書目續編，民國57年3月影印初版。

　　　　尚書第在半山橋西，徐乾學建。有冠山堂、傳是樓，樓中藏書萬卷。後有

　　　　園名憺園，中有怡顏堂、看雲亭諸勝，其右又有青林堂，今並廢。〔註69〕

由二說知徐氏傳是樓位於崑山縣半山橋西尚書宅內，是徐乾學中年時期築以藏書
的。至於建築時間，從彭士望〈傳是樓藏書記〉云：

　　　　庚申暮春，余因顧子景范、陸子拒石得登崑山徐公之傳是樓。〔註70〕

庚申爲康熙十九年之歲次，則傳是樓最遲在這一年已落成。至於傳是樓之命名、內
部的格局與收藏的情形，從現傳的幾篇文章尚可探知一二。

　　汪琬撰〈傳是樓記〉述傳是樓命名的由來，云：

　　　　於是先生召諸子登斯樓而詔之曰，吾何以傳汝曹哉？吾徐先世故以清白起
　　　　家，吾耳目濡染舊矣，……欲傳其園池臺榭、舞歌輿馬之具，而又未必能
　　　　世享其娛樂也。吾方以爲鑑，然則吾何以傳汝曹哉？因指書而欣然笑曰：
　　　　所傳惟是矣，遂名其樓爲傳是。……〔註71〕

指「傳是」的「是」，乃其藏書之代詞，亦即以書傳後世。但邵長蘅〈傳是樓記〉則
曰：

　　　　……顧蘅竊疑先生名樓之意不在此（指汪琬之說），常誦昌黎文：堯以是
　　　　傳之舜，舜以是傳之禹，禹……文武周公以是傳之孔子，孔子以是傳之孟
　　　　軻，乃喟然曰，先生所以名樓意在斯，夫傳是者何？傳道也，蓋昌黎自言
　　　　之矣。〔註72〕

駁汪氏之說，認爲傳「是」乃傳「道」，亦即文以載道的「道」。二說孰爲徐乾學爲
藏書樓命名原意，無可考證。今日論者多以汪氏之說爲是，如李萬健〈以書傳後的
徐乾學〉，楊立誠、金步瀛編《中國藏書家考略》均是採取汪說。〔註73〕

（二）傳是樓的格局與藏書方式

　　彭士望〈傳是樓藏書記〉記述此樓的大概：

　　　　庚申暮春，余因顧子景范、陸子拒石得登崑山徐公之傳是樓。樓十楹，跨
　　　　地畝許，特遠人境，無附麗。後牖几席與玉峰相接。中置度閣七十又二，
　　　　高廣徑丈有五尺，以藏古今之書，裝潢精好，次第臚序。〔註74〕

〔註69〕《崑新兩縣續修合志》，吳金瀾等重修，光緒二年重修本。
〔註70〕彭士望《恥躬堂文鈔》卷八，轉引自夏定域編撰《顧祖禹年譜》，康熙十九年下所錄。
〔註71〕同註66。
〔註72〕同註66。
〔註73〕除二書外，葉昌熾撰《藏書紀事詩》卷四，徐乾學一則，亦引汪文。
〔註74〕同註70。

萬斯同撰〈傳是樓藏書歌〉則云：

> 樓高百尺勢轟天，兩樓並峙如比肩，左右以書爲垣壁，中留方丈容人旋。
> 光華入夜獨天漢，斗府東壁在戶牖。〔註75〕

從彭、萬二文中，可知傳是樓建築高廣，樓有十楹。〔註76〕內部的格局則是命工匠斲木爲櫥，共有七十二個，用以收藏珍藏的圖籍。彭氏的文章中，並說明藏書的內容及擺置的方式：

> 首經史，以宋版者正位南面，次有明實錄、奏議，多鈔本。又次諸子百家、二氏、方術、稗官、野乘、齊諧，靡不具備，曲直從橫，部勒充四阿，各有標目。〔註77〕

配合汪琬撰〈傳是樓記〉所敘，則更明白些：

> 貯書若干萬卷，區爲經、史、子、集四種，經則傳注、義疏之書附焉，史則目錄、家乘、山經、埜史之書附焉，子則附以卜筮、醫藥之書，集則附以樂府詩餘之書，凡爲櫥者七十有二。〔註78〕

其藏書依經、史、子、集四部分列，庋藏之書多達數萬卷。〔註79〕宋版書正位南面，當取南面爲王之意，足見徐乾學之珍視宋版書。而從二人描述來看，其藏書確實是「部居類彙，各以其次，素標緗帙，啓鑰燦然」〔註80〕能見徐氏對典籍儲藏之慎。

二、整　理

徐乾學除了築傳是樓庋藏典籍，亦將所藏作一番整理。其整理藏書，可分下列二點討論：

（一）鈐上藏書印

藏書家對於自己珍藏之書，往往會鈐蓋各式藏書印記。如此既可因書而傳名後

〔註75〕萬季野〈傳是樓藏書歌〉，見《石園文集》卷一，頁375。（《四明叢書》第四集）
〔註76〕汪琬撰〈傳是樓記〉云：「崑山徐健菴先生築樓於所居之後，凡七楹，間命工斲木爲櫥」與彭氏之言「樓十楹」不同，暫依彭氏之說。
〔註77〕同註70。
〔註78〕同註66。
〔註79〕《崑新兩縣續修合志》云：「尚書宅在半山橋西，徐乾學建。有冠山堂、傳是樓，樓中藏書萬卷。」與汪琬曰：「崑山徐健菴先生築樓於所居之後，凡七楹，間命工斲木爲櫥，貯書若干萬卷。」二說不一。然以今所見之王存善印本所著錄者來看，當以汪氏之說較有可能，故以之以據。
〔註80〕同註66。

世，後人亦可考書之遞藏源流。就各家藏書目錄及今流傳之徐氏藏書，徐乾學的藏書印記，最少有三十二個：

憺　園（白文）〔註81〕

乾　學（朱方）

乾　學（白方）

健　菴（白文）

健　庵（朱文橢圓印）

徐乾學

徐健菴（白文）

徐健菴（朱文）

徐健菴（白文聯珠方印）

傳是樓（朱長方）

傳是樓（朱方）

傳是樓（朱白文）

冠山堂印〔註82〕

徐乾學印（朱方）

徐印乾學（朱方）

乾學之印（白方）

乾學御史（白文）

東海徐氏（白文）

徐氏珍玩（朱方）

健菴眞賞（朱文）

健菴珍藏

東海傳是樓

傳是樓印記（白方）

〔註81〕「憺園」見於《天祿琳琅書目》卷一，《監本纂圖重言重意互註點校毛詩》：「健庵」〈朱文橢圓印〉見於繆荃孫《藝風藏書記》卷五，頁14《姬侍類偶二卷》；「徐健菴」〈白文聯珠方印〉見於《清學部圖書館善本書目》‧集部，頁5《格齋四六南塘四六梅亭四六三種》；「玉峰徐氏傳是樓藏書」見於傅增湘《藏園群書經眼錄》‧經部一，舊寫本《毛詩名物解二十卷》；「玉峰徐氏家藏」、「徐乾學」、「東海傳是樓」等印，見於楊紹和《楹書隅錄》。「徐氏傳是樓藏書」則見於王文進《文祿堂訪書記》卷三《張氏集注百將傳一百卷》。以上印記未見，故詳其出處，餘則參見文前所附印章表。

〔註82〕《藏書紀事詩》卷四：「《紅豆樹館書畫記》，載司寇行書五言長律墨蹟，引首用冠山堂印。」

　　　健菴收藏圖書（朱文）

　　　崑山徐氏鑑賞（朱文）

　　　崑山徐氏家藏（朱文）

　　　崑山徐氏藏書

　　　玉峰徐氏藏書

　　　玉峰徐氏家藏

　　　徐氏傳是樓藏書

　　　崑山徐乾學健菴藏書（白文）

　　　玉峰徐氏傳是樓藏書

　　另外，「黃金滿籝不如一經」（白長方）一印，在《漢官儀三卷》與徐乾學的藏印鈐蓋在一起，而此書在乾學之前並未有藏書家之印，故於此提出，闕疑待查證。〔註83〕

　　在這三十二個印章裡，以「乾學」（朱方）與「徐健菴」（白方）最爲常見，其次爲「健菴」（白方）、「乾學之印」（白方）二印。至於徐氏鈐蓋印章的位置，就今所見者，以各卷卷首爲多，部份甚至僅在第一卷或序文鈐印。只有極少部份之書，徐氏在其他位置鈐有藏章。例如：現藏於北京圖書館，宋紹興九年臨安府刻本《漢官儀三卷》卷末有「徐乾學印」朱文方印。〔註84〕《鐵琴銅劍樓宋元本書影》宋刊本《酒經二卷》書末鈐有「徐氏珍玩」朱文方印與「傳是樓印記」白文方印。〔註85〕

（二）編成目錄

　　徐乾學自縮髮之齡，即喜歡蒐購圖書，達到「聞書即欲探其奧」〔註86〕的地步，在門士故人的協助訪購下，其藏書之富已爲眾人所知。藏書漸多，除了鈐蓋印記，亦需將藏書分類部次，編成藏書目錄。一則便於核對、查檢，另一方面亦供人即目求書。徐乾學將藏書編成目錄，分成《傳是樓書目》、《傳是樓宋元本書目》。前者分類大致依照焦竑《國史經籍志》，亦採四部三級分類，然稍有改變。後者則專列收藏之宋元版書，略仿明代《文淵閣書目》，以千字文順序標明各櫥櫥號，以僅作查對之用。因下章將專論這兩種目錄，故此處不多著筆。

　　除了上述兩種整理的程序，徐乾學所鈔之書，在版心中有「傳是樓」三字，例

〔註83〕據《中國版刻圖錄》及《續古逸叢書》之十八。

〔註84〕同註83。

〔註85〕據瞿啓甲編《鐵琴銅劍樓宋元本書影》，民國 11 年常熟瞿氏鐵琴銅劍樓影印本。

〔註86〕同註75。

《鐵琴銅劍樓藏書目錄》卷一，記《周易要義十卷》的版式、行款云：

> 舊鈔本。……十一行二十三字，黑口，左右雙邊，……此周易一種爲崑山
> 徐氏鈔藏本，每葉版心有「傳是樓」三字。〔註87〕

葉德輝《書林清話》卷十〈明以來之鈔本〉亦曰：

> 徐健菴鈔本，版心有傳是樓三字。〔註88〕

並於下注云：

> 張志，魏了翁易要義十卷；黃記，五代春秋一卷，每葉二十二行，行二十
> 字，均白紙墨格鈔本。

另外，北京圖書館古籍善本書目，《毛詩指說一卷》下注曰：

> 清冠山堂鈔本，一冊，九行二十字，白口，四周單邊。〔註89〕

案「冠山堂」爲徐乾學尙書第內的一個堂名，此當亦爲徐氏鈔本，然不知其「冠山堂」等字，是否在每葉版心。

　　另外，徐乾學於其藏書精心裝訂，後人評曰「裝潢精雅」〔註90〕。至於徐氏是否像錢曾等人，對於徵訪得來的圖書悉心校勘，今無其題識或校跋傳世，歷來也未有論其藏書之校勘者，故無法考知。但是，余蕭客〈古經解鉤沉序〉曾記曰：

> 正如禮記疏，義門先生見南宋刊本已缺落數十處，故就傳是樓校北宋本，
> 經月始出。……〔註91〕

及朱彝尊編纂《經義考》於卷二十九《楊萬里誠齋易傳》、卷三十一《朱文公易說》〔註92〕引徐乾學關於二書版本之要得論來看，則徐乾學當亦作了校勘、題識等整理工作，但是可能篇數極少，未結集而散佚了。

三、利　用

　　徐乾學雖然極珍視其藏書，欲以書傳其後人，但他並不秘視所藏，反而頗知「傳佈爲藏」之利，因此徐氏藏書除了編成目錄，以便他人因目求書之外，也供人鈔錄，甚至借人校刻、刊書，可說是善用其書。

（一）供人鈔錄、校對之用

〔註87〕卷一，頁 31～32。
〔註88〕卷十，頁 279。
〔註89〕頁 3472。
〔註90〕《書林清話》卷十，頁 284。
〔註91〕《古經解鉤沉》序錄，頁 2。（據東海大學藏清刊本）
〔註92〕同註23。

錢泰吉《曝書雜記》卷中〈湯文正家籍〉云：

> 家中書籍，用心收著，一本不可遺失。有人借，當定限取來。近來積書家，
> 如浙之天一閣，崑山徐氏，斷不肯借與人書。欲觀者，至其家觀之；欲鈔
> 者，至其家鈔之。〔註93〕

文中似不滿傳是樓書借鈔於他人而不出借的作法，實際上，此亦曹溶《流通古書約》
中，互相對鈔之法所謂「好書不出戶庭也，有功於古人」〔註94〕的引申作法，實不
當予以苛責。關於徐氏藏書的借人鈔錄、校對、屢見記載：

阮葵生《茶餘客話》卷十六云：

> 梨洲初選明文案，收藏各家集百餘種；嗣從崑山假傳是樓藏書，又三百餘
> 家，於是益文案為文海。〔註95〕

黃宗羲於康熙二十二年至崑山，主徐乾學家，觀傳是樓藏書，此則當即記於其後。
朱彝尊、曹溶也曾談及向徐氏借鈔。如朱彝尊《曝書亭集》卷四十八〈太平寰宇記
跋〉云：

> 太平寰宇記……二百卷，目錄二卷，宋朝奉郎太常博士樂史撰。康熙癸亥，
> 鈔自濟南王祭酒池北書庫，闕七十餘卷，復借崑山徐學士傳是樓本繕補
> 之。〔註96〕

朱氏又於〈曝書亭著錄序〉云：

> 得項氏萬卷樓殘帙，自通籍後，又借鈔於史館及宛平孫氏、無錫秦氏、崑
> 山徐氏、晉江黃氏、錢塘龔氏，積至八萬卷，皆觀其大略。〔註97〕

另外，曹溶在《倦圃曹先生尺牘》〈與黃俞邰〉中云：

> 冠山堂宋集已許對鈔十四種，蘇頌方回等，其中弟有之，不啻先生有之，
> 通融最便等處，尤多奇秘，以利勸之，欣然代鈔。〔註98〕

及〈與龔蘅圃〉云：

> 弟將為宋元詩選，已得專集二百七十餘種，所未備者方求玉峰徐氏，四明范氏，
> 虞山錢氏，鹽官胡氏。人間奇寶，歲月之內，可悉列几案間。〔註99〕

二信提到徐乾學之書讓曹氏對鈔。可見徐乾學對於友朋之要求借鈔，總是樂意相助

〔註93〕轉錄自陳登原《古今典籍聚散考》卷四，頁451。
〔註94〕台北廣文書局《書目續編》，民國57年3月影印初版。
〔註95〕卷十六，頁494，〈傳是樓〉一則，台北：世界書局，民國57年4月初版。
〔註96〕卷四十四，頁3。
〔註97〕同前註，卷三十五，頁32。
〔註98〕見《倦圃曹先生尺牘》卷下頁57。
〔註99〕同註98，卷下，頁1。

的。至於其他人之借鈔，徐氏通常也不會秘惜不借。例如《藏書紀事詩》卷四，翁澍季霖：

> 翁枝，字猶張，少從金耿庵先生游，酷嗜藏書。玉峰徐司寇，蘇誠顧惟岳，陸其清兩家宋元鈔本皆乞借鈔，字畫端楷。題識歲月於後，作詩八卷，曰釣采吟。〔註100〕

（二）編書、著書參考用

《四庫全書總目提要》四·經部·禮部二，「讀禮通考一百二十卷」條云：

> 蓋乾學傳是樓藏書，甲於當代，而一時通經學古之士，如閻若璩等，亦多集其門。〔註101〕

《四庫全書總目提要》十、史部·編年類，「資治通鑑後編一百八十四卷」條云：

> 又是時乾學方領一統志局，多見宋元以來郡縣舊志，……〔註102〕

前一則已注意到其著書與其藏書的關係，後者則言徐氏多見郡縣舊志。實際上，徐乾學編書所用的資料當亦來自其藏書。今就《傳是樓宋元本書目》來看，宋元本共四百四十二部，其中與通鑑有關的書達二十五種，是各小類中比例最高的，可見徐氏編纂書籍時，亦取其藏書參考用，甚至有配合收購的可能性。

（三）刻書之據

徐乾學藏書數萬卷，其中不乏罕見之宋元版書，徐氏亦善加利用，輯刻行世，表章先哲，嘉惠來學。且對於友朋之據其藏書刊刻前人著作，亦採贊同的態度。例如：《四庫提要》集部·別集類十四，「信天巢遺藁一卷附林湖遺藁一卷江村遺藁一卷疏聊小集一卷」條云：

> 宋高翥撰，翥字九萬，號菊磵，餘姚人，……有菊磵集二十卷，久佚不存。至國朝康熙二十六年，其裔孫士奇於徐乾學家宋槧書中，采得遺詩一百九首，益以家藏二十二首，又於他集中得十三首，續得朱彝尊宋刻江湖集所載四十七首，刪其重覆，共得詩一百八十九首刻之，題曰信天巢遺藁。〔註103〕

另外，徐乾學響應黃虞稷、周在浚徵刻唐宋秘本的倡議，刊刻《通志堂經解》一百四十三種（刊刻經過詳見第五章），即利用其舊藏及友朋的藏書作為刻書之據。由徐氏〈新刊經解序〉云：

〔註100〕卷四，頁215。
〔註101〕《四庫全書總目提要》，總頁碼410。
〔註102〕同註102，總頁碼1053。
〔註103〕同註102，總頁碼3384。

（前略）予感竹垞之言，深懼今時所存十百之一又復淪斁，責在後死，其
可他諉。因悉予兄弟家所藏本覆加校刊，更假秀水曹秋嶽、無錫秦對巖、
常熟錢遵王、毛斧季、溫陵黃俞邰及秀水朱竹垞家藏舊版書，若鈔本釐擇
是正，總若干種，謀雕版行世。門人納蘭容若，尤慫惥是舉，捐金倡始，
次第開雕，經始於康熙癸丑，踰二年訖工，藉以表章先哲，嘉惠來學，功
在發予，其敢掠美，因敘其緣起，志之簡首。〔註104〕

知將家藏舊本，次第開雕。然歷來論《通志堂經解》者，少有論其版本的，此僅以
翁方網《通志堂經解目錄》附何焯的批語及《鐵琴銅劍藏書目錄》所載者，舉例於
下。《鐵琴銅劍樓藏書目錄》卷二，〈禹貢集解〉條：

此本爲王止仲所藏，後歸元敬劉公恫，入傳是樓，今所傳經解本即據以之
刻。卷中有王止仲、元敬劉體仁印、潁川劉考功藏書記、乾學、徐健菴諸
朱記。〔註105〕

何焯於《書文古訓十六卷》下註批語：

焦氏家藏宋本，今歸東海。〔註106〕

綜上所論，徐乾學對於藏書的保存，相當重視。至於藏書的整理，雖不如錢謙益、
錢曾等重視校勘，卻也做到一定的步驟。不過，他如此的珍視藏書，並非徒以秘惜，
亦許他人鈔校，又將罕見秘籍刊刻行世，不僅表章先哲，嘉惠後人，也使自己之名
流傳於後世。

第三節　藏書的散佚與流傳

徐乾學傳是樓，在陸續購進李中麓、季振宜藏書後，其藏書之富備受注目。全
祖望〈劉繼莊傳〉曾云：

徐尚書善下士，又多藏書，大江南北宿老爭赴之。〔註107〕

隱約透露出徐氏藏書亦爲他招來許多宿儒，如黃宗羲之赴傳是樓觀書可證之。從而
可推知，傳是樓藏書在康熙二十幾年達到頂峰；然而，康熙二十九年，徐乾學乞歸
回籍後，被控、革職，甚至有流放至東北之議出現，情況相當危機。〔註108〕後來雖

〔註104〕《通志堂經解》康熙十九刊本及同治十二年重刊本均附之。
〔註105〕卷二，頁6。
〔註106〕附於翁方綱《通志堂經解目錄》。
〔註107〕全祖望《鮚埼亭記》卷二十八，頁11～17。
〔註108〕劉體智編《清代紀事年表》卷三，康熙三十年，冬十月下載：「是時徐元文、徐乾

因康熙下詔，平息黨爭，並於三十三年七月欲復起用徐氏，徐氏於於七月十七日卒。隨著徐乾學逝世，徐氏漸沒落，「自徐氏子孫式微，所藏善本書籍，大都流落他家，而樓亦廢，今遺址已渺不可尋」〔註109〕不過，散出的書透過各家藏書志及筆記書，尚可知其流傳現象，部份至今尚爲各圖書館收藏。這一節試將傳是樓藏書之散佚與流傳，作一介紹。

一、散　佚

清人黃庭鑑〈藏書家之聚散無常〉云：

> 他如崑山徐氏，泰興季氏，維揚馬氏，澹生之祁，小山之趙，皆隨聚隨散。
> 〔註110〕

徐氏藏書之散佚，徐了當時局勢的危急，傳是樓的毀壞，也是主要原因。徐乾學後裔徐蘅曾敘及此事：

> 此樓於康熙中即不戒於火，嗣是烽燧頻仍……。〔註111〕

足見傳是樓藏書在徐乾學逝世三十年後，經過一次火劫，樓或即燬於這次火災，書當亦損失不貲。今考知傳是樓藏書部份仍爲徐氏子孫續藏，但大部份則因出售而散出，另有少部份乃贈送別人或人所奪。散佚的情況不一，敘述如下。

（一）出　售

陸心源〈宋刊婺州九經跋〉云：

> 怡賢親王，爲聖祖仁皇帝之子，其藏書之所曰樂善堂。大樓九楹，積書皆滿。……毛、錢二家，散出半歸徐乾學、季滄葦。徐、季之書，由何義門介紹，歸於怡府。〔註112〕

《藏書紀事詩》卷四，「安岐儀周」下云：

> 非石日記，書賈錢聽默云，傳是樓藏書，大半歸於明珠，而其家人安麓村所藏亦多善本。〔註113〕

二則雖未明確指出明珠、怡親王是經由買賣得到徐乾學藏書。不過，清初除了錢謙

學、王鴻緒既罷，而傅臘塔等抉摘瑣隱，鉤連興獄，……上又交九卿，議欲戍元文乾學鴻緒等遼東。……」《清代紀事年表》，據沈雲龍主編近代中國史料叢刊第十七輯，文海出版社印行。

〔註109〕劉禺生著《世載堂雜憶》卷二，頁20。
〔註110〕轉錄自陳登原《古今典籍聚散考》，頁421。
〔註111〕傳硯齋叢書本《傳是樓宋元本書目》卷首附。
〔註112〕陸心源《儀顧堂續跋》卷一，頁38。
〔註113〕卷四，頁224。

益將絳雲樓藏書轉贈錢曾，其他並無大批藏書的贈與，且既透過何焯介紹，當爲買賣行爲。藏書出售，這是徐乾學傳是樓藏書流散的一大原因。

（二）贈與或者被奪

除了徐氏子孫的出售藏書外，傳是樓的藏書少部份是因贈與或橫遭奪取而流散。例如：王士禎〈山谷精華錄跋〉云：

> 予與中麓爲鄉里後進，曾購其藏書目錄，累年不可得。……後聞其書盡捆載崑山徐司寇矣。康熙戊寅（康熙三十七年），司寇次子章仲爲工部郎中，以宋槧本山谷精華錄八卷見貽，即中麓印記在焉。此書藏濟南李氏二百年而歸於江南，又十餘年而復歸濟南，似亦有數焉。〔註114〕

雖然此書，後人鑑定爲明版書，〔註115〕當時卻尙認爲是宋版。徐氏珍視宋槧，而其子卻拿來作爲餽贈之禮，難怪藏書會漸漸散失。還有一則記載，透露了徐氏藏書散失的另一原因－被豪奪而去。何焯〈宋本考古圖跋〉曰：

> 傳是樓宋本考古圖，比近刻多續考古圖五卷，又釋本一卷，爲四川布政使宋至，豪奪以去。〔註116〕

案：宋至，字山言，爲宋犖之子。康熙癸未進士，壬辰授浙江提學道，致官四川布政使。何焯所言當指此人。徐氏藏書被奪而去的，現知僅有此則記載。然觀徐乾學逝世前後，尙有告訐徐氏者。則其亡後，藏書被奪者當不僅於此，不過是徐氏子孫爲求自保，未予以張揚罷了。

（三）子孫續藏

雖然，徐氏大部份的藏書在其逝世後，即經由出售、贈送及被奪而漸流散，仍有部份爲子孫繼續存藏，只是規模已大不如從前的盛況。

乾學長子，徐樹穀，字藝初，號以約。康熙乙丑年成進士，授中書科中書舍人、敕受文林郎、充大清一統志纂修官、副山西鄉試主考官、授山東道監察御史，協理江南道事，疏請纂修三朝國史。後罷任歸，康熙五十四年因痰疾卒。著有《通鑑紀事本末補注》、《庾子山哀江南賦箋》一卷、《李義山文集箋》十卷等書。〔註117〕中研究史語所藏《傳是樓書目》四卷，書後附徐釚識語：

> 往余在三山，適藝初亦至，欲向閩中搜羅曹能始、徐興公兩家遺書。〔註118〕

〔註114〕見《重輯漁洋書跋》，成文出版社書目類編第七十一冊。
〔註115〕見《藏書紀事詩》卷二，頁113。
〔註116〕《義門先生集》卷十，頁11。
〔註117〕見《徐乾學家譜零本》。
〔註118〕見史語所藏鈔本《傳是樓書目》。

案徐釚爲徐乾學之姪輩，〔註119〕文中「藝初」即徐樹穀，可見在徐乾學身後，其子樹穀仍有訪購前代藏書家遺書的行動。

乾學次子，徐炯，字章仲，號閬齋，又號自強、花谿。康熙壬戌中會魁，授行人司行人、奉使頒詔雲南，廉潔自矢。任福建鄉試副主考官晉升刑部福建司主事、尋遷桂州司員外郎、提督山東學政。假告歸里，遷居郡城之花谿，築春暉堂以迎養金太夫人。康熙乙未，特簡直隸巡道。以蜚語罷歸，後患中風，康熙壬寅（六十一）卒。著有《李義山文集箋注》、《使滇記》、《使閩記》、《詩稿》、《五代史注》、《花谿紀聞》上下卷等書。〔註120〕

朱彝尊〈淳熙三山志跋〉云：

　　睹武進莊氏書有之，借觀，無可得。又六年，而崑山徐學使章仲以白金一

　　鎰購之，予遂假歸錄焉。〔註121〕

另，朱氏〈播芳文粹跋〉亦云：

　　丙戌三月，留徐學使章仲花谿別業觀宋槧。〔註122〕

知徐炯勤於訪購舊籍，而《中國藏書家考略》也將他算在藏書家之列。〔註123〕另外，黃丕烈〈王建詩集八卷跋〉：

　　此毛子晉手校本《王建詩集》八卷，與余舊藏吳鮑菴家鈔本正同。吳本亦

　　藏自汲古閣，而毛所校時合時不合，子晉之依宋本校正，未知所據何本。

　　此刻相傳爲明代川中刻，刻手既劣，印本復糊塗，幸得子晉手校，加以題

　　跋。且幾經名家收藏，其所知者南京解元六如居士，爲吾郡唐伯虎圖章，

　　玉峰徐炯，即傳是樓後人，曾住我郡齊門內花谿。〔註124〕

《天祿琳琅續編》記《禮記二函十六冊》印記：

　　有「傳是樓」（朱文長方印），「章仲」（朱文聯珠印），「徐炯收藏書畫」（朱

　　文），「徐章仲所讀書」（朱文），「傳是樓」（朱白文），「炯臣」（朱文），「徐

　　仲子」（朱文），「徐炯收藏秘笈」（朱文），「東海漁人」（朱文），「聽松風

　　閣」（朱文），「別號自彊」（白文）。〔註125〕

〔註119〕徐釚，字電發，吳江人。《憺園文集》中屢及徐電發，知二人往來頗密切。（見友朋
　　　　人名表）

〔註120〕同註117。

〔註121〕《曝書亭全集》卷四四，頁4～5。

〔註122〕同註122，卷四四，頁12～13。

〔註123〕《中國藏書家考略》，頁69。

〔註124〕見黃丕烈撰《百宋一廛書錄》。

〔註125〕卷二，頁21。

繆荃孫《藝風藏書記》〈影鈔相臺岳氏刻本孝經一卷跋〉曰：

> 崑山徐氏收藏，有傳是樓朱文長印，徐炯珍藏秘笈朱文長方印，彭城仲子
> 審定朱文長印，徐仲子朱文長印等。〔註 126〕

與《豐順丁氏持靜齋書目》中《泰西人身說概》三卷、《人身圖說》二卷二書註明有
「徐炯珍藏秘笈」印記。〔註 127〕從上述諸多記載來看，徐炯的藏書是見於記載最多
的，當是最能承繼徐乾學藏書之風者。惜其書之流向已不可考。僅繆氏所載《影鈔
孝經》一卷，《四部叢刊初編》影印行世。

乾學五子，徐駿，字觀卿，號堅蕉。康熙壬子舉於鄉，癸巳成進士，欽點翰林
院庶吉士。徐駿詩才雋逸，因詩案下獄，交付刑部，雍正庚戌十月初五日處斬，得
年四十有八。著有《石帆詩集》、《春秋三傳事實考証》。〔註 128〕

《文瀾學報》「浙江文獻展覽專號」載，《續資治通鑑長編》一百八卷註云：

> 此崑山徐氏傳是樓鈔本，即從宋本迻錄者，首有朱錫鬯跋，……。尾有乾
> 學之子駿跋。〔註 129〕

雖為孤證，然或可推知徐駿也有藏書。而由諸多記載，可確定徐乾學的子孫，尚保
有部份傳是樓的藏書。不過，這些藏書仍漸散失。到了光緒年間，據徐蘅所言「僅
餘舊本二十餘種及書目兩大冊」。〔註 130〕

三、流　傳

徐氏藏書隨聚隨散，然其藏書多宋元舊槧，其中也有許多經前代藏書諸家遞藏，
因此其經藏之書頗受藏書家注意。從各家藏書志、題跋的串聯，可尋出徐氏藏書遞
藏的脈絡；根據各圖書館目錄，則可概略了解徐乾學傳是樓藏書的現況。

（一）徐乾學藏書的遞藏源流

1. 大部份散入怡親王府、明珠、天祿琳琅

前一部份，已經提過徐乾學逝世後，傳是樓的藏書大部份出售給怡親王與明珠。
於此先說明二家之藏書。

敘怡親王的藏書，以陸心源宋刊〈婺州九經跋〉最詳：

> 怡賢親王，為聖祖仁皇帝之子，其藏書之所曰樂善堂。大樓九楹，積書皆

〔註 126〕卷一，頁 7。
〔註 127〕清丁日昌編，清光緒廿一年元和江標刻本。
〔註 128〕同註 117。
〔註 129〕《文瀾學報》第二卷第三、四期合刊，頁 357。
〔註 130〕《傳硯齋傳是樓宋元本書目》，卷首。

滿。絳雲樓未火以前，其宋元精本，大半爲毛子晉、錢遵王所得。毛、錢

二家散出，半歸徐乾學、季滄葦。徐、季之書，由何義門介紹，歸於怡府。

乾隆中，四庫館開，天下藏書家皆進呈，惟怡府之書未進，其中世所罕見

者甚多。〔註131〕

又據《清稗類鈔》知，怡府藏書始自怡親王之子弘曉，至端華以狂悖誅，其書始散
落人間，潘祖蔭、朱宗丞、楊紹和等得之頗多。〔註132〕

　　明珠，成德之父，僅從《藏書紀事詩》知其曾收購傳是樓藏書，至於其藏書情況
及流向，現無可查考。但知其家人安麓村所藏亦多善本。今藏北京圖書館之北宋本《孟
東野詩集》鈐有徐健菴，季滄葦及安岐印，每本卷末有安麓村橢方圖記。〔註133〕

　　另外，徐乾學藏書有流入內府者，其中可分爲兩個途徑：一爲徐氏進呈，另外
則徐氏藏書散出後，由曹寅購得，進呈內府。

　　徐乾學〈恭進經籍疏〉云：

　　　謹將家藏善本，有關六經諸史者，共十二種，或用繕寫，或仍古本裝潢成
　　　帙，仰塵乙夜之觀。……所有恭進書籍，具列于後，宋朱震《漢上易傳》
　　　并圖說共十五卷，……以上共計三十六套，一百九十二冊。〔註134〕

從上可知徐乾學曾進呈古籍十二種，觀其疏中所列，計經解十種：爲宋朱震《漢上
易傳并圖說》共十五卷、宋張浚《紫巖易傳》九卷、宋魏了翁《大易集義》六十四
卷、宋曾穜《大易粹言》十卷、宋呂祖謙《東萊書說》十卷、元金履祥《尚書表注》
十二卷、宋李樗黃燻《毛詩集解》三十六卷、宋趙鵬飛《春秋經筌》十六卷、宋王
與之《周禮訂義》八十卷、宋蔡節《論語集說》十卷；史部二種：爲宋李燾《續資
治通鑑長編》一百六十八卷、唐《開元禮》一百五十卷。其中，經解十種，除魏、
曾二書以外，均刻入《通志堂經解》。

　　曹寅，字子清，號楝亭，清奉天人。官通政使，富藏書。爲江寧織造，又嘗巡
鹽揚州，俸稍所入，竭以力事鉛槧。所刻有揚州局刊五韻，楝亭十二種，盛行於世。
〔註135〕上海古籍出版社影印《楝亭集》，前附出版說明，曰：

　　　著名藏書家季振宜、徐乾學所藏書籍，有不少爲寅所得，後俱進入內府。

　　〔註136〕

〔註131〕同註113。

〔註132〕徐珂編《清稗類鈔》卷三三。

〔註133〕《中圖版刻圖錄》，圖版一五一。

〔註134〕《憺園文集》卷十，頁3～5。

〔註135〕《藏書紀事詩》卷四，頁224。

〔註136〕《楝亭集》，上海古籍出版社，1980年12月影印出版。

不過，經核對《天祿琳琅目錄》與《天祿琳琅目錄續編》後，發現徐乾學進呈的十二種書並未全部出現，反而有其他徐乾學藏書在著錄之列，但卻也非曹寅經藏者。今列其書目如下：

《天祿琳琅目錄》

　宋版經部

　　（1）監本纂圖重言重意互註點校毛詩二函十冊（正編卷一，頁2）

　　（2）春秋左氏音義二函八冊（卷一，頁10）

　　（3）南軒先生張侍講孟子詳說一函六冊（卷一，頁20）

　宋版史部

　　（4）唐書十函一百冊（卷二，頁12）

　　（5）新唐書糾繆一函六冊（卷二，頁22）

　宋版子部

　　（6）容齋三筆一函三冊（卷二，頁41）

　宋版集部

　　（7）新刊訓詁唐柳先生文集六函六十六冊（卷三，頁11）

　　（8）新刊訓詁唐昌黎先生文集六函三十二冊（卷三，頁12）

　　（9）東坡先生和陶淵明詩一函四冊（卷三，頁21）

　金版史部

　　（10）貞觀政要一函六冊（卷三，頁46）

《天祿琳琅續編》

　宋版首部

　　（1）御題易傳一函六冊（卷一，頁1）

　宋版經部

　　（2）童溪王先生易傳二函十二冊（卷二，頁6～7）

　　（3）禮記二函十六冊（卷二，頁21）

　　（4）春秋繁露一函六冊（卷三，頁12）

　　（5）論語一函二冊（卷三，頁14）

　　（6）孝經一函一冊（卷三，頁15）

　　（7）孟子一函六冊（卷三，頁16）

　　（8）公是先生七經小傳一函一冊（卷三，頁21）

　　（9）韻補一函五冊

　宋版史部

（10）資治通鑑十八函一百十七冊（卷四，頁8）

（11）續資治通鑑長編六函五十冊（卷四，頁11）

宋版子部

（12）十一家註孫子一函三冊（卷五，頁4）

（13）漢官儀一函一冊（卷五，頁32）

宋版集部

（14）橫浦先生文集二函十二冊（卷七，頁5）

2. 流散於乾、嘉各藏書家

上述之外，徐氏藏書亦有流散於書市或由乾、嘉時期各藏書家所得，現僅列舉數家。

陳鱣《經籍跋文》中提到二書爲徐氏藏書：〔註137〕

（1）宋淳熙刻本禮記注二十卷（頁19）

　　時爲顧安道所藏。

（2）宋本孝經注一卷（頁31）

王聞遠，字聲宏，號蓮涇，清蘇州人。生於康熙二年，著有金石契言，敘其知交七十七人，皆畸人逸士。藏書很多，有《孝慈堂書目》傳世。（《中國藏書家考略》，頁13）。王氏《孝慈堂書目》中，有三種爲徐乾學舊藏。〔註138〕

（1）宋版九域志十卷（頁40）

（2）老子四卷一冊（頁51）

　　崑山徐氏藏書，鈔，白六十五番。

（3）莊子十卷二冊（頁51）

　　崑山徐氏藏書，鈔，白三百五十四番。

張金吾，字愼旃，別字月霄，昭文人。生於乾隆五十二年（1787），年二十二補博士弟子，旋棄去，而篤志讀書、儲書。叔張海鵬嗜好藏書，家多宋元舊本，以剞劂古書爲己任，張金吾之藏書、刻書受其影響極大。張氏彙收群籍，合先人舊有共八萬餘卷，闢詒經堂等室藏之，編成《愛日精廬藏書志》，並以其藏書，輯刻《詒經堂經解》，已寫定成書未刻。道光九年（1829）卒，年僅四十二。〔註139〕

〔註137〕見成文出版社《書目類編》第七十三冊。

〔註138〕《孝慈堂書目》，現收入新文豐《叢書集成續編》第五冊。

〔註139〕參閱王珠美《張金吾藏書研究》張金吾生平部份及楊立誠金步瀛編《中國藏書家考略》頁189。王美珠撰《張金吾藏書研究》，國立臺灣大學圖書館學研究所碩士論文，民國77年7月。

案張金吾《愛日精廬藏書志》裡，有關徐乾學藏書者共有三種：

（1）傳是樓抄本周易要義十卷（卷一，頁 11）

（2）宋慶元刊本離騷草木疏四卷（卷二十九，頁 1）

（3）宋淳祐刊本資治通鑑綱目五十卷（卷二，頁 1）

黃丕烈，字紹武，一字紹甫，號蕘圃，又曰蕘翁、蕘夫、老蕘，更號復翁，晚年自號秋清居士，吳縣人。生於乾隆二十八年，卒於道光五年。黃氏於嘉慶六年大挑一等，爲直隸知縣，未就職，旋歸里從事校書、著述。好藏書，其收藏以富且精著稱，曾闢「百宋一廛」專室，貯藏所得一百餘種宋版書。乃乾、嘉時期，首屈一指的藏書大家。著有《百宋一廛書錄》、《求古居宋本書目》，其藏書題跋則由後人編成《蕘圃藏書題識》。〔註 140〕

今查黃丕烈《百宋一廛書錄》有十四種爲徐乾學舊藏。

（1）易學啓蒙一卷

（2）吳郡圖經續記三卷

（3）文中子十卷

（4）沖虛至德眞經八卷

（5）王右丞文集十卷

（6）李太白集三十卷

（7）昌黎先生集殘存五卷

（8）北山小集四十卷

（9）孟東野詩集十卷

（10）朱慶餘詩集一卷

（11）甲乙集十卷（題識七，頁 57）

（12）參寥子詩集十二卷

（13）文粹一百卷

（14）聖宋文選二十三卷

另於《蕘圃藏書題識》可知有二種，亦爲徐乾學藏書：

（15）碧雲集三卷（卷七，頁 52）

（16）李群玉詩集三卷後集五卷（卷七，頁 53）

3. 清季藏書諸家之續藏

黃氏「士禮居藏書，後半歸同縣汪氏士鐘藝芸書舍；汪書散後又歸聊城楊氏以

〔註 140〕〈蕘圃藏書題識敍錄〉，喬衍琯撰，《蕘圃藏書題識》附。

增海源閣」〔註141〕另外，陳登原《古今典籍聚散考》曰：

> 樂善堂所藏，至端華以狂悖見誅，於是毛、錢、徐、季之珍，始又流落人
> 間。而楊致堂之子紹和，時官北京，得之頗多。於是傳是、述古之舊，又
> 隨百宋一廛而趨入海源閣矣。〔註142〕

徐氏藏書散出，原分為幾個大部份流出，至此則原為黃丕烈及怡府收藏者，多入藏
楊氏海源閣。其間部份之書，曾經汪士鐘收藏。雖然從楊氏藏書志可知汪氏確實曾
有徐氏之書；不過汪氏書目簡略，無法確知其藏書中究竟多少為徐氏舊藏，故略之，
逕論楊氏海源閣。

　　楊紹和，字彥合，號勰卿。山東聊城人。生於道光十年，卒於光緒元年。生有
夙慧，七歲能詩。同治四年舉進士。父以增，好聚書，所收數十萬卷，獨力創立海
源閣。紹和性愛蓄書，尤擅鑑賞，為海源閣藏書的擴充者。將所藏宋、元珍本近三
百種，考核諸書異同，撰為《楹書隅錄》。〔註143〕今查檢《楹書隅錄》，計有二十二
種為徐氏傳是樓藏書。

　　（1）宋本周易本義十二卷八冊（卷一，頁 1）

　　（2）宋本張先生校正楊寶學易傳二十卷十冊（卷一，頁 6）

　　（3）宋本禮記二十卷六冊（卷一，頁 23）

　　（4）宋本詩說九卷八冊（卷一，頁 57）

　　（5）宋本史記一百三十卷二十四冊（卷二，頁 4）

　　（6）宋本漢書一百卷六十冊（卷二，頁 8）

　　（7）宋本後漢書一百二十卷四十冊（卷二，頁 25）

　　（8）宋本晉書一百三十卷三十六冊（卷二，頁 35）

　　（9）宋本建康實錄二十卷十六冊（卷二，頁 44）

　　（10）宋本咸淳臨安志九十五卷四十八冊（卷二，頁 67）

　　（11）宋本荀子二十卷十冊（卷三，頁 1）

　　（12）北宋本新序十卷五冊（卷三，頁 8）

　　（13）宋本愧郯錄十五卷六冊（卷三，頁 47）

　　（14）宋本離騷草木疏四卷一冊（卷四，頁 2）

　　（15）北宋本孟東野詩集十卷四冊（卷四，頁 42）

〔註141〕葉德輝《郋園讀書記》卷三，〈士禮居藏書題跋記〉。

〔註142〕卷三，頁 354。

〔註143〕參閱陳金英《聊城楊氏海源閣藏書研究》楊紹和生平部份。台中：東海大學，中研
　　　　所碩士論文，民國 77 年 5 月。

（16）宋本元豐類藁五十卷續附一卷二十四冊（卷五，頁 12）

（17）宋本類編增廣先生大全文集五十卷（卷五，頁 32）

（18）元本重校唐文粹一百卷四十八冊（卷五，頁 54）

（19）宋本呂太尉經進莊子全解十卷六冊（卷三，頁 56）

（20）元本東坡樂府二卷二冊（卷五，頁 73）

（21）宋本花間集十卷二冊（卷五，頁 81）

（22）宋本五百家註唐柳先生文集四十五卷外集二卷二十四冊（卷四，頁 38）

怡府藏書散出，除了楊氏海源閣外，潘祖蔭所得也不少。

潘祖蔭，字伯寅，號鄭盦，清吳縣人。喜收藏，每睹一書，輒爲解題，因成《滂喜齋藏書記》二卷。今查檢《滂喜齋藏書記》中，計宋刻本四種爲徐乾學舊藏：〔註 144〕

（1）宋刻諸儒鳴道集七十二卷（卷二，頁 4）

（2）宋刻周髀算經（卷四，頁 5）

（3）宋刻孫子算經三卷張邱建算經三卷殘本九章算經五卷（卷二，頁 9）

（4）宋刻東觀餘論二卷（卷二，頁 16）

除了上述二家，清季四大藏書家之一的瞿氏鐵琴銅劍樓也藏存徐氏的書。瞿鏞，字子雍，清常熟人。歲貢生。父紹基，讀書樂道，廣購四部，積書十餘萬卷，收藏多宋元善本。鏞承父志，更肆力於典籍的搜討。卒於道光二十六年，著有《鐵琴銅劍樓藏書目錄》。〔註 145〕是目所載徐乾學舊藏之書，計有十七種。

（1）宋刊本周易十卷（卷一，頁 1～3）

（2）宋刊本杏溪傅氏禹貢集解二卷（卷二，頁 6）

（3）宋刊本押韻釋疑五卷（卷一，頁 30）

（4）徐氏傳是樓鈔藏本周易要義十卷（卷一，頁 31～32）

（5）宋刊本史記集解一百三十卷（卷二，頁 1～6）

（6）宋刊本漢書一百二十卷（卷八，頁 7～9）

（7）宋刊本資治通鑑綱目五十九卷（卷九，頁 11）

（8）宋刊本西漢詔令十二卷東漢詔令十一卷（卷九，頁 30）

（9）宋刊本通典二百卷（卷十二，頁 5）

（10）宋刊本酒經三卷（卷十六，頁 3～4）

（11）宋刊本清波雜志十二卷（卷十七，頁 21）

〔註 144〕《中國藏書家考略》，頁 127 前。
〔註 145〕同前註，頁 141 前。

（12）元刊本桯史十五卷（卷十七，頁22）

（13）宋刊本沖虛至德眞經八卷（卷八，頁11）

（14）宋刊本白氏文集七十一卷（卷十九，頁40）

（15）宋刊本朱慶餘詩集一卷（卷十九，頁43）

（16）宋刊本甲乙集十卷（卷十九，頁52）

（17）宋刊本古今絕句三卷（卷二三，頁23）

　　由上述資料來看，徐乾學傳是樓藏書在清代的遞傳源流，可以借用的島田翰〈皕宋樓藏書源流考〉一文所敘說明：

　　　　（前略）虞山絳雲之藏，一傳述古、汲古，爲延令、傳是，再傳爲怡府明
　　　　善、明氏穴研，匯爲黃氏士禮居，爲汪氏藝芸書舍，又傳爲聊城楊氏海源
　　　　閣、常熟瞿氏鐵琴銅劍樓，及郁氏宜稼堂……。〔註146〕

此與前述遞藏各家雖略有差異，但已可見徐氏藏書聚散之迹，除了主要遞藏的脈絡，繆荃孫、瞿中溶、韓應陛、傅增湘、王文進、張乃熊等所撰書志，也載錄徐氏藏書，當可據以釐清徐氏藏書在清末民初之流傳。然因資料所限，無法詳述，僅列書名如下：

　　（1）影宋鈔本孝經一卷（繆荃孫《藝風藏書記》卷一，頁7）

　　（2）明鈔本姬侍類偶二卷（同前，卷五，頁14）

　　（3）翻宋岳氏本毛詩二十卷（瞿中溶《古泉山館藏書跋殘》，頁1）〔註147〕

　　（4）舊鈔本搜采異聞五卷（韓應陛《雲間韓氏藏書目》，頁11）〔註148〕

　　（5）舊鈔本閑窗括異志（同前，頁11）

　　（6）舊鈔本傳是樓彙鈔（《清學部圖書館善本書目》·子部，頁24）〔註149〕

　　（7）宋刊本格齋四六南塘四六梅亭四六三種（同前·集部，頁5）

　　（8）宋淳祐刊本昌黎集四十卷（《江南圖書館善本書目》第六十八號，集五）

　　（9）宋麻沙刊本聲隅子歔欷微論二卷（同前）

　　（10）春秋經傳集解三十卷（《寶禮堂宋本書錄》，經十七至十八）

　　（11）春秋公羊經傳解詁十二卷四冊（同前，經二十二至二十三）

　　（12）春秋五禮例宗殘本（同前，經廿七至三十）

　　（13）大廣益會玉篇殘本（同前，經三八至三九）

〔註146〕〈皕宋樓藏書源流考〉，島田翰撰。見《書目類編》第九十一冊。

〔註147〕《古泉山館題跋》一卷，收錄於《藕香零拾》二十九種內。

〔註148〕韓應陛編《雲間韓氏藏書目》，民19年松江韓氏據原稿影印本。（《書目類編》第三
　　　　十一冊）

〔註149〕繆荃孫編《學部圖書館善本書目》，民國元、2年間鄧實鉛印《古學彙刊》第一集本。

（14）陸士龍文集十卷（同前，集十一）

王文進《文祿堂訪書記》著錄徐乾學舊藏的圖書，共十七種：〔註150〕

　　（1）宋麻沙刻本纂圖重言重意互注周禮十二卷（卷一，頁10）

　　（2）通鑑記事本末四十二卷（卷二，頁11）徐炯收藏

　　（3）咸淳志（卷二，頁34）

　　（4）漢官儀三卷（卷二，頁47）

　　（5）揚子法言十三卷音義一卷（卷三，頁4）

　　（6）張氏集注百將傳一百卷（卷三，頁7）

　　（7）備全總效四十卷（卷三，頁10）

　　（8）說類五十卷（卷三，頁32）

　　（9）宋慶元刻本清波雜志十二卷（卷三，頁36）

　　（10）宋紹興台州刻本景德傳燈錄三十卷（卷三，頁44～45）

　　（11）宋臨安刻本密庵語錄一卷（卷三，頁47）

　　（12）金平水刻本棲霞長春子丘神仙磻溪集三卷（卷三，頁52）

　　（13）宋蜀刻本孟東野詩集十卷（卷四，頁12）

　　（14）宋紹興小字刻本白氏文集七十一卷（卷四，頁17）

　　（15）宋陳氏書棚刻本甲乙集十卷（卷四，頁20）

　　（16）宋劉仲吉刻本類編增廣黃先生大全文集五十卷（卷四，頁27）

　　（17）宋紹興官刻本文粹一百卷（卷五，頁30）

徐乾學藏書見於張乃熊《菦圃善本書目》者（張鈞衡之子）〔註151〕

　　（1）宋紹定刊本吳郡志五十卷（頁5）

　　（2）宋紹興刊本元包經傳五卷元包數總義二卷（頁7）

　　（3）舊鈔本搜採異聞五卷（頁181）

傅增湘《藏園群書經眼錄》及《雙鑑樓善本書目》・《續記》所錄徐乾學曾藏書：
〔註152〕

　　（1）舊寫本毛詩名物解二十卷（卷一，頁37）

　　（2）春秋五禮例宗十卷（卷一，頁79）（據載現藏北圖）

　　（3）孝經註一卷（卷一，頁90）

　　（4）公是先生七經小傳三卷（卷二，頁111）

〔註150〕《文祿堂訪書記》，王文進撰，民國31年文祿堂書籍鋪鉛印本。

〔註151〕《菦圃善本書目》，張乃熊撰，台北：廣文書局，民國57年初版。

〔註152〕《藏園群書經眼錄》，傅增湘撰，北京：中華書局，1983年初版。

　　（5）附釋文互注禮部韻略五卷（卷二，頁 153）

　　（6）史記集解一百三十卷（卷三，頁 161）（常熟瞿氏鐵琴銅劍樓藏）

　　（7）漢書注一百卷（卷三，頁 185）（常熟瞿氏鐵琴銅劍樓藏，現藏北圖）

　　（8）後漢書注九十卷（卷三，頁 194）（海源閣書四經四史之一，現藏北圖）

　　（9）資治通鑑目錄三十卷（卷三，頁 237）（現藏北圖）

　　（10）資治通鑑考異三十卷（卷三，頁 236）

　　（11）通鑑續編一百二十七卷考辨一卷（卷三，頁 263）

　　（12）通鑑紀事本末（卷三，頁 267）

　　（13）吳郡圖經續記三卷（卷五，頁 391）（汪鳴鑾藏書）

　　（14）漢雋十卷（卷六，頁 523）（清宮藏書）

　　（15）荀子註二十卷（卷七，頁 535）（海源閣書）

　　（16）新序十卷（卷七，頁 540）（海源閣書，現藏北圖）

　　（17）中說注十卷（卷七，頁 551）（現藏北圖）

　　（18）備急總效方四十卷（卷七，頁 591）

　　（19）金壺記三卷（卷七，頁 629）（日本靜嘉堂藏書）

　　（20）愧郯錄十五卷（卷九，頁 765）（海源閣藏，現藏北圖）

　　（21）唐宋白孔六帖一百卷（卷十，頁 807）（日本靜嘉堂文庫藏書）

　　（22）小名錄上下卷（卷十，頁 807）（現藏中研院史語所）

　　（23）帝王經世圖譜十卷（卷十，頁 825）（現藏北圖）

　　（24）重校鶴山先生大全文集一百十卷目錄二卷（卷十四，頁 1260）（現藏北圖）

　　（25）盤洲文集八十卷（卷十四，頁 1239）

以上鈔自《藏園群書經眼錄》，下列五種出自《雙鑑樓善本書目》：〔註 153〕

　　（1）文中子十卷（卷三，頁 4）

　　（2）白氏六帖事類集三十卷（卷三，頁 29）

　　（3）棲霞長春子丘神僊蹯溪集三卷（卷四，頁 29）

　　（4）樂府詩集一百卷（卷四，頁 41）

　　（5）中州集十卷中州樂府一卷（卷四，頁 44）

鄧邦述《寒瘦山房鬻存善本書目》、《群碧樓善本書目》載徐乾學舊藏之書：〔註 154〕

〔註 153〕上述五書中，《文中子十卷》、《棲霞長春子蹯溪集三卷》、《樂府詩集一百卷》、三種，
　　　　又見於《雙鑑樓藏書雜詠》。（附錄於《藏園群書題記》，上海古籍出版社，1989 年
　　　　9 月初版。）

（1）宋刊本張氏集注百將傳存十卷（《寒目》，卷一，頁 3）

（2）南宋書棚本李群玉詩集三卷（《群目》，卷一，頁 18）

（3）宋刊本碧雲集三卷（《群目》，卷一，頁 22）

（二）據徐氏藏書影印出版者

徐乾學藏書現知其影印出版者：

（1）宋刊本清波雜志十二卷（《四部叢刊續編》三十一函）

（2）北刊本桯史十五卷（《四部叢刊續編》三十一函）

（3）北宋刊本沖虛至德真經八卷（《四部叢刊初編》一三二函）

（4）南宋書棚本朱慶餘詩集一卷（《四部叢刊續編》三十二函）

（5）宋刊本甲乙集十卷（《四部叢刊初編》一五四函）

（6）影印明依宋鈔本謝宣城詩集五卷（《四部叢刊初編》一三七函）

（7）宋刊本公是先生七經小傳三卷（《續古逸叢書》之二十三）

（8）宋刊本碧雲集三卷（《四部叢刊初編》一五三函）

（9）南宋書棚本李群玉詩集三卷（《四部叢刊初編》一五三函）

（10）孝經一卷（《四部叢刊初編》第四函）

（11）周賀詩集一卷（《四部叢刊續編》三十二函）

（12）盤洲文集八十卷（《四部叢刊初編》一八九函）

另徐乾學藏書見於《中央圖書館宋本圖錄》、《中央圖書館金元本圖錄》者九種。
部份有影印本出版，就所知為：

（13）元刊本精選古今名賢叢話詩林廣記後集十卷

（14）宋紹興間刊本宋書一百卷

（15）宋紹興四年蘇州刊本吳郡圖經續記三卷

（16）宋紹定二年刊本吳郡志五十卷

（17）北宋刊本李賀歌詩編四卷集外詩一卷

（18）宋紹興崇化書坊刊本文選三十卷

（19）宋臨安府陳解元宅書籍鋪刊本唐僧弘秀集十卷

（20）紹定二年昌黎先生集考異卷十卷二冊

此書現為山西祁縣圖書館珍藏，民國 70 年上海古籍出版社曾據之影印出
版。

〔註154〕《群碧樓善本書目》、《寒瘦山房鬻存善本書目》，均為鄧邦述撰，台北：廣文書局
出版，民國 56 年 12 月初版。

（21）宋本酒經三卷（《續古逸叢書》之二十九）

（22）漢官儀三卷（《續古逸叢書》之十八）

（23）文中子中說十卷（《續古逸叢書》之十六）

（24）新雕注疏珞琭子三命消息賦目錄（《續古逸叢書》之二十一）

（25）李太白文集三十卷（日本・京都大學人文科學研究所發行）〔註155〕

（三）徐乾學藏書現藏台灣地區及大陸、美、日者

1. 台灣地區

A. 中央圖書館所藏

（1）精選古今名賢叢話詩林廣記後集十卷十冊　宋・蔡正孫編（《中圖金元本圖錄》，頁389～390）

元刊本。版框高十八點三公分，寬十二公分。半葉十八行，行十六字。黑口，雙魚尾，左右雙欄。有「傳是樓珍藏」（朱文橢圓印）。

（2）新編四家註解經進珞琭子消息賦六卷三冊　宋・王廷光等注　不著編人（《中圖金元本圖錄》，頁220）

元刊本。版框高十九點一公分，寬十二點六公分。註文半葉十四行，行二十三字；賦文大字，行十六字。黑口，左右雙欄。有「徐健菴」「乾學」（二印僞）－圖錄註明爲僞印。

（3）宋書一百卷五十四冊　梁・沈約撰（《中圖宋本圖錄》，頁87～88）

宋紹興間刊本。版框高二十二點九公分，寬十九公分。半葉九行，行十八字。左右雙欄，線口，版心上記字數，下記刻工，如：毛端、王禧等（餘見《圖錄》），避諱至桓字。有「徐健菴」（白文方印）、「乾學」（朱文方印）曾經季振宜、繆荃孫、劉承幹嘉業堂收藏。

（4）吳郡圖經續記三卷三冊　宋・朱長文撰（《中圖宋本圖錄》，頁144～145）

宋紹興四年蘇州刊本。版框高二十一點四公分，寬十五點五公分。半葉九行，行十七字至十九字。白口，左口，左右雙欄。左右雙欄。版心題「續圖經」三字，下記刊工姓名。有「徐健菴」（白方）、「乾學」（朱方）及黃丕烈、翁同龢手跋。

（5）吳郡志五十卷十六冊　宋・范成大撰汪泰亨等增補（《中圖宋本圖錄》，頁147頁148）

〔註155〕《李白之作品》，平岡武夫編集。京都：京都大學人文科學研究所索引編輯委員會發行。1957年10月30日發行。

宋紹定二年李壽朋平江府刊本。半葉九行，行十八字。白口，單魚尾，右右雙欄。版心下記刻工，如：余政、陳彬、馬松等。（餘見《圖錄》）卷十五、十九、二十二影抄配。有「徐印乾學」（白方）「健菴」（朱方），汪士鐘、張鈞衡遞藏。

（6）李賀歌詩編四卷集外詩一卷二冊　唐・李賀撰（《中圖宋本圖錄》，頁 274）
北宋刊本。版框高二十點一公分，寬十四點三公分。半葉九行，行十八字。左右雙欄，單魚尾，白口，版心下記刻工：如金宣、唐時等（餘見《圖錄》）有「徐健菴」（白方）、「乾學」（朱方）及王履吉、玉蘭堂、季滄葦、宋書藏、近圖收藏等印記。

（7）文選三十卷十六冊　唐・呂延濟等五臣注（《中圖宋本圖錄》，頁 331～332）
宋紹興三十一年建陽陳八郎崇化書坊刊本。版框高十八點三公分，寬十三點五公分。首三卷每半葉十二行，行二十三字。第四卷後則半葉十三行，行二十八字左右雙欄，雙魚尾，白口，版心上記數字。宋諱玄、弦、朗、敬、驚、警、縈、竟、殷、匡、恆、禎、楨、貞、徵、讓、桓、構、搆字缺筆，孝宗以下廟諱不避。有「徐健菴」（白方）、「乾學」（朱方）印記，另有毛奏叔、沈瀹印、蔣鳳藻、秦漢十印齋王同愈等藏印。書前有王同愈及吳湖帆手書題記一則。

（8）唐僧弘秀集十卷一冊　宋・李龔編
宋寶祐六年臨安府陳解元宅書籍鋪刊本。版框高十七點五公分，寬十三公分。每半葉十行，行十八字。白口，版心下間記刻工，如天祐、徐等。「徐健菴」（白方）、「乾學」（朱方）及李廷相、季振宜、王堪蒼、許琰等印記。並有王堪蒼手跋。

B. 史語所

（1）李群玉集三卷後集五卷　唐・李群玉撰
宋臨安陳宅書籍鋪印本。半葉十行，行十八字。左右雙欄，單魚尾，白口，版口記數字。有「乾學」（朱方）、「徐健菴」（白方）印記，另有玉蘭堂、竹塢、滄葦、百宋一廛、宋麓村藏書印、群碧樓印等藏章，從這些印記知此書經文徵明、季振宜、徐乾學、安岐、黃丕烈遞藏，後為鄧邦述所得。鄧氏得此本與下述之《碧雲集》，即自稱為群碧翁，並以藏書樓為群碧樓。後二書均轉賣給史語所。有黃丕烈、鄧邦述題識。

（2）碧雲集三卷　唐・李中撰
宋臨安陳宅書籍鋪印本。半葉十行，行十八字。左右雙欄，單魚尾，白口，

版口記數字，下記刻工。有「乾學」（朱方）、「徐健菴」（白方）印記，其他藏印與前書略同。亦有黃丕烈、鄧邦述題識。

（3）小名錄二卷　唐・陸龜蒙撰

明鈔本

C. 故宮博物院

（1）南塘先生四六文一卷（《故宮宋版書特展目錄》，頁 126）

宋刊本。版框高十九點二公分，寬十二點四公分。半葉十行，行十九字。四周雙欄，線黑口，雙魚尾。魚尾間上記「南」、「南塘」、「南啓」等，下標葉次。毛氏汲古閣、季振宜、徐乾學遞藏。有「乾學」（朱方）、「徐健菴」（白方）等印章。

2. 大陸地區

徐乾學舊藏的書籍，也許在大陸地區各圖書館中仍有不少收藏。因台灣所見目錄有限，現僅就《中國版刻圖錄》、《北京圖書館善本古籍書目》與傅增湘《藏園群書經眼錄》著錄的部份，說明徐氏舊藏之書在大陸各圖書館收藏的情形。據《中國版刻圖錄》知北京圖書館現藏七種，北京大學圖書館則藏有二種。

（1）漢官儀三卷一冊（中版頁 8，圖版頁 7、8）

宋紹興九年臨安府刻本。框高二十四公分，寬十五點七公分。半葉十行，行十七字，小字雙行行二十四至六字。左右雙欄，白口，單魚尾。魚尾下題漢官儀，次題頁碼。鈐有「傳是樓」要「健菴收藏圖書」（俱朱方，見卷首）、「徐乾學印」（朱方）及「黃金滿籯不如一經」（白長方，卷末）。另有李開先、周暹、乾隆御覽之寶等印記。（乾隆等印疑是偽印）《續古逸叢書》，即據此帙影印。

（2）周賀詩集一卷　唐・周賀撰

宋臨安府陳宅書籍鋪刻本。框高十七點三公分，寬十二點二公分。半葉十行，行十八。白口，左右雙欄，雙魚尾。魚尾間題「周賀詩」，魚尾下註明頁碼。有「徐健菴」（白方）、「乾學」（朱方）及汪士鐘、闞源眞、鐵琴銅劍樓、古禺瞿氏等印。《四部叢刊》據此帙影印。

（3）沖虛至德眞經注八卷　列子撰　晉・張湛處度注

宋刻宋元遞修本。框高二十一點四公分，寬十四點六公分。半葉十四行，行二十五至二十六字。小字雙行行三十至三十一字。白口，單魚尾，左右雙邊。有「乾學」（朱方）、「徐健菴」（白方）印章。此書經文徵明、王寵、季振宜、黃氏士禮居，百宋一廛著錄及瞿氏鐵琴銅劍樓遞藏。四部叢刊本，

據此帙影印。

（4）周易注

宋刻本。框高十八點一公分，寬十二點七公分。半葉十二行，行二十字，小字雙行行二十八字。版心部份不清楚，僅能辨出爲白口。有「乾學」、「徐健菴」二印，及注士鐘，毛晉，瞿氏等人印記。

（5）清波雜志十二卷

《圖錄》云：「初印精湛，世無二帙。《續古逸叢書》，四部叢刊初印本，即據此帙影印。」而未說明爲徐乾學藏書。但是四部叢刊初印本，《續古逸叢書》所據即徐氏藏書。今就四部叢刊此書書影敘其版式：框高二十四公分，寬十九公分。半葉十二行，行八字。白口，雙魚尾，左右雙欄。版心上記字數，魚尾下題書名及葉數，下記刻工。有「乾學之印」、「健菴」（俱白方）及汪士鐘藏印。

（6）史記集解索隱一百三十卷　漢·司馬遷　劉宋·裴駰集解

宋淳熙三年張杅桐川郡齋刻本。框高十九點二公分，寬十四點一公分。半葉十二行，行二十五字。白口，單魚尾，左右雙欄。魚尾下題「史幾」，下版口記刻工。殷字闕筆。今所見圖版爲目錄，有「崑山徐氏家藏」（朱長方）、「乾學之印」、「健菴」（俱白方）另有二方印，印文不清楚。

（7）中州集十卷

元至大三年曹氏進德齋刻遞修本。框高十九點四公分，寬十二點四公分。半葉十五行，行二十八字。白口，四周雙欄，雙魚尾，有「傳是樓」（朱方）、「健菴收藏圖書」（朱方）。爲傅增湘藏書，近年董氏誦芬室宋刻本，即據此本影刻。

（8）孟東野詩集　唐·孟郊撰

北宋蜀本。（《圖錄》以此爲江西地區的刻本）高十六點二公分，寬十點六公分，半葉十一行，行十六字。白口，雙魚尾，左右雙欄（部份爲四周單欄）魚尾下題書名。有「徐健菴」（白方）、「乾學」（朱方），及季滄葦、黃丕烈、安岐、錢敬先、海源閣宋存書室、李盛鐸等藏書印記。百宋一廛著錄。又有黃丕烈跋語。《圖錄》云：「近年陶湘印本，即據此帙影印」應是指陶湘《涉園所見宋版書影》所錄。現藏於北京大學圖書館。

（9）數術記遺

宋刻本。框高二十點一公分，寬十四點六公分，半葉九行，行十八字。小字雙行同。白口，單魚尾，左右雙欄。有「傳是樓」（朱方），及另一模糊

不清的印記，似爲「健菴收藏圖書」（朱方）。現藏北京大學圖書館。

另外，《張丘建算經》一書，《中國版刻圖錄》註明曰：「鮑刻古算經，僅存以上六種，原爲徐氏傳是樓藏書，今分藏上海圖書館，北京大學圖書館。」從以上的敘述看，似乎六種均爲徐乾學藏書，但自書影看，又並非每種均有徐乾學藏書印記，待詳查。

另經查檢《北京圖書館善本古籍書目》，有傳是樓鈔本二種，現藏於北京圖書館，略述如下：

（1）周易要義十卷二冊

　　　　清徐氏傳是樓抄本。半葉十一行，行二十三字。黑口，左右雙欄。季錫疇校。瞿熙邦並跋。

（2）毛詩指說一卷一冊

　　　　清冠山堂抄本。半葉九行，行二十字。白口，四周單欄。

此外，據傅增湘《藏園群書經眼錄》註明爲北平圖書館藏書的，計有九種。現依傅氏所載，略述於下：

（1）春秋五禮例宗十卷　宋・張大亨撰　存卷一至三，七至十，凡七卷

　　　　宋刊本，版框高六寸六分強，寬五寸一分。半葉十一行，行十八至二十四字。注雙行，白口，左右雙欄。版心題春秋例宗幾，下記刊工姓名，如朱明、徐果等。避諱字至桓字止。有「乾學」朱方。「徐健菴」白方，及周春，喬松年、陳寶儉等藏書印章。

（2）漢書注一百卷　漢・班固撰　唐・顏師古注

　　　　北宋景祐刊本，半葉十行，行十九字，注雙行二十五、六字。白口，左右雙欄，版心上魚尾下記「前漢紀傳幾」，次記葉數，下記刊工姓名。有黃丕烈、顧廣圻跋。鈐有「乾學」朱方、「徐健菴」白方，與季振宜、毛氏汲古閣、黃丕烈、汪士鐘、瞿氏諸印。〔註156〕

（3）後漢書注九十卷　劉宋・范曄　唐・李賢注志注補三十卷　梁・劉昭撰

　　　　宋王叔邊刊本。半葉十三行，行二十三至二十四字。黑口，左右雙欄，版心記「後漢紀」。有「乾學」、「徐健菴」印，另有華亭朱氏、毛氏汲古閣、季振宜、周良金、楊氏海源閣諸印。傅氏註云「此爲海源閣四經四史之一」。

（4）資治通鑑目錄三十卷　宋・司馬光撰

　　　　宋紹興年間兩浙東路茶鹽司公使庫刊本。半葉十一行，行二十字。白口，

_____

〔註156〕瞿氏《鐵琴銅劍樓藏書目錄》卷八，頁 7～9 著錄《漢書一百二十卷》與傅氏記載不同，不知傅氏所見是否爲殘本。

左右雙欄。版心上記字數，下記刊工姓名，有張田、牛進、牛寶、宋道等。鈐有「乾學」「徐健菴」等印記。原爲天祿琳琅藏書。

（5）新序十卷　漢・劉向撰

宋刊本。半葉十一行，行二十字。白口，左右雙欄，版心下記刊工姓名。有「乾學」、「徐健菴」印。另有華亭朱氏、錢謙益、王恩延、黃丕烈、楊紹和等印記。錢謙益、黃丕烈、金錫爵跋與楊紹和識語。

（6）中說注十卷　隋・王通撰　宋・阮逸注

北宋刊本。半葉十三行，行二十六至二十八字，注雙行行三十三、四字。白口，左右雙欄，版心記文中幾。有「乾學」、「徐健菴」印，另有季振宜、成親王、英煦、潘崇禮等印，葉奕苞、錢謙益跋。

（7）愧郯錄十五卷　宋・岳珂撰

宋刊本。半葉九行，行十七字。白口，左右雙欄，版心上方記字數，下記刊工姓名。徐乾學、健菴等印記。原爲海源閣藏書。

（8）帝王經世圖譜十卷　宋・唐仲友撰　存一至八卷

宋刊本，大版心，半葉十五行，行二十八字，黑口，左右雙欄。目錄半葉十行。鈐有徐健菴、季滄葦印、朱象玄印、經術堂印及中秘國學圖籍之章等印。

（9）重校鶴山先生大全文集一百十卷目錄二卷　宋・魏了翁　存九十四卷

宋蜀中刊本，半葉十一行，行二十一字。白口，四周單欄，版心魚尾下間記刻工姓名。鈐有「乾學之印」、「健菴」（俱白方）及汪士鐘印記。有黃丕烈、錢大昕跋。

此外，《新刊增廣百家詳補註唐柳先生文》（《中國版刻圖錄》，頁46）爲宋刊本，書中無徐乾學印章。但其註明爲楊氏海源閣藏書，所載版刻各項與楊紹和《楹書隅錄》記載相符，而楊氏此書爲徐乾學舊藏。不過，因未見原書，暫存疑待查。

又王重民《中國善本書提要》中，亦有徐乾學舊藏而現藏於北京圖書館者，引述如下：〔註157〕

（1）越絕書十五卷（史部・雜史類，頁115）二冊－北圖

明刻本。框高十九公分，寬十二點三公分。半葉半行，行十七字。有「傳是樓」，「怡怡堂珍藏」等印記。

（2）萍州可談三卷（子部・小說類，頁390）一冊－北圖

〔註157〕王重民撰《中國善本書提要》，上海古籍出版社，1982年8月第一版。

明鈔本，半葉八行，行十五字。

宋朱彧撰。卷內有：「崑山徐氏藏書」、「徐乾學印」、「汪印士鐘」、「三十五峰園主人」、「師鄆乙酉歲暮檢書記」等圖記。

附有王重民考證此書乃僞書，但「徐健菴、汪閬源藏印，非僞爲者，二家亦爲所蒙耳」〔註 158〕

（《北平圖書館目錄》頁 8192，書碼 8222，有此書清光緒十八年高鴻裁家鈔本二冊，周捐，與今所論者不同。）

（3）國朝典故存二十四卷五冊（子部・叢書類，頁 413）一北圖，書碼 7560
明鈔本。半葉十行，行二十字。框高二十一點五公分，寬十二點八公分。不著編輯人姓氏。此本僅存十一種，二十四卷，有「傳是樓」印。按《傳是樓書目》史部有《國朝典故》三十卷，三十本，不知是否即此本之殘存者？

除了北京地區，現在僅知山西祁縣圖書館珍藏《昌黎先生集考異》十卷，蘇州市圖書館收藏《杜陵詩史》三十二卷二書，爲徐乾學舊藏宋槧。分述於下：

（1）昌黎先生集考異十卷　宋・朱熹撰　宋・張洽校刊本
版框高二十二點九公分，寬十六點三公分。每半葉十行，行二十字。左右雙欄。白口，無魚尾，上版口處註明每版大、小字數，版心處書「韓集考異」，次標頁碼，次有刻工姓名。例如卷一首頁下有「潘暉刊」等字。有「乾學」（朱方），「徐健菴」（白方），另有毛晉汲古閣，季振宜的印記。書中第七卷末四頁抄配。

（2）王狀元集百家注編年杜陵詩史三十二卷
據〈蘇州市新發現的宋刻《杜陵詩史》〉一文，知蘇州市圖書館現藏宋刻《杜陵詩史》爲徐乾學舊藏。〔註 159〕此書版框高十九點五公分，寬十三公分。半葉十三行，行二十一字。注文雙行，行二十七字。白口，四周單邊，雙魚尾。版口上記字數，魚尾下刻「六十家杜詩」、「杜詩」等等不一。有「徐健菴」〈白文聯珠小方印〉，及季振宜、華夏、朱大韶、宋犖、劉世珩等印記。劉氏曾將此書影寫翻刻，收入《玉海堂印宋本叢書》。自劉世珩之子公魯死後，是書即散落不知去向，一直到 1975 前後，蘇州市圖書館始由蘇州古舊書店購得。

〔註 158〕同註 157，頁 390。
〔註 159〕蘇州市圖書館撰〈蘇州市新發現的宋刻《杜陵詩史》〉，《文物》1975 年第八期（總二三一期），文物出版社，1975 年出版。

3. 現藏於日本、美國各圖書館者

清代中、後期戰亂紛仍，使得許多藏書故家的藏書流至國外，而徐乾學舊藏之書也是如此。不過，現僅查知藏於日本靜嘉堂文庫及美國國會圖書館者計五種。概述如下：

A. 已知現藏日本靜嘉堂文庫者，有四種

（1）金壺記三卷三冊　宋・釋適之撰

宋刊本。版框高六寸，寬四寸六分。半葉十一行，行二十字。版心記字數及刊工姓名。避宋諱至慎字止。有「乾學」（朱方）、「徐健菴」（白方）印記。由鈐蓋的藏印，可知經錢謙益、徐乾學、馬玉堂遞藏。

（2）唐宋白孔六帖一百卷　唐・白居易，宋孔傳輯　存三十八卷，十九冊，內有鈔配

宋刊本，版框高六寸八分，寬四寸四分。半葉十行，行十七字，小字雙行二十三字。細黑口，左右雙欄，左欄外有書耳記篇名。「傳是樓」（朱文）及徐炯印記「徐仲子」「章仲」「臣炯」等，又有汪士鐘之藏印。

（3）李太白文集三十卷十二冊　唐・李白撰

北宋蜀刊本，半葉十一行，行二十字。左右雙欄，白口，單魚尾，魚尾下記書名。版心有六、七、四、一等字。書中有「崑山徐氏家藏」（朱長方）、「乾學之印」、「健菴」（俱白方）印。另有閬源父、錢南金印、王氏敬美、百宋一廛、湖州陸氏所藏、濟陽蔡氏及靜嘉堂珍藏等印記。此書即《百內一廛賦》中所謂「翰林歌詩，古香溢紙，據染亂真，對此色死」者也。

（4）王右丞文集十卷二冊唐・王維撰

宋麻沙本。半葉十一行，行二十字至二十一字不等。卷中有黃丕烈，季振宜，徐乾學，汪士鐘、陸心源等藏書印。另有顧廣圻及黃丕烈手跋。此書即〈百宋一廛賦〉中所謂「王沿表進，移氣麻沙。秀句半兩，夙假齒牙」者。〔註160〕

B. 已知現藏美國國會圖書館者，有一種

此外，據王重民《中國善本書提要》乾學舊藏者，現藏美國國會圖書館：

（1）馬東田漫稿六卷十二冊（《提要》，頁576）

明嘉靖間刻本。半葉十行，行十七字。框高十七點三公分，高十二點六公分。原題：「東田馬中錫著，沙溪孫緒評，筆山文三畏校」，孫緒署曰「嘉

〔註160〕顧廣圻撰，黃丕烈注《百宋一廛賦注》，台北：廣文書局，民國57年3月初版。

靖丙戌」，爲坊賈改爲嘉定，卷內又有「崑山徐氏家藏」「健菴」「乾學之
印」等印記，當爲同一書賈所僞作。考《善本書室藏書志》卷三十六，載
是集，亦有此三印，編者亦疑其僞。

　　從上述的討論，可知經徐乾學「發憤購遺書，蒐羅探秘笈。從人鈔借寫，瓶甔
日不給」的辛勤訪購、鈔錄，其傳是樓藏書之富漸爲人所稱羨，號稱「甲於當代」。
然而，也隨著徐乾學逝世，傳是樓藏書隨即散佚，流落於各方，當日盛況恰如灰飛
煙滅。今整理清代藏書家書志及各圖書館書目，從徐氏藏書來源之廣，想見其蒐羅
的艱辛，而嘆其後人之未能守成；而現在猶能從各類記載，釐出其藏書之流傳與現
藏概況，或是感嘆中尙可稱幸之事。

第四章　徐乾學的藏書目錄 ——《傳是樓書目》及《傳是樓宋元版書目》

　　上一章第二節，論徐乾學藏書之整理與利用時，曾提到徐氏將其藏書編成《傳是樓書目》、《傳是樓宋元版書目》，一方面便於核對、查檢，另一方面，也供人即目求書。今傳是樓藏書已隨傳是樓之毀，而流散佚失；現存於各地的徐氏藏書，亦僅足憑弔往日盛事。因此，這兩種書目繼起的功能是：讓後人略見徐乾學傳是樓藏書的內容與特色。不過，此二書目相當簡略，於目錄學上並無特殊貢獻，較不受重視；加上自其編成目錄後，均是遞相傳鈔，直至清末民初，才有印本出現，其分類已有混淆、錯誤產生，二書目也就更不引人注意。今雖未能復其原貌，然試由知見各版本的介紹與比較，釐清一些問題，並將《傳是樓書目》與清初幾種藏書家目錄比較，給予較公允的評價。

第一節　分類體例及藏書之統計

　　《傳是樓書目》及《傳是樓宋元版書目》究竟成於何時，現已無法考知。不過，從徐乾學家譜記載徐氏：

> 中年卜居西塘之冠山堂。平生喜讀書，購得萬餘卷，於宅後新園築傳是樓以藏之。〔註1〕

與徐乾學作〈葉石君傳〉云：

> 予亦有聚書之癖，半生所得度之一樓，曰傳是樓。然較之諸家所藏，多有

〔註1〕見日本東洋文庫現藏《徐乾學家譜零本》。

目無書，殊足憾也。〔註2〕

二則合看，則書目當在建樓前後，而於葉石君（樹廉）卒之前已編成，惜今未能考得葉氏卒年，否則即可爲書目之編訂出下限。所以，此節所要討論的是二書目之分類體例，並試從書目的著錄，探究徐乾學藏書之大略與其特色。

一、《傳是樓宋元版書目》、《傳是樓書目》之分類體例

（一）《傳是樓宋元版書目》用《文淵閣書目》例，以千字文分格

自明代中葉以來，藏書家重宋元舊刻已相習成風。清初，此風更盛。除了錢謙益、季振宜倡之於前，毛扆撰《汲古閣珍藏秘本書目》、錢曾《讀書敏求記》更將所藏善本編成目錄。〔註3〕至於，專以宋元版爲目錄之名，就今所知以徐乾學《傳是樓宋元版書目》爲最早。葉德輝《書林清話》卷一〈古今藏書家紀版本〉云：

> 國初季振宜季滄葦書目、錢曾述古堂藏書目，卷首均別爲宋版書目。徐乾學傳是樓宋元版書目，至以專名屬之。顧不詳其刻於何地何時，猶是抔飲汙尊之意。〔註4〕

可見《傳是樓宋元版書目》之宋元版爲書目名稱，在清初實爲首舉。不過關於《傳是樓宋元版書目》，黃丕烈《蕘圃藏書題識》一，〈傳是樓宋版書目一卷〉附有題識云：

> 傳是樓書目襃然大帙，約有數本。茲題崑山徐氏傳是樓宋版書目，未知即是小樓書目否，蓋聞小樓書目專在宋版也。茲本亦從古泉館借來，原與延令季氏宋版書目，江陰李氏得月樓書目摘錄合裝，題曰三家宋版書目。〔註5〕

爲現今所知論及《傳是樓宋元版書目》最早的記載。其中僅略談其流傳，而未觸及分類問題。直到劉喜海〈傳是樓書目跋〉始得其分類情形：

> 是年冬日，……寫得傳自（筆者案「自」應爲「是」之誤）樓宋元版書目一冊。逾年返都門，又于葉氏東卿平安館藏舊鈔本借歸細校。其分類以千字文分格，與宋元版書目同，蓋用明文淵閣書目例也。〔註6〕

知《傳是樓宋元版書目》蓋採用楊士奇《文淵閣書目》之例，以千字文分格。

〔註2〕《憺園文集》卷三十四，頁9。
〔註3〕此處採呂紹虞《中國目錄學史稿》的說法，見該書頁159。
〔註4〕卷一，頁6。
〔註5〕黃丕烈撰《蕘圃藏書題識》一，頁245～246。
〔註6〕劉氏跋語，引錄自朱偰撰〈國立中山大學圖書館善本書跋〉，《文史學研究所月刊》第二卷第五期，頁147。

　　清光緒十一年吳丙湘《傳硯齋叢書》、宣統二年羅振玉《玉簡齋叢書》相繼刊刻
《傳是樓宋元版書目》，使後人終得其面目。今就所見，略敘其分類與著錄體例。

　　分類：仿《文淵閣書目》，以千字文分格編號。每一字再分爲四格。以「天」爲
例，分別爲「天字格」、「天字二格」、「天字三格」、「天字下格」。不過，《文淵閣書
目》分爲三十七個門類編次。此目則僅以上述之法分格，然以書目看，可明顯見其
乃按經、史、子、集四部排列，而未標出類名。

　　著錄：此目的著錄方式，先書名，次卷數，次作者或撰注疏者，次記冊數，最
下註明版本之別──只註明「宋版」或「元版」。部份的書，在冊數下另註明「新入」
等字。〔註7〕

　　從上述分類、著錄兩項，可知此目相當簡略；且從「新入」等字看，此目之所
以採千字文分格，或許原來就不是編撰成目錄專書，而是存記宋元版冊籍的總帳，
原意僅在供查檢之用，相當明顯。

（二）《傳是樓書目》之分類與體例仿焦竑《國史經籍志》

　　關於《傳是樓書目》，徐乾學自己提到的，只有上述〈葉石君傳〉裡「較之諸家
所藏，多有目無書」，餘則毫無線索可循。就現今所見，當以劉喜海最先論及此書之
分類體例，劉氏有〈傳是樓書目跋〉數則，其一云：

> 道光丙戌，借得北平謝氏珊崎所藏查氏隱書樓鈔本，過錄對勘，所載所佚，
> 與畢本同；惟查本以焦弱侯國史經籍志體例分隸之，無者亦標其目，而空
> 一行，亦疑其必非原本也。〔註8〕

其二曰：

> 是年冬日，道出武林，訪注小米同年於振綺堂，寫得傳自（筆者案「自」
> 應爲「是」之誤）樓宋元版書目一冊。逾年返都門，又於葉氏東卿平安館
> 藏舊鈔本借歸細校。其分類以千字文分格，與宋元版書目同，蓋用明文淵
> 閣書目例也。所載多至大半，且別集自漢唐迄國初無一闕佚，其爲徐氏當
> 日原本無疑。〔註9〕

二則提到《傳是樓書目》在清嘉慶、道光年間，劉氏所見流傳的鈔本已有兩種分類
方式：一種乃按焦竑《國史經籍志》體例分，另一則用明楊士奇撰《文淵閣書目》，
以千字文分格之例。究竟孰爲徐氏原來編輯書目的原貌？劉氏在跋中認爲用《文淵

〔註7〕　例如《元本毛詩舉要圖》四本、《元本春秋胡傳三十卷》、《宋本禮部韻略五卷》五本
　　　　諸書之下，均有「新入」等字。

〔註8〕　同註6。

〔註9〕　同註6。

閣書目》例者爲原本，但筆者卻以爲依焦竑《國史經籍志》者，才是原來分類情形，而千字文分格乃是分櫥置放，爲檢核、查閱方便，故以千字文編號。筆者所據理由如下有二：

1. 據汪琬撰〈傳是樓記〉云：

> 貯書若干萬卷，區爲經、史、子、集四種，經則傳注、義疏之書附焉，史則目錄、家乘、山經、埜史之附焉，子則附以卜筮、醫藥之書，集則附以樂府詩餘之書，凡爲櫥者七十有二。〔註10〕

明言徐氏傳是樓中的藏書，是依經、史、子、集四部分類。而且，現今所見台灣公藏之《傳是樓書目》五種，全部均採四部分類法。其中三種採焦竑國史經籍志三級分類，類名、順序稍有差異；另二種採四部二級分類，各小類名則與焦志相同。與汪氏說法符合。至於《傳是樓宋元版書目》以千字文分格，僅以「某字某櫥」作爲各櫥的標識，根本沒有所謂的「分類」。劉氏忽視汪琬與徐乾學同時代，且此文乃專爲傳是樓作的事實，反而逕以一鈔本論定，實在稍嫌武斷。

2. 徐乾學於〈葉石君傳〉云其傳是樓相藏書「較之諸家，多有目無書」。《茶餘客話》卷六〈傳是樓書目〉一則，曾引述此傳而推論曰：

> 觀此，則所云傳是樓書目，殆未實有書耶？〔註11〕

即是將徐氏所言之「目」，解釋成「書目」；但劉氏跋語曾提到查氏隱書樓鈔本，以焦弱侯國史經籍志體例分隸之，無者亦標其目，而空一行。據今見《傳是樓書目》中，三種略依《焦志》分類者，也有僅標類目而實際上無書的情形。則徐氏所謂「有目無書」，「目」當指「類目」。也就是：《傳是樓書目》可能是在徐氏藏書達到某個數量時，已訂好分類架構，將書歸入各類，無書者則留類名，空出位置以備新書入藏。至於，其預設的架構，當是以焦竑《國史經籍志》爲準而稍微加以調整。

不過，尋繹劉氏「以千字文分格」一詞，配合王存善〈傳是樓書目序〉所載：

> 存善幸從張菊生京卿假得馬氏玉堂鈔藏殘本，其以千文分格與葉謝同，而自漢至明初之別集，則巋然獨存，且書下有注明……。〔註12〕

王氏言其借得之馬玉堂鈔藏殘本，亦以千字文分格，而今馬氏鈔殘本，附見於王氏印本後，其分類仍是按四部二級分類，卻不見千字文分格之迹。筆者據此與上述宋元版書目的情形推論：當日之《傳是樓書目》，或許亦如宋元版書目以千字文標定櫥號、分格，實際書乃採四部分類排列。只不過，《傳是樓書目》所載數量極多，故依

〔註10〕見王存善印本《傳是樓書目》卷首附。
〔註11〕阮葵生撰《茶餘客話》卷十六，頁494，〈傳是樓書目〉條。
〔註12〕同註10。

《焦志》採四部三級分類法，並標出類目；而《傳是樓宋元版書目》所載數目有限，即不另標目分類，直接以櫥號代替。至於何以有四部三級、四部二級兩種分類法出現，則是傳抄之誤所致。下節比對知見版本時，再作較深入的推論。

此目分類既明，次論其著錄體例。其著錄順序與宋元版相同：先書名，次卷數，次作者或注疏者，次爲冊數。鈔本則於冊數下，註明爲鈔本。大部份的書未標明版本，僅有少部份書下簡略地記錄版本種類，如「世德堂版」等。〔註13〕

爲了能讓人清楚地看出《傳是樓書目》確實承襲焦竑《國史經籍志》的分類法，茲將《焦志》與《傳是樓書目》二種版本，繪成圖表，以便對照其異同。（參見表一）

二、傳是樓藏書的統計

徐乾學傳是樓藏書究竟有多少，歷來有不同的記載。如《徐乾學家譜》，敘述徐氏「平生喜讀書，購得萬餘卷，於宅後新園築傳是樓以藏之」〔註14〕與韓菼所撰〈行狀〉，記載徐乾學「坐擁萬餘卷，傳是樓中晨夕讎比」大致相同。但汪琬〈傳是樓記〉則云徐氏「貯書若干萬卷」不同於前二則記載。今即以現傳之《傳是樓書目》、《傳是樓宋元版書目》所列作一統計，並試就統計數字，略見徐氏藏書之特色。

徐乾學將藏書編成兩種書目，而且他自己並沒有說明著錄的原則。因此，首先似乎需要檢視《傳是樓書目》與《傳是樓宋元版書目》有無重複之處，亦即對照二書目，查檢是否有一書而同見於二目的情形。然而，一則二書目著錄方式都很簡略；再則二書均是經過兩百多年的傳鈔，於清末民初才有刊本，鈔錄時往往有撝誤、闕漏，若逕就現今所見鈔本比較的結果論定，似乎過於武斷。所以，此處姑將二目著錄，視爲無重複的情形，也就是計算總數時是兩者相加。

（一）《傳是樓宋元書目》著錄宋元本書四百四十二種

光緒十一年，吳丙湘刊刻《傳硯齋叢書》，收錄徐乾學《傳是樓宋元版書目》，此書始有刊本。今即據此統計徐氏藏宋元本的概略情形。

此目中，現有天、地、玄、黃、宇、宙、洪、荒八字，一字四格，共三十二格。其分置情形與總數爲：

1. 「天字四格」與「地字格」所著錄者，除了「地字格」末三種爲史部之書，其餘均爲經部的著作。另外，「宙字下格」〔註15〕著錄《元本禮部韻略五卷》至《宋

〔註13〕如故宮今藏鮑氏知不足齋鈔本，於《晉人五注抄一卷》一本，下註「世德堂版」；經部易類《周易本義》十二卷四本，下註「吳革本」等，詳見各鈔本的介紹部份。

〔註14〕見東洋文庫現藏之《徐乾學家譜零本》。

〔註15〕《傳是樓宋元板書目》中，各格大略依經、史、子、集四部順序排列，唯有「宙字

本張丘建算經三卷》等七種亦爲經部之列，應合併計算。經部總計有九十四種，包括宋本五十二種，宋抄本一種，宋本元印一種，僞宋本三種，元本三十六種，版本不明者一種。

2.「地字二格」起，與玄、黃二字八格，加上「宙字下格」《宋本史記一百三十卷》等十種，荒字第三、四格四種，均爲史部著作。計有史部著作一〇三種，宋本七十種，元本二十五種，宋本明印者二種，元本明印一種，版本不明或註爲雜本、小本者五種。

3.「宇字四格」與宙字前二格爲子部之書。計子部著作一〇九種，含宋本七十七種，元本二十八種，僞宋本一種，不知版本者三種。

4.「宙字三格」、洪字四格與荒字前二格，則爲集部。計有集部著作一三六種，含宋本一〇六種，元本二十八種，不明版本二種。

總計此目共著錄四百四十二種，包括宋本三〇五種，元本一一七種及其餘版本二十種。最後尚有顧維岳檢出之僞宋元本書十三部。

從上述統計數字看，藏書中四部的比例相差不大，而以集部種類最多。不過，若仔細分析，則通鑑類二十八種比例最高，或與徐乾學編纂《資治通鑑後編》有關。春秋類二十七種，韓柳文二十種，爲比例次高的兩種，則或當日二類流傳較廣之故。

據徐乾學後裔徐衡云：

> 試以竹垞翁一家之言徵之，如太平寰宇記、元豐九域志、淳熙三山志、播芳文萃大全、北窗炙課皆所稱傳是樓精校宋本也，而此錄悉未載，即全目亦無之。〔註16〕

足見此目所載宋元本書，尚不是徐乾學當日所藏之原貌。黃丕烈標榜百宋一廛，而就今所知徐氏藏書中已有三百零五種爲宋本，可見徐乾學蒐羅宋元舊本之勤。以上各則所論，爲求清晰明白，另立一表，請照參看。（見表二）

（二）《傳是樓書目》著錄徐氏藏書七千六百五十六種

徐乾學傳是樓經藏的典籍，總數究竟多少，已無法考知。傳世的鈔本，又因遞相傳鈔之間，有所誤漏，總數亦有不同。王存善之印本最晚出，又合劉喜海鈔本和馬玉堂鈔本，故此處即以這種版本著錄爲據，並以中圖藏鈔本《傳是樓書目》做爲對照之用。

王存善本著錄之書，經部共有一〇五四種，其中以易類一八七種數量最多，春

下格」，包括了集、經、史的書，且未序排列，不知其因。
〔註16〕傳硯齋叢書本《傳是樓宋元板書目書目》收錄，另朱琰撰〈國立中山大學圖書館善本書跋〉也引錄徐衡此跋。

秋類一三九種、禮記一一五種，經總解一○四種次之；而以孟子一類最少，只有九種。〔註17〕

　　史部計有一四四八種，傳記類（包括「傳記者舊」至「祥異」等）共有二七七種，雜史類二六四種，二類所占比例爲史部的百分之三十七點四。而這其中有半數以上，是關於明代的各類史科。此二類數量之多，當與徐乾學之參與明史編纂有關。另外，方輿、河海、志乘三類均爲地理類之書，其總數達三一七種，占史部比例二十一點九，則其開洞庭書局修一統志時，參考舊著之眾，約略可見。又編年著作九十種，其中一半爲通鑑之書，與前面討論《傳是樓宋元版書目》的情形合看，則可知徐乾學對於通鑑之學頗爲重視。

　　子部共一九四○種，小說家四四八種，占子部的百分之二十三點一，比例極高。但若細究，可發現列於此類者，多屬世說新語之流和筆記小說。至於傳奇與話本小說則絕無僅有，可見徐乾學仍未突破「敦崇風教，釐正典籍」的衛道觀念。其次爲儒家三百八十二種，占百分之十九點七，正可印證前述的推論。在子部中，墨、名二家合計僅四種，比例最低，則因春秋戰國之後，二家學說已無人承繼，著述僅限於先秦之故。

　　集部，王存善本計二七九四種，但總集闕佚，故就中圖藏鈔本著錄之總文集及總詩集四二○種補入，共計三二一四種。別集類二千五百四十八種，比例高達百分之七十九點二。其中以明代詩文集最多，而且亦著錄當代的作品，似可見徐氏藏書態度是「不薄今人愛古人」。

　　總計各類，王存善本著錄之書爲七二三六種，加上中圖藏鈔本總集類四二○種，共爲七六五六種。雖然，這一個統計數字，可能不是徐乾學傳是樓藏書的原貌；不過，卻也借此能一窺其概略情況。關於各本著錄數目不一，此處以王存善本與中圖藏鈔本二種爲例，試將二種版本所著錄各類之詳細數目列出，供較精細的比對，請參見表三。

第二節　知見版本介紹與比較

　　《傳是樓書目》、《傳是樓宋元版書目》二書，自徐乾學編成後，並未刊刻行世。清代二百多年中，二書在諸家輾轉傳鈔下，類目之間已漸混淆，著錄之書亦隨鈔本不同而有多寡之分。此節即將重心放在二書之版本，已知未見者簡單述之；

〔註17〕中圖藏鈔本與史語所藏鈔本，「孟子」一類則有十五種，較王存善本多六種。

已見者則詳細核對、查檢以見其異同，並由比較中，試著尋出幾種版本彼此間的傳鈔關係。

一、《傳是樓書目》與《傳是樓宋元版書目》知見版本

（一）《傳是樓宋元版書目》的版本

　　徐氏《傳是樓宋元版書目》，清代僅有數種書志提及，今就已知者，條列於後。若該版本需加說明，則附於該條之後。另將《傳是樓宋元版書目》知見版本，列爲一表，以便於查閱。（表四）

　　1. 黃丕烈藏鈔本傳是樓宋版書目一卷附錄一卷（《蕘圃藏書題識》一，頁 245 ～246）

　　2. 古泉館藏鈔本傳是樓宋版書目（同上）

案：黃氏跋云「茲本亦從古泉館借來，原與延令季氏宋版書目，江陰李氏得月樓書目摘錄合裝，題曰三家宋版書目。余因延令季氏宋版書目先有鈔本，故第錄兩家，命閽人張泰手鈔。張泰曾在京師傭，故字跡頗不惡」則古泉館原藏有此書，且與其他二書目合裝。不過，其名曰「宋版書目」，不知是否與今之宋元版書目同一源流。

又案：瞿中溶有《古泉山館舊書跋殘稿》，黃氏所云即瞿氏古泉山館藏本。

　　3. 丁丙藏抄本傳是樓宋元版書目一卷（清丁丙《八千卷樓書目》，卷九目錄類）

　　4. 江蘇省立國學圖書館藏鈔本（案本書有「樨香館范氏藏書」一印）

案：此本當即是丁氏藏鈔本。

　　5. 清光緒十一年併徵吳丙湘刻傳硯齋叢書（《中國歷代書目總錄》）

　　6. 清宣統二年上虞羅振玉刻玉簡齋叢書本（同前）

　　7. 民國羅氏重編印玉簡齋叢書二集本（同前）

　　8. 汪氏振綺堂藏鈔本傳是樓宋元本書目一冊（王存善本附劉喜海跋語）

案：劉喜海跋曰：「是年道出武林，訪汪小米同年于振綺堂，寫得傳是樓宋元版書目一冊」，則汪氏振綺堂應藏有此書。

　　汪小米，即汪遠孫，爲清乾隆間藏書大家汪憲的曾孫。因汪氏振綺堂數代均性耽蓄書。此抄本無法確定爲何時鈔錄，故僅冠上「汪氏振綺堂」。〔註18〕

　　9. 劉喜海鈔本傳是樓宋元版書目一卷一冊（《北京圖書館古籍善本書目》第二冊，書號二八〇八）

〔註18〕此據《中國藏書家考略》，頁 45 後。

案：此爲清道光六年劉氏味經書屋鈔本，半葉十行，細黑口，左右雙邊。現藏北京
　　圖書館。

　　10. 傳是樓宋元本書目一冊（朱倓撰〈徐氏鈔本傳是樓書目跋〉國立中山大學
　　　　圖書館善本書跋之一，《文史學研究所月刊》第二卷第五期，頁 147 起）

案：朱倓云此書爲「其後人壺園主人由東武劉喜海本傳鈔，每冊有徐氏傳是樓印白
　　文方長印，及徐氏聖秋白文方印，書簽均題崑山徐氏。」則此抄本或當爲傳硯
　　齋叢書本所據之底本。此書民國 33 年，朱倓撰此跋時，藏於國立中山大學，現
　　不知其下落。

（二）《傳是樓書目》知見版本介紹

　　《傳是樓書目》因傳鈔本較多，且台灣地區各圖書館尚藏有四種鈔本及王存善
印本，所以現分成兩部份敘述：一爲已知未見者，一爲已見台灣公藏之五種版本。
前者僅列鈔藏者，如需說明，則加按語；後者則詳述分類及版式行款等項。除了文
字的敘述之外，亦將《傳是樓書目》知見版本製成一表，利於查檢。（表五）

　　1. 《傳是樓書目》已知未見版本介紹

（1）葉氏平安館藏舊鈔本傳是樓書目（王存善本附劉喜海跋）

　案：朱倓撰〈徐氏傳是樓書目跋〉引錄劉氏跋，曰：

　　　逾年返都門，又于葉氏東卿平安館藏舊鈔本，借歸細校。其分類以千字文
　　　分格，與宋版書目同。

王存善本引錄劉氏跋云：

　　　道光丁亥七月七夕日，偶訪葉東卿于平安館，借得傳是樓書目。

可知葉氏平安館曾藏傳是樓書目鈔本一部

（2）查氏隱書樓抄本傳是樓書目（王存善本附劉喜海跋）

　案：王存善本載，劉氏跋云：

　　　道光丙戌夏日，得北平謝氏所藏隱書樓舊鈔本。

而朱倓撰〈徐氏傳是樓書目跋〉，所引錄之劉氏跋則曰：

　　　道光丙戌，借得北平謝氏珊嶠所藏查氏隱書樓抄本。

兩則所載相近而不相同，不過卻可由此確定謝珊嶠曾藏查氏隱書樓鈔本傳是樓書目。

（3）孫星衍問字堂藏鈔本傳是樓書目（王存善本附劉喜海跋）

　案：王存善本引錄劉喜海跋云：

　　　嘉慶戊寅醉司命日得此書於萬卷堂，爲孫馮翼藏本。

而朱倓撰〈徐氏傳是樓書目跋〉，所引錄對劉氏跋文則曰：

嘉慶戊寅醉司命日，得徐氏傳是樓書目四冊於都門琉璃廠萬卷書林，爲涿郡孫氏問字堂所藏。云是畢秋颿先生貽本，分類頗雜亂，別集自明嘉靖始，下皆佚，疑非完本。

（4）馬玉堂抄藏殘本傳是樓書目

王存善本序云：

存善幸從張菊生京卿假得馬氏玉堂鈔藏殘本，其以千字文分格，與葉謝同。而自漢至明初之別集則歸然獨存，且書下有注進士、進東宮及送人等字，書亦較他本爲多，是馬本實最後之足本也。借殘闕僅存三帙矣。

（5）劉喜海藏鈔本傳是樓書目

案：從劉氏跋云：

又于葉氏東卿平安館藏舊鈔本，借歸細校。其分類以千字文分格，與宋版書目同，蓋用明文淵閣書目例也。所載多至大半，且別集自漢唐迄國初無一闕佚，其爲徐氏當日原本無疑。急付鈔胥錄出，裝成六冊，藏之簏中，以爲定本。而以舊藏畢氏查氏兩本別著錄焉，備參考爾。

可知劉氏鈔本當有三種，其所據本即前述第一至第三種。不過，其得於萬卷堂者，當爲劉氏所藏舊鈔本。故劉氏應有鈔本三種，藏舊鈔本一種。《北京圖書館古籍善本書目》著錄，應爲其中二種：

　　A. 傳是樓書目四卷四冊，清道光七年劉氏味經書屋鈔本，劉喜海跋，十行細黑口雙邊。

　　B. 傳是樓書目六卷六冊，清道光八年，同爲劉氏鈔本亦有劉喜海跋，版式亦同，左右雙邊。

（6）舊鈔本傳是樓書目□卷（《邵亭知見傳本書目》三）

案：莫氏並未說明究爲何人鈔本。

（7）丁氏藏藍格鈔本傳是樓書目八卷（見《八千卷樓書目》卷九）

案：此書後爲江蘇省立國學圖書館藏，見《江蘇省立國學圖書館現存書目》。

（8）國立清華大學圖書館藏鈔本傳是樓書目不分卷八冊（《中國歷代書目總錄》，頁369）

（9）北京人文科學研究所藏舊鈔本傳是樓書目（同前）

（10）北京人文科學研究所清守雅堂傳鈔本傳是樓書目（此本附明楊慎撰楊升庵著書目一卷明朱謀㙔撰天寶藏書目錄一卷）（同前）

（11）北平圖書館藏清守雅堂傳鈔本傳是樓書目五冊（同前）

（12）北平圖書館藏鈔本傳是樓書目一冊（同前）

（13）鈔本傳是樓書目六卷六冊（《北京圖書館古籍善本書目》第二冊著錄）

　　書目著錄：此書半葉十行，小字，雙紅格，紅口，左右雙邊。現藏北京圖書館。

（14）清陸香圃三間草堂鈔本傳是樓書目六卷六冊（同前）

　　書目著錄：此書半葉十行，藍格，藍口，左右雙邊。

　案：據陳乃乾編《室名別號索引》，三間草堂為清蕭山陸芝榮的室名。陸芝榮，字香圃，清蕭山人。富藏書，其藏書處曰寓賞樓。〔註19〕

（15）張鈞衡藏鈔本傳是樓書目四冊〔註20〕

　案：張氏云「徐健菴所藏，缺別集周至明，存嘉靖以下，並缺總集及詩文評。」另引劉氏手跋，則當為劉氏鈔本之一。

　2. 《傳是樓書目》已見版本介紹

（1）中圖藍格精鈔本傳是樓書目不分卷六冊

　　此書原為東北大學藏書，今寄藏於中央圖書館。

　　版式：白口，四周單欄，單魚尾。魚尾下記類名，如「子類儒家」。版匡高二十點七公分，寬十四點五公分。半葉十行，字數不一。

　　印記：書冊表皮有「椹鮮珍弄」（墨筆）及「昔光」（朱橢圓印）每類首葉有「乾之鈐藏善本」（朱方）及「國立中央圖書館保存」的印記。

　著錄、分類特色

　　A. 每書先書名，次書之卷數，次作者（或無），次記本數。但別集類則是先作者，次書名等項。

　　B. 採四部三級分類，即分經、史、子、集四部，次分五十類目，在類目下分若干子目，分類次序與類目名稱多與焦竑《國史經籍志》相同。

　　C. 每部、每類目下均先標明所屬小類名，亦同《國史經籍志》例。然與實際分類次序略有不符，且部份類目下並無藏書，即徐乾學所言之「有目無書」。

　以經部書類為例

　　書類類目次序為伏生今文、孔壁古文、石經、章句、傳、注、音、集注、義疏、問難、訓說、圖譜、逸書、緯、續書十五類。

　　但實際次序為伏生今文、孔壁古文、石經、章句、傳、注、集注、問難、訓說、圖譜、音、逸書、緯、續書十四類。次序不同，且去「義疏」一目，另「緯」、「續書」有目無書。

〔註19〕同註18，頁 101 前。

〔註20〕見張鈞衡撰《適園藏書志》卷五，頁 264～265。

D. 經史之部在分述各類之前有標明版本者。例：經部十三經注疏，包括監本，北監本，汲古閣版，本朝版，內府版，東陵版等。

E. 部份書下註簡略之版本名稱。例：

太元經解又十卷下記「萬玉堂版」；説苑二十卷三本註「内版」等。

（2）知不足齋抄本傳是樓書目不分卷六冊

此書原藏國立北平圖書館，現寄存於故宮博物院。

版式：花口，左右雙欄，無魚尾。版口上有「傳是樓書目卷」等字樣，下記「知不足齋正本」，半葉十行，每行字數不等。匡高十九點一公分，寬十三點五公分。

印記：有「國立北平圖書館收藏」（朱方，首葉及卷末）、「宣城李氏瞿硎石室圖書印記」（朱長方，同前）、「拜經樓吳氏藏書」（朱方，同前），另有三印記其一為「李」（朱圓印，同前），另二白文印記，印文不清楚。又每類首葉，均有「宛陵李之郇藏書印」（朱長方，每類頁首）各冊均有朱筆校定，不知出自何人之手。另第四冊末（子類末）有朱筆「乾隆壬辰二月初二，繡溪寓廬寫完」

分類與著錄體例

A. 著錄先書名，次卷數，次作者，次本（冊）數。別集類著錄方式與中圖藏鈔本相同。

B. 分類依焦竑《國史經籍志》，亦是採四部三級分類法，與中圖藏鈔本格式相同，而有差異。

C. 此書以朱筆訂補處頗多，例如集部：

別集類，「三國」這一子目中，補上「諸葛武侯集十六卷二本」。「晉」子目中《石崇金谷集》一卷下註明「見後，原本刪去」等。於《箋注陶淵明集十卷》後補「又十卷，四本，舊版」。

奏表一類，將「《「歷」朝奏議》六卷」改為「《「熙」朝奏議》六卷」。另於《玉堂漫筆》一卷下註云「再見，前作三卷」，在《蜀都雜抄》一卷、《耄餘雜識》一卷、《西堂日記》一卷等書下，均以朱筆註曰「再見」。

D. 此鈔本有些地方並不是分類處，卻留下空白，或許乃是鮑氏時所據原本其行格如此。

E. 集類部份書名下註版本及來源，以別集與子部為例：

a. 《注釋音辨柳集》四十七卷，下註「並舊版」；《柳州集》五十一卷劉禹錫編註「舊版」；《柳宗元四集》十三卷，下註「高麗板」；《朱文公校昌

黎集》五十卷六本，下註「葛板」；杜牧《樊川集續別集》，下註「宋板」；
元姚燧《牧菴集》註「陳光宰手抄」；邵雍《伊川擊壤集》十卷四本，
註「內版」；《文章軌範》七卷二本，下註「新入元板」；《晉人五注抄》
一卷一本，下註「世德堂本」等。

b. 《應氏類編西漢文》二十卷八本，下註「新入，失十九、二十」。林大
□《愧瘄集》八卷，下註「一名二山集」。《陶淵明集》八卷三本，下註
「季書」。《皇明經世編》五八○卷六十四本，註「新入，係泰興書」。

c. 子部儒家《揚子法言》十卷三本，下註「硃圈」；《列子沖虛至德眞經》
二卷一本，下註「硃批」；《友會叢談》三卷，註「合訂瑯環記內」；而
於《瑯環記》三卷下註「合訂友會叢談內」。

案：民國 20 年 9 月 19 日，《國立北平圖書館水災籌賑圖書展覽會目錄》頁 70，
載：「傳是樓書目六冊，徐乾學撰，鮑以文手寫本，拜經樓藏書」，此書時爲
蕭山朱翼盦幼屛先生藏書。當即故宮今藏之鮑氏抄本，而模糊不能辨之藏章
或爲朱氏的印記。

（3）故宮藏舊抄本《傳是樓書目》三冊
此書原藏北平圖書館，現今寄存故宮博物院。
版式：半葉八行，每行字數不一。（實際上，此書並無版式可言，僅就白紙抄
　　　錄一般半葉多鈔錄八行，故定爲半葉八行）
印記：有「延古堂李氏珍藏」（白文橢圓印）、「璜川吳氏收藏圖書」（朱方）及
　　　「國立北平圖書館收藏」（朱方）三個印章。

分類體例
A. 分類按照經史子集四部，但僅採二級分類，與王存善本相近，卻不完全相
同。不過，各類類目仍與《焦志》相同，多爲去類目名，而將第三級子目
散爲第二級類目。
B. 著錄先書名，次卷數，次作者或注釋者，次冊數。
C. 書之排列以朝代爲序，但同時代者，卻不一定按其先後排列。另外，此書
於清初人物多入明代，如錢謙益、毛晉、徐開弘、吳偉業等均如此處理。
D. 著錄之書若爲鈔本，多加標明。

（4）史語所《傳是樓書目》四卷附《楊升庵著書目》一卷及《天寶藏書目錄》一卷
二冊
版式：黑口，雙魚尾，魚尾下記書名、卷次（《傳是樓書目》弓一）及頁碼，
　　　四周雙欄。半葉十行，行二十至二十二字不等。

印記：「誦芬館珍藏印」（朱長方，序）、「傅斯年圖書館」（卷一，朱長方）、「史語所收藏珍本圖書記」、（朱長方，卷一）、「東方文化事業總委員會所藏圖書印」（朱方，卷首）、「東方文化事業總委員會所藏圖書印」（白方，卷末），另於書首寫有「甲子年棱伽山民觀」（墨筆）。

分類與著錄體例

A. 先註明作者，次書名，次卷數，次作者或注疏者，次冊數。別集類著錄次序同鮑氏鈔本與中圖藏鈔本。

B. 分類為四部三級分類法，亦仿焦竑《國史經籍志》。至於其著錄、分類特色，與中圖、鮑氏鈔本相似而有差異，詳見版本比較。

C. 如同中圖鈔本與鮑氏鈔本一般，此書在經部前也列有十三經注疏各種版本，但僅述其總冊數，而未詳列各書書名及冊數，亦未給予「經總類」的類名。

D. 每部、每類目下均先標明所屬小類名，亦同《國史經籍志》例。然與實際分類次序略有不符，不過，對「有目無書」的情形，處理方式不一，有的刪去，有的保留。例如：易類下分十五類，「音」一目無書，仍鈔出子目名稱，而於譜、章句等子目，則逕自刪去。

E. 少數書名下，簡略註明版本。列舉如下：

易解十弖（卷）下有「沈士龍、胡震亨刻」。

春秋經傳集三十弖下有「杜預注、錢謙益批」等字。

六書故三十三弖戴侗十二本

又十二弖五本，「按趙琦美曰閣本錄，只此弖」

杜牧樊川集續別集下註「宋板」

宋孫覿鴻慶集十四弖又十卷「泰定甲子年刊」

元姚燧牧菴集弖二本註「陳光宰手抄」

案：此書前附有汪琬撰傳是樓藏書記。書後（《天寶藏書目》後）附有徐釚識語。從徐釚識語可知此鈔本之源流。將於稍後比較各本時，予以引錄。

又案：民國 27 年北京人文科學研究所藏書目錄曾著錄「傳是樓書目四卷附明楊升庵著書目一卷天寶藏書目錄一卷，清徐乾學藏，書目楊慎撰，目錄朱謀瑋撰，舊鈔本，一函二冊」〔註21〕與此書符合。則史語所今藏鈔本，當即北京人文科學研究所所載錄。

（5）民國 4 年王存善鉛印本（二徐書目）

〔註21〕見《北京人文科學研究所藏書目錄》，史部，頁 130。

　　此書因時代較近，流傳較廣，茲以東海大學藏本為例，明其版本各項與分類著錄的情形，至於他處所藏此本僅以註釋說明。

　　版式：花口，單魚尾，四周單欄。版口處記書名「傳是樓書目」，魚尾下記各部部名及頁碼。半葉十二行，每行字數不一。

　　印記

　　A、王本原有之印記，此當為劉喜海原本所有。如：「文正曾孫」「劉印喜海」「燕庭」「無心口人」「嘉蔭簃藏書印」等。

　　B、東海藏本遞藏者印記：「趙錄綽」（白方，劉喜海跋，集部首葉）、「小倉弘毅遺書」（朱長方，經部首葉）、「孝孟攷定金石圖籍」（朱長方，經部首葉）、「孝孟手校」（朱方，史部首葉）、「錄綽校讀」（朱方，子部首葉）及東海大學藏印兩枚。

分類與著錄體例

　　A、著錄先作者時代，次作者姓名，次卷數，次冊數。若為鈔本，則於冊數上加「鈔」字。但馬氏鈔本部份，則先書名次卷數，次作者，次冊數。

　　B、採四部二級分類法，然其分類次序與類目名稱仍與《焦志》相近，乃散《焦志》第三級子目為第二級類目。分類與故宮藏舊鈔本相近而不相同。

　　C、此本除經部外，史子集三部，均以馬玉堂鈔本補足。

　　D、書前引錄劉喜海跋四則，次王存善序，次為黃宗羲、汪琬、邵長衡等所撰之〈傳是樓記〉。

二、《傳是樓書目》已見版本比較

　　除上述五種鈔本、印本逐條說明後，約略可看這五種版本，分屬兩個系統：一為四部三級分類，一為四部二級分類。前者著錄較詳，後者著錄較略。以下就兩大部份比較台灣公藏《傳是樓書目》鈔本、印本間之異同，並嘗試從中釐出其傳鈔脈絡。而為能收圖文互見之效，此部份也將立一表格，供對照之用。（見表六）

（一）分類及其順序問題

1. 經　類

　　所見者其分類大致依焦竑《國史經籍志》，第二級分類順序為易、書、詩、春秋、禮、樂、孝經、論語、孟子、經總解、小學十一類。關於此類，各本差異較少，分述如下：

　　（1）「經總部」一類，是《傳是樓書目》另立的次級類目，或參照錢謙益《絳

雲樓書目》而立。〔註22〕除了故宮藏舊本無此類，其他四種均列有此類。不過，中圖藏本與鮑氏鈔本有類名，史語所本則僅有書而未立類名。而王存善本雖立有此類，著錄之書卻相當混亂，與「書」、「經總解」糾葛不清。〔註23〕

（2）「禮記」一類的名稱，中圖本、王存善本均作「禮記」；其他三種則作「禮」

（3）大學、中庸二類，王存善本獨立爲第二級類目；但在其他四種，此二類均歸於禮類，而爲第三級類目。〔註24〕另，故宮藏舊鈔本，將孟子一類的書歸入論語類之後，與其他四種不同，當是誤刪類名所致。

（4）「雜著」一類，是王存善本獨有的，其他四種，並無此類名。案此類所著錄之書，於其他鈔本均附於孟子之後，則此類名當是傳鈔過程中所衍生的。

（5）「小學」一類，王存善本以「書」代替。經檢核、對照，知小學類原分爲爾雅、書、數、近世蒙書四子目，則王本顯然是傳鈔中誤去第二級類名，而以第三級類目代替所致。

2. 史　類

鄭鶴聲《中國史部目錄學》，論及《傳是樓書目》史類的分類情形云：

> 案是目共分三十七類，其繁瑣最甚。其間如運曆、實錄皆編年之屬，分而爲三；器用、酒茗、食經、種藝、養養皆食貨之屬，分而爲五；耆舊、孝友、忠烈、名賢、高隱、家傳、列女皆傳記之屬，分而爲七；科第、名號、譜系、家譜皆簿錄之屬，分而爲五；冥異、祥異皆雜記之屬，分而爲二；地志、朝聘、行役、蠻夷皆地理之屬，分而爲四。蓋皆去其總號，散爲子目。……亦史目中之特殊者也。〔註25〕

鄭氏稱《傳是樓書目》史類繁瑣最甚，然按鄭氏所提子目核檢，可知乃是據王存善印本論此書史部之分類。實際上，此書史類仍大致從《焦志》，類目尚爲清晰。造成繁瑣不清的分類，實爲王存善本的謬誤——誤去其總號，散爲子目。也就是王氏本將第二級類目與第三級類目混淆誤置所造成的。鄭氏未多查對不同的版本，僅據王存善本下斷語，似未注意到版本之重要性。不過，此類所分第二級類目已繁，第三級子目亦多，傳鈔之誤以此部最多，且各本差異亦多。

〔註22〕案「經總部」一類，在今見五種《傳是樓書目》中，有三種列有此類，另二種則無。

〔註23〕王存善本「經總部」一類所著錄的書，包含了其他鈔本「經總部」、「經總解」部份。

〔註24〕「大學」、「中庸」二類，於焦竑《國史經籍志》一書未列，但將二類之書著錄於禮類，二戴禮之下。

〔註25〕鄭鶴聲撰《中國史部目錄學》，頁125～128。

（1）「通史」類，故宮藏舊鈔本與王存善本列有此類，其他三種則無。案：此類名於中圖藏等三種鈔本裡，是附於正史之後，為第三級類目。故此當為傳鈔之誤分

（2）「編年」類，故宮藏舊鈔本類名作「編年紀錄」，與其他本不同。

（3）「運曆」類，中圖本入編年類，餘則獨立一類。

（4）「實錄」、「時政」二類，王存善本及故宮藏舊鈔本均獨立一類，其餘三種則入「起居注」。

（5）「賦役」類，王存善本獨立為一類，其他並無此類。案：王存善本以外的四種，無論是第二級或第三級類目，都沒有「賦役」一名。且《焦志》亦無此子目，不知王本為何多此一類。

（6）「食貨」、「傳記」、「地理」三類，王本之誤最甚。前二類，凡原屬第三級子目者，王存善本均散為第二級類目。而於「地理」類，則去此類名，逕將原隸此類之第三級子目，提升為第二級類目。

除了分類上的差別，史類的類名、次序，在所見各本中也有不同之處，請參看表六。

3. 子　類

子類之第二級分類順序，除了儒、道、釋三家各本均置於首三家外，其餘皆略有差異，詳見表六。此處將重心放在分類的差別上。

（1）「天主」類，前四種均在釋家之後，史語所藏鈔本則獨立為一類。

（2）「兵家」類，故宮藏舊鈔本類名作「兵書」，且將隸屬此類之第三級子目散為第二級類目。

（3）「天文家」、「五行家」、「藝術家」，王存善本與故宮藏舊鈔本均將第三級子目，誤為第二級類目。不過，兩本誤分的子目數量、種類不一。

4. 集　類

此類因分類較簡單，誤分衍生的情形也比較少。略述於下：

（1）「制詔」類，王存善本與鮑氏鈔本作此類名；中圖藏鈔本作「詔令」；故宮舊鈔本與史語所藏鈔本則名為「制誥」，莫知其是。

（2）「總集類」，故王存善本闕，故宮藏舊鈔本有，但著錄僅七十二種。另外三種鈔本，則無總集一名，而分為「總文集」及「總詩集」分別著錄。

（3）「詞」與「詩文評」，雖有三種列為類目，但多有目無書。〔註26〕

〔註26〕如中圖藏鈔本《傳是樓書目》，於「詞」與「詩文評」二類，即是有目無書的情形。

（4）「家集」，僅鮑氏鈔本列有此類，其餘皆未另爲一類。案此類並非第三級子目誤分的結果，各本均無，或傳鈔衍生者。

綜上所分析，可知在分類上，鮑氏鈔本、史語所藏鈔本與中圖藏鈔本同屬三級分類，且於分類順序上較一致，當有傳鈔關係；至於，故宮藏舊鈔本與王存善本則爲二級分類，且多將前三種之第三級子目誤散爲第二級類目。不過，從它們的類目及順序，卻可肯定《傳是樓書目》確實沿襲焦竑《國史經籍志》之分類，而稍加變化，然其變化究竟有多少，現尚無法獲得定論。

（二）著錄體例的問題

從前面介紹《傳是樓書目》已見版本中，能知五本著錄詳略不同，而從這些相同和不同裡，也可見其傳鈔的系統。以下分則敘述，並加以辨明。

1. 「有目無書」的處理方式

上一節曾引述徐乾學於〈葉石君傳〉提到「有目無書」的問題。筆者認爲「目」乃指分類的「子目」，即預留子目位置，以備續藏之書可填補進去。中圖舊鈔本、故宮藏鮑以文鈔本及史語所藏鈔本，關於這部份子目的著錄問題，可尋出三者傳鈔脈絡。

三者於各類目下，均先標明所屬的類目或子目名稱；但卻均與實際的順序不符。三種鈔本都出現「有目無書」的情形，但處理方式不一。

中圖藏鈔本對於所謂「有目無書」者，仍舊標類名空出位置。鮑氏鈔本亦標上類名，空出位置，甚至於不是分類處也留有數行空間。部份空白處，鮑氏以朱筆補上所據鈔本未列之書。史語所舊鈔本對這個情形態度不一，有的刪去，有的保留。現以易類爲例：

易類下原分古易、石經、章句、傳註、集注、疏義、論說、例、類例、譜、攷証、音、譜、圖、讖緯十五類。中圖藏本，於無書之子目「章句」、「譜」仍列出；鮑氏鈔本處理方式與中圖所藏同。但史語所藏鈔本「音」一目無書，仍鈔出子目名稱，於「譜」、「章句」等子目，則逕自刪去。

2. 上述三種鈔本，經、史之部在分述各類之前有標明版本者。例如，經類前首列十三經注疏監版，北監版十三經注疏一部一百七十本，汲古閣版十三經註疏一百三十二本，本朝版六經大全，內府版六經一部四十四本，東陵版六經一部三十二本。但中圖藏鈔本與鮑氏鈔本在這些書名前總爲「經總類」，而且於各版本均列出每一書名及本數（冊數）；而史語所藏鈔本僅籠統地說明其版本與總冊數。

3. 三種鈔本均在部份書名下，簡略註明版本，且有相同之處。以別集爲例：

柳宗元四集十三弓下註「高麗本」三本同。

杜牧樊川集續別集下註「宋板」，三本同。

元姚燧牧菴集，弓二本下，註「陳光宰手抄」，三本同。

宋孫覿鴻慶集十二弓又十卷「泰定甲子年刊」，三本同

文章軌範七卷二本下，註「新入元版」，中圖藏本與鮑氏鈔本同。

陶淵明集八卷三本下，註「季書」，同前。

　　諸如此類的例子，尚有許多，此處不另舉。除三本的著錄各項多處相同，可推知三者應有關係。而由史語所藏鈔本所附的徐釚識語可知其流傳源流：

　　往余在三山，適藝初亦至，欲向閩中搜羅曹能始（曹學佺）、徐興公（徐
　　渤）兩家遺書，因出司寇公所藏是樓藏書目錄，囑余友林子吉人校訂。余
　　遂乞吉人代爲傳寫一冊，後附楊升菴所著書及朱鬱儀天寶藏書目錄，不止
　　識人間難購諸書，而吉人所鈔字畫端楷，尤足珍玩。吉人諱佶，侯官人。
　　即手書堯峰文鈔鏤板以傳世者也。康熙乙酉（康熙四十四年，1705）夏五，
　　松風老人徐釚虹亭識。

可見此三者當均是徐釚鈔本的傳鈔本。至於孰先孰後，史語所藏本雖附有徐跋，卻不能確定爲何時的傳鈔本，而鮑氏鈔本時間可確定，當較爲可信。而且，徐乾學原先所編的目錄，部份記有簡略的版刻資料及書的來源。

　　相對於上面的三種鈔本，故宮舊藏鈔本與王存善本在著錄項目上較簡略，且從二者雖將第三級子目散爲第二級類目，其分類總數卻不是採四部三級者之類目總數，可知此二鈔本已無「有目無書」現象，應是在傳鈔中刪去子目。因此，筆者認爲二者所據鈔本時代應較晚。〔註27〕

　　王存善本合劉喜海本與馬玉堂鈔本而成，時間最晚，其序稱：

　　劉本誤字頗多且有極離奇可笑者，其史、子兩部用馬本校正，經部、集部
　　則馬書已佚，又大都《四庫》所未收，更無別本可校。自慚儉陋，與其臆
　　改而轉誤，不若誤而未改，仍是原書面目也。合劉、馬二本，加之羅氏玉
　　簡堂所刻傳是樓宋元本書目，司寇藏書大略具備，祇闕總集一類耳。

據王氏說，似以此本爲最完整且謬誤少；然實際上，王氏著意於著錄書目之多寡，卻未注意其分類上的問題，故分類淆亂。另外，其序中提及馬氏鈔本各書下「有注進上進東宮及送人等字」，核檢此本所補之馬氏鈔本，卻將這些都刪去，此似乎非明智之舉。因此，王存善本在分類及著錄項目上，實去徐乾學原本更遠，然而卻因此書始終未有刊本，王氏本爲首次也是唯一的刊本，流傳較廣。《傳是樓書目》本非極具特色

〔註27〕例如中圖藏鈔本，史類・地理類下分十五子目，而王存善本僅有三子目散爲第二級
　　　　類目，其餘的十二個子目，則去之。

的目錄；王存善本一出，則僅顯示其著錄簡略，分類繁瑣無章，當然益發不受重視了。

第三節　與清初藏書家目錄比較

　　在討論了《傳是樓書目》及《傳是樓宋元版書目》的分類與著錄體例以後，當然需為二書作一定位。然而二書均相當簡略，在中國目錄學史上，能有什麼地位？因此，筆者所持的觀點是在這兩種目錄的時代意義，亦就是檢視這兩種目錄在清初藏書家的目錄中，所擁有的地位是怎樣的？因此，試著藉由與清初藏書家藏書目錄的比較，給予其較公允的定位。另外，也從徐乾學之審定明史藝文志稿，稍見徐乾學在目錄學上的見解，討論其觀念的實踐問題。

一、與清初藏書家目錄的比較

（一）與明後期藏書目錄比較，比上不足，比下有餘

　　昌彼得先生‧潘美月先生《中國目錄學》論元、明兩代之藏書目錄云：

　　　　元、明兩朝可以說是我國目錄學衰微不振的時期，一般整理藏書編目的，
　　　　大多視書目為供檢點的賬簿，不僅沒有產生過能合乎我國目錄學標準體例
　　　　的目錄，能求其類例清晰，部次有條理，已經算得上難能可貴。……但自
　　　　分類而言，卻是一個解放的時代。〔註28〕

可知元明兩代目錄在分類上是相當多樣化的。據《中國目錄學》所論述之明代藏書家目錄來看，明代之官修目錄《文淵閣書目》、《內閣藏書目錄》均不守四部的成規，且部類參差，無甚條理系統。也由於官府帶頭打破四部法的成規，私家編目也多不從四部分類。另一方面，明代藏書家目錄也仍有以四部為分類準則的，〔註29〕在這一系列中，焦竑《國史經籍志》、祁承煠《淡生堂書目》、黃虞稷《千頃堂書目》三者是有關的。昌先生於〈焦竑國史經籍志的評價〉曾云：

　　　　萬曆四十八年山陰祁承煠編淡生堂藏書目錄，清初黃虞稷編千頃堂書目，
　　　　以至乾隆間所修的《四庫總目》，都承用了他的四部三級分類，皆青出於
　　　　藍，後來居上。〔註30〕

即說明二者與《國史經籍志》的承襲關係。而從前面的探討中，得知徐乾學《傳是樓書目》也是承襲焦竑《國史經籍志》的分類法，且幾乎連子目亦未多改易。不過，

〔註28〕昌彼得先生、潘美月先生合著《中國目錄學》，頁173。
〔註29〕同註28，頁178～200所列明代藏書家目錄，依四部分類者就有六家。
〔註30〕昌彼得先生撰〈焦竑國史經籍志的評價〉，見《屈萬里先生七秩榮慶論文集》。

其成績顯然與《淡生堂藏書書目》、《千頃堂書目》無法比較。但是，徐氏決定三級分類方式，當可證其對類例問題的重視。

（二）與清初藏書家目錄比較

昌先生・潘先生合著《中國目錄學》曾論清代之目錄學發展：

> 清代目錄學發展的歷史，我們可以把它區分爲三個時期來看。第一個時期，從清初至乾隆卅八年開設四庫全書館的一百三十年間，是因襲前代的衰敝而孕育新的時期。〔註31〕

錢謙益《絳雲樓書目》〔註32〕、錢曾《述古堂書目》〔註33〕、季振宜《季滄葦藏書目錄》〔註34〕、王聞遠《孝慈堂書目》〔註35〕等，與徐氏《傳是樓書目》，都是在這段「因襲前代的衰敝而孕育新的時期」裡所編定的。所以，試將這些書目略作比較，借此爲《傳是樓書目》作一定位。

錢謙益《絳雲樓書目》四卷，分爲七十二類，有經總、子總、天主教、僞書諸類，爲錢氏新創。集部各類，稍嫌繁冗。此目錄原僅載書名冊數，間冠以作者。康熙中，才由陳景雲補入卷數等項。從其著錄項目，可推知此目原先應只是藏書簿錄，僅供查檢之用，與《傳是樓宋元本書目》的作用相同。《傳是樓書目》著錄先書名，次卷數，次作者，次冊數，並及簡略之版刻記錄的作法，與此目相較，仍屬清晰明白。不過，《傳是樓書目》中，增加「經總部」一類，與此目之「經總」，名稱相近，而查其著錄於此類之書，亦多屬十三經注疏。〔註36〕因此，筆者推測：徐氏增加「經總部」一類，極可能是受《絳雲樓書目》的影響。另《傳是樓書目》於釋家後，附上「天主教」的子目，或亦受此目影響。

錢曾《述古堂書目》四卷，此目分七十八類，分類不守四部成規，《四庫全書總目提要》認爲此目「所列門類瑣碎冗雜，全不師古。其分隸諸書尤舛誤顚倒」，故入存目。〔註37〕至於其著錄方式，則每書記撰人姓氏、書名、卷數、冊數、下間注明抄刻，刻本記宋元版之異，若鈔本也注明不同的鈔本。將《傳是樓書目》與此目比

〔註31〕同註28，頁207。
〔註32〕錢謙益《絳雲樓書目》，據商務印書館叢書集成初編本。（據粵雅堂叢書本影印）
〔註33〕錢曾《述古堂書目》，據商務印書館叢書集成初編本。（據粵雅堂叢書本影印）
〔註34〕季振宜《季滄葦藏書目錄》，據商務印書館叢書集成初編本。（據粵雅堂叢書本影印）
〔註35〕王聞遠《孝慈堂書目》分類的總數與類目名稱，轉引自昌彼得先生、潘美月先生合著《中國目錄學》，頁219～220。
〔註36〕叢書集成初編本作「經總類」，昌彼得先生、潘美月先生合著《中國目錄學》，頁217則作「經總」。
〔註37〕《四庫總目提要》・史部・目錄類存目・〈讀書敏求記四卷〉條，總頁碼1815。

較，可發現二者著錄方式極相近，惟於鈔本部份，徐目簡略而錢目詳；至於二目之分類，則發現錢目的分類不守成規，然分類未能獨創，也不甚精覈。

季振宜《季滄葦藏書目錄》（即《延令宋版書目》一卷）。此書「載宋元版刻以至鈔本幾乎無所漏略」。此目但分兩大部份，前一部份不分類，但略依四部順序排列；後一部份「宋元雜版書」，則分爲經部、史部、古文選、韻書、子書、文集、詩集部、類書、雜部、內典、儒書、醫書、方輿等十三類。〔註 38〕著錄方式依次爲：書名、卷數、冊數、宋元版本之別。從此目來看，其分類雜亂無序，著錄則著重在版本之別。

王聞遠《孝慈堂書目》分爲八十五類，觀其類目名稱，多爲焦竑《國史經籍志》之類目或子目名稱。然因全散爲同級類目，顯得繁雜無序。使得分類上有「鉅細不齊，廣窄同觀，或異學而同類，或學同而類分」〔註 39〕的缺陷，由此可知王氏仍承襲明代藏書家目錄，隨意立目，不重類例的遺風。

綜上幾種清初書目之敘述，可知徐乾學《傳是樓書目》雖大部承襲《焦志》分類，著錄亦不夠詳盡，與標準目錄書體制，實相去甚遠。然而，在清初這段時期裡，諸藏書家已多著意於版刻之別，鈔本之精麤，而於簿錄之學已不甚用心。則徐乾學珍視宋元版之下，仍注意其藏書目錄的分類，並先立子目，以備續藏之書的歸類。這種作法，與上述幾家是大不相同的。另立一表，以圖表顯示《傳是樓書目》、《絳雲樓書目》、《述古堂書目》三種目錄的分類情形，請參見。（表七）

二、從徐乾學裁定之〈明史藝文志稿〉略見其目錄學的見解

在本文第二章友朋一節中，曾提到徐乾學於康熙二十九年歸里前，審定黃虞稷撰寫之明史藝文志稿，而後進呈，交付史館。據周彥文先生的考證，此進呈本已不可考，其內容亦無法知其詳情，但據吳校杭抄本《千頃堂書目》及倪燦之序與現今所傳之《千頃堂書目》對照，可見徐乾學對藝文稿增刪的情形。今轉錄周先生所列吳校杭鈔《千頃堂書目》，以見徐稿之概略情形。〔註 40〕

　經　部

　　一、易類，二、書類，三、詩類，四、春秋類，五、三禮類，六、禮樂類，七、孝經類，八、論語類，九、孟子類，十、經解類，十一、小學類。

　史　部

〔註 38〕同註 34。
〔註 39〕同註 35，頁 220。
〔註 40〕見周彥文先生撰《千頃堂書目研究》，頁 218～222。

一、國史類，二、正史類，三、通史類，四、編年類，五、雜史類，六、霸史類，七、史學類，八、史鈔類，九、故事類，十、職官類，十一、時令類，十二、食貨類，十三、儀注類，十四、政刑類，十五、傳記類，十六、地理類，十七、譜牒類，十八、簿錄。

子　部

一、儒家類，二、雜家類，三、農家類，四、小說家類，五、兵家類，六、天文類，七、曆數類，八、五行類，九、醫方類，十、雜藝術類，十一、類書類，十二、道家類，十三、釋家類。

集　部

一、制誥類，二、表奏類，三、騷賦類，四、別集類，五、詞曲類，六、總集類，七、文史類，八、制舉類。

據周先生對照研究云，徐乾學之改黃氏稿，較重要者一爲刪去四書類，而加經解類；二則在類名下加小註，三爲更易某些類別之名稱及位置，其餘與黃氏大抵相同。然而，從這點更動，似可見徐乾學對目錄分類的觀念。

一是徐氏刪去黃氏原有的四書類，併入經解類。此類下有徐氏小注云：五經四子總解。這一種作法，恰與《傳是樓書目》將五經四子總解之書入「經總解」相同。二是小學類下，有小注云：分訓詁、書、數、蒙訓四種，考今《千頃堂書目》並無此四子目，而此四目與《傳是樓書目》小學類下所分的「爾雅、書、數、近代蒙書」相近，當非偶然。

另外，徐氏於類名下加小注，意在便於書之歸類，也釐清各類的界限。例如經部禮樂書類，小注云：「凡後代編定之禮及類次樂律書」；史部通史類，小注云：「通輯列代之史」等〔註41〕均有益於著錄的一致性，以減少錯誤。

至於徐氏之改動類別順序，當亦與其師法焦竑《國史經籍志》有關。試舉史部爲例。在《千頃堂書目》中，地理類在史鈔類之後，但在徐氏裁定稿中，卻將地理類移至第十六項，使其末尾三類次序爲地理、譜牒、簿錄，與《傳是樓書目》史部末三類順序相同，當非巧合。

歸納上述，可知徐氏對黃虞稷明史藝文志稿所作的改變，雖然不多，卻與其對目錄學上類例、著錄體例的觀念有極大的關聯。而周先生文中，將之與後來王鴻緒之藝文稿比較，認爲王稿「其刪四朝補志，使前代文之存佚無從考索；刪除條目（即類下之小註），不存考佚，不辨該書之重要性」而總括云「刪訂後之王稿，實遠不如

〔註41〕同註40，頁219。

徐稿之精良博贍」〔註42〕或可作爲徐乾學於目錄學這方面的肯定。

　　總括本章三節所論，可知徐乾學《傳是樓書目》、《傳是樓宋元板書目》的分類
體例多襲自焦竑《國史經籍志》，著錄上亦屬簡略。然而，從所見鈔本中可知《傳是
樓書目》歷經兩百年的傳鈔，至印本出現時，已和原貌相去甚遠。甚至於王存善本，
將分類曾次混在一起，使其價值更低；後人也因其流傳較廣，而據以評斷《傳是樓
書目》的價值，實非公允之論。

　　在與其同時的藏書家目錄比較後，實可肯定徐氏重類例的作法，而其書目雖無
法符合中國目錄學書的標準，卻也不致毫無討論的價值。

附表 4-1：《國史經籍志》與《傳是樓書目》（王存善印本）分類比較表

國史經籍志		傳是樓書目王存善印本		傳是樓書目中圖所藏鈔本	
部　目	類　目	部　目	類　目	部　目	類　目
經　類		經　部		經　部	經總部
	易		易		易
	書		書		書
	詩		詩		詩
	春　秋		春　秋		春　秋
	禮　樂		禮　記		禮　記
	樂　類		樂　類		樂
	孝　經		孝　經		孝　經
			大　學		
			中　庸		
	論　語		論　語		論　語
	孟　子		孟　子		孟　子
			雜　著		
	經總解		總經部		經總解
			經總解書		
	小　學				小　學
史　類	正　史	史　類	正　史	史　類	正　史
			通　史		
	編　年		編　年		編　年
			運　曆		運　曆
	霸　史		霸　史		霸　史

國史經籍志		傳是樓書目王存善印本		傳是樓書目中圖所藏鈔本	
部　目	類　目	部　目	類　目	部　目	類　目
	雜　史		雜　史 實　錄		雜　史
史　類	起居注	史　類	起居注 時　政	史　類	起居注
	故　事 職　官		故　事 職　官 賦　役		故　事 職　官
	時　令 食　貨		時　令		時　令 食　貨
			儀　注 法　令 食　貨 器　用 酒　茗 食　饌 種　藝 蓻　養		
	儀　注 法　令 傳　記		傳記耆舊 孝　友 忠　烈 名　賢 高　隱 家　傳 列　女 科　第 名　賢 名　號 冥　異 祥　異		儀　注 法　令 傳　記
	地　理		譜　系		地　理 譜　系

國史經籍志		傳是樓書目王存善印本		傳是樓書目中圖所藏鈔本	
部　目	類　目	部　目	類　目	部　目	類　目
	譜　牒		家　譜		
	簿　錄		簿　錄		簿　錄
			方　輿		
			河　海		
			志　乘		
子　類	儒　家	子　類	儒　家	子　類	儒　家
	道　家		道　家		道　家
	釋　家		釋　家		釋　家
	墨　家		墨　家		墨　家
			法　名		
	名　家		名　家		名　家
	法　家				法　家
			農　家		
			雜　家		
	縱橫家		縱橫家		縱橫家
	雜　家				雜　家
	農　家				農　家
	小說家		小說家		小說家
	兵　家		兵　家		兵　家
	天文家		天文家		天文家
			天　象		
	五行家		五行家		五行家
			堪　輿		
			葬　書		
	醫　家		醫　家		醫　家
	藝術家		藝術家		藝術家
			藝　術		
			畫　錄		
			奕　棋		
			彩　選		
			雜　戲		
	類　家		類　書		類　家
集　類	制　詔	集　類	制　詔	集　類	詔　令

國史經籍志		傳是樓書目王存善印本		傳是樓書目中圖所藏鈔本	
部 目	類 目	部 目	類 目	部 目	類 目
	表 奏		表 奏		表 奏
	賦 頌		賦 頌		賦 頌
	別 集		別 集		別 集
	總 集		缺		
					總文集
					總詩集
					詞
	詩文評				詩文評

附表 4-2：《傳是樓宋元版書目》著錄各類分析表

	宋本	宋抄本	宋本元印	宋本明印	偽宋本	元本	元本明印	版本不明
經	52	1	1		3	36		1
史	20			2		25	1	5
子	77				1	28		3
集	106					28		2

附表 4-3：《傳是樓書目》（王存善印本）著錄統計表

第一卷經類		第二卷史類		第二卷史類續		第三卷子類		第四卷集類	
易	187	正 史	80	冥 異	27	儒 家	382	制 詔	30
書	71	通 史	128	祥 異	2	道 家	168	表 奏	190
詩	62	編 年	90	譜 系	17	釋 家	267	賦 頌	26
春 秋	139	運 曆	4	家 譜	22	墨 家	2	號 集	2548
禮 記	115	霸 史	8	簿 錄	16	法 家	5	總 集	缺
樂 類	68	雜 史	264	方 輿	81	名 家	2		
孝 經	11	實 錄	36	河 海	50	農 家	9		
大 學	14	起居注	4	志 乘	186	雜 家	123		
中 庸	11	時 政	1			縱橫家	8		
論 語	11	故 事	42			小說家	448		
孟 子	9	職 官	88			兵 家	74		
雜 著	32	賦 役	38			天文家	51		
經總解	104	時 令	6			天 象	1		
經總部	61	儀 注	51			五行家	104		
書	159	法 令	55			堪 輿	1		

第一卷經類	第二卷史類		第二卷史類續	第三卷子類		第四卷集類
	食　貨	14		葬　書	3	
	器　用	11		醫　家	80	
	酒　茗	4		藝術家	7	
	食　饌	8		藝　術	3	
	種　藝	11		畫　錄	18	
	豢　養	108		奕　棋	20	
	傳記耆舊	18		彩　選	18	
	孝　友	10		雜　戲	10	
	忠　烈	31		類　家	136	
	名　賢	139				
	高　隱	10				
	家　傳	7				
	烈　女	12				
	科　第	17				
	名　號	4				

附表4-4：《傳是樓書目》（中圖藏舊鈔本）各類著錄統計表

第一卷經類		第二卷史類		第三類子類		第三卷子類續		第四卷集類	
易	204	正　史	116	儒　家	316	兵　家	90	制　令	16
書	63	編　年	128	道　家	148	天文家	50	表　奏	174
詩	67	霸　史	18	釋　家	127	五行家	96	賦　頌	30
春　秋	133	雜　史	197	墨　家	3	醫　家	119	別　集	2125
禮　記	165	起居注	22	法　家	8	藝術家	49	總文集	210
樂　類	81	故　事	37	名　家	5	類　家	128	總詩集	210
孝　經	11	職　官	94	縱橫家	10			詞	0
論　語	40	時　令	7	雜　家	141			詩文評	0
孟　子	15	食　貨	96	農　家	17				
經總解	106	儀　注	30	小說家	562				
小　學	234	法　令	34						
		傳　記	231						
		地　理	268						
		譜　系	25						
		簿　錄	9						

附表 4-5：《傳是樓宋元版書目》知見傳本

書名及卷（冊）數	版　　本	所據書志或現藏
傳是樓宋版書目一卷附錄一卷	黃丕烈藏鈔本	蕘圃藏書題識一
傳是樓宋版書目	古泉館藏鈔本	同上
傳是樓宋元板書目一卷	丁丙藏抄本	八千卷樓書目卷九
傳是樓宋元板書目一卷	丁氏鈔本	江蘇省立國學圖書館
傳是樓宋元板書目一卷	清光緒十一年儀徵吳丙湘刻傳硯齋叢書本	中國歷代書目總錄
傳是樓宋元板書目一卷	清宣統二年上虞羅振玉刻玉簡齋叢書本	同上
傳是樓宋元板書目一卷	民國羅氏重編印玉簡齋叢書二集本	同上
傳是樓宋元板書目一冊	汪氏振綺堂藏鈔本	王存善本卷首附劉喜海跋語
傳是樓宋元板書目一卷一冊	清道光六年劉喜海鈔本	北京圖書館
傳是樓宋元板書目一卷	徐氏鈔本	朱偰撰〈徐氏鈔本傳是樓書目跋〉

附表 4-6：《傳是樓書目》知見傳本

卷數、冊數	刊印時間	板　　本	現藏或所據書志
傳是樓書目四卷	民國四年	王存善印本	東海古籍室
傳是樓書目		劉燕庭藏鈔本	據王存善本序言
傳是樓書目		漢陽葉氏平安館鈔本	同上
傳是樓書目		謝氏書影樓抄本	同上
傳是樓書目		馬玉堂抄藏殘本	張菊生曾藏，同上
傳是樓書目四卷		舊鈔本（應當是清守雅堂傳鈔本）	史語所，此即北京人文科學研究所所載錄
傳是樓書目卷		鈔本	邵亭知見傳本書目三
傳是樓書目八卷		藍格鈔本	八千卷樓書目卷九後爲江蘇省立國學圖書館藏
傳是樓書目不分卷六冊		藍格精鈔本	中國，原爲東北大學藏書
傳是樓書目不分卷三冊		舊鈔本	故宮，原爲北平圖書館藏
傳是樓書目不分卷六冊	乾隆三十七	鮑氏知不足齋鈔本	故宮，原爲北平圖書館藏
傳是樓書目六卷六冊	鈔　本	十行小字雙紅格紅口左右雙邊	北京圖書館現藏。據北京圖書館古籍善本書目第二冊

卷數、冊數	刊印時間	板　本	現藏或所據書志
傳是樓書目四卷四冊	清道光七年	劉氏味經書屋鈔本劉喜海跋十行細黑口雙邊	同上
傳是樓書目六卷六冊	清道光八年	同爲劉氏鈔本亦有劉喜海跋版式亦同左右雙邊	同上
傳是樓書目六卷六冊		清陸香圃三間草堂鈔本十行藍格藍口左右雙邊	同上
傳是樓書目不分卷八冊		鈔本	國立清華大學圖書館藏據中國歷代書目總錄
傳是樓書目		舊鈔本	北京人文科學研究所同上
傳是樓書目五冊		清守雅堂傳鈔本	北平圖書館同上
傳是樓書目一冊		鈔本	北平圖書館同上

附表 4-7：台灣地區公藏《傳是樓書目》分類比較表

部　目	王存善印本 類　名	中圖藏鈔本 類　名	故宮藏鈔 1 類　名	故宮藏鈔 2 類　名	史語所藏鈔 類　名
經　類		經總部	經總部		有書無類名
	易	易	易　經	易	易
	書	書	書　經	書	詩
	詩	詩	詩	詩	書
	春　秋	春　秋	春　秋	春　秋	春　秋
	禮　記	禮　記	禮	禮	禮
	樂　類	樂　類	樂　類	樂　類	
	孝　經	孝　經	孝　經	孝　經	
	大　學	大學禮記	附大學類	附大學類	附於禮類
	中　庸	附於禮記	附於禮類	附於禮類	附於禮類
	論　語	論　語	論　語	論　語	魯論語
	孟　子	孟　子	孟　子	附於論語	孟　子
	雜　著				
	經總解	經總解	經總解	經總解	經總解
	經總部				
	書	小　學	小　學	小　學	小　學

				書
				數
				近世蒙書
史　類	正　史	正　史	正　史	正　史
	通　史		通　史	
	編　年	編　年	編年紀錄	編　年
	運　曆	附入編年		運　曆	運　曆
				紀　錄
	霸　史	霸　史	霸　史	霸　史	霸　史
	雜　史	雜　史	雜　史	雜　史	雜　史
				明雜史
				本　朝
	實　錄		實　錄	實　錄
	起居注	起居注	起居注	起居注	起居注
	時　政		時　政	時　政
	故　事	故　事	故　事	故　事	故　事
	職　官	職　官	職　官	職　官	職　官
	賦　役				
史　類	時　令	時　令	時　令		時　令
		食　貨	食　貨		食　貨
	儀　注		儀　注	儀　注	儀　注
	法　令		律　令	法　令	法　令
	食　貨				
	器　用				
	酒　茗				
	食　饌				
	種　藝				
	豢　養				
		儀　注			
		法　令			
	傳記耆舊	傳　記	傳　記	傳　記	傳　記
	孝　友			孝　友	
	忠　烈			忠　烈	
	名　賢			名　賢	
	高　隱			高　隱	

	家　傳							
	列　女					列　女		
	科　第					科　第		
	名　號					名　號		
	冥　異					冥　異		
	祥　異					祥　異		
	譜　系					譜　系		
	家　譜							
	簿　錄							
		地　理	地　理				地　理	
	方　輿							
	河　海							
	志　乘							
		譜　系	譜　牒				譜　系	
		簿　錄	簿　錄				簿　錄	
子　類	儒　家	儒　家	儒　家	儒　家		儒　家		
	道　家	道　家	道　家	道　家		道　家		
	釋　家	釋　家	釋　家	釋　家		釋　家		
						天　主		
	墨　家	墨　家	墨　家	墨　家		墨　家		
			名　家					
子　類	法　家	法　家	法　家	法　家		法　家		
	名　家	名　家		名　家		名　家		
	農　家							
		縱橫家	縱橫家	縱橫家		縱橫家		
	雜　家	雜　家	雜　家	雜　家		雜　家		
		農　家	農　家	農　家		農　家		
	縱橫家							
	小說家	小說家	小說家			小說家		
	兵　家	兵　家	兵　家	兵　家		兵　家		
				營　陣				
				兵陰陽				
	天文家	天文家	天文家			天文家		
	天　象							
				天文總占				

				曆　數	
	五行家	五行家	五行家		五行家
	堪　輿				
	葬　書				
				易　占	
				筮　占	
				夢　占	
				雜　占	
				遁　甲	
				六　壬	
				三　命	
				陰　陽	
				相　法	
	醫　家	醫　家	醫　家	醫　家	醫　家
	藝術家	藝術家	藝術家	藝術家	藝術家
	藝　術				
	畫　錄			畫　錄	
	奕　棋			奕　棋	
	彩　選			彩　選	
	雜　戲			雜　戲	
				射	
				嘯	
	類　家	類　家	類　家	類　家	類　家
集　類	制　詔	詔　令	制　詔	制　誥	制　誥
	表　奏	奏　表	奏　表	奏　表	奏　表
	賦　頌	賦　頌	賦　頌	賦　頌	賦　頌
	別　集	別　集	別　集	別　集	別　集
				總　集	合　集
		總文集	總文集		
		總詩集	總詩集		
		詞	詞		詞
		詩文評	詩文評		
			家　集		總文集
					總詩集

附表 4-8：《傳是樓書目》（中圖藏鈔本）與《絳雲樓書目》、《述古堂書目》分
　　　　類比較

傳是樓書目		絳雲樓書目		述古堂書目	
（中圖藏鈔本）		（粵雅堂叢書本）		（粵雅堂叢書本）	
部　目	類　目	部　目	類　目	部　目	類　目
經　類	經總部	卷　一	經　總	卷　一	經
	易		易		易
	書		書		書
	詩		詩		詩
	春　秋		禮		春　秋
	禮　記		樂		禮
	樂		春　秋		禮　樂
	孝　經		孝　經		易　數
	論　語		論　語		儒
	孟　子		孟　子		小　學
	經總解		大　學		六　書
	小　學		中　庸		金　石
			小　學		韻　學
			爾　雅		史
			緯　書		雜　史
經　類		卷　一	正　史	卷　一	傳　記
			編　年		編　年
			雜　史		年　譜
			史傳記		雜　編
			故　事		姓　氏
			刑　法		譜　牒
			譜　牒		政　刑
			史　學		文　獻
			書　目		女　史
			地　誌		較　書
史　類	正　史	卷　二	子　總	卷　二	子
	編　年		儒　家		子　雜
	運　曆		道　家		文　集

傳是樓書目 (中圖藏鈔本)		絳雲樓書目 (粵雅堂叢書本)		述古堂書目 (粵雅堂叢書本)	
部　目	類　目	部　目	類　目	部　目	類　目
	霸　史		名　家		詩　集
	雜　史		法　家		詞
	起居注		墨　家		詩文評
	故　事		類　家		四　六
	職　官		縱橫書		詩　話
	時　令		農　家		類　書
	食　貨		道　家		
	儀　注		小　說		
	法　令		雜　藝		
	傳　記		天　文		
	地　理		曆　算		
	譜　系		地　理		
	簿　錄		星　命		
			卜　筮		
			相　法		
			壬　遁		
子　類	儒　家	卷　三	道　藏	卷　三	小說家
	道　家		道　書		儀　注
	釋　家		醫　書		職　官
	墨　家		天主教		科　第
	法　家		類　書		兵　家
	名　家		偽　書		疏　諫
	縱橫家		六朝文集		天　文
	雜　家		唐文集		占　驗
	農　家		唐　詩		六　壬
	小說家		詩總集		太　乙
	兵　家		宋文集		奇　門
	天文家		金元文集		曆　法
	五行家		國初文集		軍　占
	醫　家				地理總志

傳是樓書目（中圖藏鈔本）		絳雲樓書目（粵雅堂叢書本）		述古堂書目（粵雅堂叢書本）	
部　目	類　目	部　目	類　目	部　目	類　目
	藝術家				輿　圖
	類　家				名　勝
					山　志
					遊　覽
					別　志
					人物志
					外　夷
集　類	詔　令	卷　四	文集總	卷　四	釋　部
	表　奏		騷　賦		神　仙
	賦　頌		金　石		醫　書
	別　集		論　策		卜　筮
	總文集		奏　議		星　命
	總詩集		文　說		相　法
集　類	詞	卷　四	詩　話	卷　四	形　家
	詩文評		本朝制書		農　家
			本朝實錄		營　造
			本朝國紀		文　房
			傳　記		器　玩
			典　故		歲　時
			雜　記		博　古
					清　賞
					服　食
					書　畫
					花　木
					鳥　獸
					數　術
					藝　術
					書　目
					國　朝
					掌　故

第五章　《通志堂經解》之刊刻與流傳

　　「刊刻叢書乃清代私家刻書之最大特色」〔註1〕，而《通志堂經解》蒐羅經解之書頗多，又以軟體字精工刊刻，可說是清初第一部大叢書。不過，此編爲何人所刊刻？自清代以來，一直有兩種說法：一說爲納蘭性德校刊，一說是徐乾學輯刻。甚至直到如今，藏有此編之中外圖書館，著錄其校刊者仍是不一致的。〔註2〕因此，本章於探討《通志堂經解》的刊刻與流傳之前，將先辨明其刊刻者的問題。根據所見資料研判，確定此編之刊刻乃徐乾學所主持後，緊接著探討其刊刻的背景因素，並敘述此編乾隆五十年補刊及同治十二年重刊的情形，最後則及於《通志堂經解》的流傳現況。而在這些問題的探討過程中，將可釐清「徐乾學刊刻之宋元經解爲何竟以《『通志堂』經解》的面目傳世」的糾葛，也就能解開「《通志堂經解》是納蘭性德所校刊」這個誤會。

第一節　徐乾學刊刻《通志堂經解》的因素

一、《通志堂經解》刊刻者之辨明

　　納蘭性德〈通志堂經解序〉云：

　　　　（前略）惜乎其書流傳日久，十不存一二，余向屬友人秦對巖、朱竹垞購
　　　　諸藏書之家，間有所得，雕版既漫漶斷闕，不可卒讀，鈔本僞謬尤多，其
　　　　間完善無僞者又十不得一二。間以啓於座主徐先生，先生乃盡出其藏本示
　　　　余小子，曰：是吾三十年心力所擇取而定者。余且喜且愕，求之先生，鈔

〔註1〕潘美月著《圖書》第七章〈清代的圖書〉，157頁。
〔註2〕請參見本章第三節《通志堂經解》的流傳〉，附表3-1、表3-2。

得一百四十種，自《子夏易傳》外，唐人之書僅二三種，其餘皆宋元諸儒所撰述。明人所著，間存一二，請捐貲倡始，與同志雕版行世。先生喜曰，是吾志也。遂略敘作者大意於各卷之首，而復述其雕刻之意如此。〔註3〕

序中言其蒐討經解之書，且「與同志雕版行世」，加上叢書名爲《通志堂經解》，每卷末有「成德校」等字樣，因此歷來認定《通志堂經解》乃納蘭性德所刊刻者頗多，如：

《清史稿》卷七十〈文苑傳〉〈納蘭性德〉云：

性德原名成德，納蘭氏，滿州正黃族人，……鄉試出徐乾學之門，遂授業焉。尤工於詞。晚更篤意經史，屬友秦松齡、朱彝尊，購求宋元諸家經解，後啓於乾學，得鈔本一百四十種，曉夜窮研，學問益進，刻通志堂經解一千八百餘卷。

顧陳垿撰〈唐孫華傳〉言：

健庵以文章聲氣，籠蓋一世，海內名世，奉爲宗工。既盡出所藏經解，付門生納蘭容若校讎而梓之，輔注疏而行十年矣。〔註4〕

張任政《納蘭性德年譜》，康熙十二年云：

假鈔徐健庵家藏舊版，若鈔本宋元以來諸儒說經之書，得一百四十四種，一千七百九十二卷，捐貲經始，延顧伊人湄爲之校定，雕版行世，曰「通志堂經解」。〔註5〕

李兆洛〈詁經堂續經解序〉：

國朝納蘭氏通志堂經解之刻，所以輔微扶衰，引掖來學甚厚，傳之百餘年矣。〔註6〕

葉德輝《書林清話》云：

若康熙朝納蘭侍衛成德之通志堂，乾隆朝吳太史省蘭之藝海珠塵，刻書雖多，精華甚少，然古書賴以傳刻，固亦有功藝林。〔註7〕

顧修《彙刻書目》：

《通志堂經解》，康熙年間，納喇性德容若校刊，何焯義門評論附。〔註8〕

〔註3〕《通志堂經解》各刊本卷首均附此序；另於納蘭性德《通志堂集》卷十三亦收錄此序。

〔註4〕《碑傳集》卷五十九，頁13～17。

〔註5〕見《國學季刊》第二卷，第四號，頁741～790。

〔註6〕見《養一齋文集》卷三，頁10～11。《養一齋詩文集》，李兆洛撰，清光緒四年重刊本。

〔註7〕《書林清話》，卷九，〈洪亮吉論藏書有數等〉。

〔註8〕顧修《彙刻書目》，卷一，頁7～11，民國8年，上海千頃堂石印本。

張之洞《書目答問》卷五著錄：

> 《通志堂九經解》，納蘭性德，廣州書局重刊。

諸家均將《通志堂經解》之刊刻歸於納蘭性德。至於徐乾學與此編的關係，或言此編所收諸書乃得之於徐乾學家藏舊本，或乾脆省略不提。但是，《通志堂經解》前另附有徐乾學撰寫的〈新刊經解序〉，序中云：

> （前略）予感竹垞之言，深懼今時所存十百之一又復淪斁，責在後死，其可他諉。因悉予兄弟家所藏本覆加校刊，更假秀水曹秋嶽、無錫秦對巖、常熟錢遵王、毛斧季、溫陵黃俞邰及秀水朱竹垞家藏舊版書，若鈔本釐擇是正，總若干種，謀雕版行世。門人納蘭容若，尤慫恿是舉，捐金倡始，次第開雕，經始於康熙癸丑，踰二年訖工，藉以表章先哲，嘉惠來學，功在發予，其敢掠美，因敘其緣起，志之簡首。

由徐氏序文看來，是徐乾學完成鈔校等刻書的前置作業，而納蘭性德之功則在於「捐金倡始」，顯然與納蘭氏的序文有出入。何人所言為確？衡諸與徐乾學同時或稍後的著作，而其中談到《通志堂經解》，當是重要的旁證：

王士禎《居易錄》卷十，頁三：

> 頃得崑山新刊經解又數種，如逸齋補傳、成伯嶼指說、李樗黃燻集解、朱焯疑問、朱善解頤，詳略雖不同，要旨可互相發明，獨王柏詩疑、輔廣童子問、朱鑑遺說、朱升旁注，傅會固陋，無足采錄。〔註9〕

同上書，卷十五，頁二十一：

> 家鉉翁春秋集傳詳說三十卷，亦崑山徐氏刻本，有鉉翁自序，高郵龔橚跋云……

張廷玉〈宋元經解刪要序〉：

> 余始得崑山刻宋元經解，喜其所收之博，特苦尋覽難遍，又懼群言參差，學者無所取衷，欲少為別擇而未暇也。〔註10〕

姚際恆《古今偽書考》於〈子夏易傳〉一則下亦云：

> 今崑山徐氏新刻有之。〔註11〕

方苞〈與呂宗華書〉云：

> 僕曩者妄刪崑山徐氏所刻宋元經解，嘗為吾兄略言之，而未悉也。〔註12〕

〔註 9〕 此書所據版本為《四庫全書》本，見《四庫全書·子部·雜家六》。
〔註10〕 張廷玉著《澄懷園文存》卷七，頁11～12。
〔註11〕 姚際恆撰《古今偽書考》卷一，頁3。
〔註12〕 方苞《望溪先生文集》，卷六，頁24～26。據《四部叢刊》本。

同前人，〈與梁裕厚書〉云：

> 發憤以十月朔閱崑山宋元經解刪本，而事殷日短，涉月三日始畢。周易第
> 一冊更清寫并原本寄覽，望校勘無訛仍寄示，俟卒業再議發刻。〔註13〕

蘇源生〈書先師錢星湖先生事〉云：

> 康熙中，崑山徐健菴尚書刊宋元諸儒說經之書百四十種爲通志堂經解，采
> 撫至廣，先生以其未備，復集同人之資，刊宋司馬光溫公易說…。〔註14〕

王士禎與徐乾學同朝爲官，亦有倡和往來之作，今存於《憺園文集》中，〔註15〕且
王氏與徐氏在藏書方面亦曾共同研討、蒐訪，〔註16〕所以他提及此編均只言崑山徐
氏，是值得注意的；姚、張氏時代稍晚於徐氏，且以姚氏之重辨僞學，直言爲崑山
徐氏新刻，當有所據；至於方、錢二人，受《通志堂經解》影響，一刪定經解，一
續刻經解，也將《通志堂經解》歸於徐乾學名下。綜上諸家所言，並從何焯於《通
志堂經解目錄》中屢稱「東海」（東海爲徐乾學的號），而無一語及於納蘭性德的現
象來看，《通志堂經解》之校刊乃徐乾學所主持，應是不爭的事實，甚至此事也是當
日許多人都知道的。

二、徐乾學刊刻《通志堂經解》的因素

在確定《通志堂經解》乃徐乾學所刊之後，以下即將其刻書的因素略分爲三，
敘述如下：

（一）徐乾學重視經史的態度

清初學術爲挽救明代心學末流的弊端，樸學漸起，著重「經史實用」〔註17〕，而
當日樸學大師顧炎武即徐乾學的舅舅，徐氏也常向顧氏請益，研討前人經學之得失，
故乾學頗受其舅氏影響而重視經史。俞樾在〈憺園全集跋〉〔註18〕以徐氏文章「原本

〔註13〕方苞《望溪先生文集》，卷一，頁14。
〔註14〕蘇源生撰〈書先師錢星湖先生事〉，收錄於《碑傳補》卷十。北京・燕京大學國學研
　　　究所印。
〔註15〕見《憺園文集》卷五。
〔註16〕王士禎《居易錄》，卷十四，頁22，記載徐乾學購書之事：「長短經十卷，總六十三
　　　篇，唐梓州鄆縣草莽臣趙蕤撰，……此書流傳絕少，徐健菴過任城得之市中者，宋
　　　刻也。」葉昌熾《藏書紀事詩》卷四，引《古夫于亭雜錄》云：「昔在京師，士人有
　　　數謁予而不獲一見者。以告崑山徐尚書健庵，徐曰：『此易耳，但值每月三五於慈仁
　　　寺市書攤候之，必相見矣』。如其言，果然。」由二則記載能看出，二人對彼此藏書
　　　來源與購書習性頗爲了解，當曾共同研討。
〔註17〕馬宗霍《中國經學史》第十二篇〈清之經學〉，頁139～142。
〔註18〕俞樾此序，今附於光緒九年刊本之前。

經史，議論名通，可以配亭林之書，而無愧所謂酷似其舅氏歟」爲稱贊之辭；張之洞《書目答問》所附的〈國朝著述諸家姓名略〉則把他與王夫之、萬斯同、黃宗羲、朱鶴齡等同列爲「漢宋兼采經學家」，認爲是「博綜眾說，確有心得者」〔註19〕來看，可知徐乾學於經學方面是有成就的。

從韓菼〈行狀〉言：

> 公自視常若不足，益喜讀未見書。坐擁萬餘卷，傳是樓中晨夕離比，學益博以精。其於經學凡唐宋以來先儒經解，世所不常見者，靡不搜覽參考，雕版行世。有所獨得，著爲論辨。

得見徐乾學於先儒經解多所蒐覽、研讀。而當其論辨爲文時，則屢屢引用程頤、朱熹之語：

《憺園文集》卷廿一，〈四書易經纂義序〉：

> 其書大抵四書主章句集注或問，易主本義而參以朱子之門人，及朱子以後諸儒之說，及蒙引存疑，淺說諸書閒有發明，亦必折衷於至當而非臆斷也。愚嘗病永樂中之輯大全者採摭未廣，宋元人經解尚多遺漏，今又將三百年，有明一代諸儒之說亦當節取賡續。〔註20〕

同前書，卷三十六，〈好古〉一篇引程朱論云：

> 伊川之論讀經曰：「經所以載道也，誦其言辭，解其訓詁，而不及道，乃無用之糟粕耳」。晦菴之論讀史曰：「病中抽得通鑑一兩卷看。正值難處置處，不覺骨寒毛悚，……」

同前書，同卷，〈教習堂條約〉引伊川之說，並云：

> 經學自漢唐諸家發明至暢，宋元名儒乃得其體要，……昔人言文以氣爲主者似矣，而未盡也。文以理爲主，而輔之以氣耳。立言者根柢於經學道學則當於理矣。不通經固不足語於文，不聞道亦不足語於文也。

諸如此類，《憺園文集》仍有相當篇幅，於此不多引述。〔註21〕由其屢次提到程朱，可知徐氏於程朱之學特別嫻熟。觀其於〈御選古文淵鑑凡例〉中特以一則說明選周、張、二程及朱子文章之因，又於〈修史條議〉裡列一則主張「今宜如宋史例，以程朱一派，另立理學傳」〔註22〕能見徐氏對此學派的重視。

〔註19〕見張之洞撰《書目答問》總一百十〈國朝著述諸家姓名略〉，頁113。

〔註20〕徐乾學《憺園文集》，卷二十一，頁14～15。

〔註21〕例如《憺園文集》，卷十五，頁4〈魚麗詩序辨〉：卷十六，頁9〈禹貢山水說〉：卷二十一，頁16〈中庸切己錄〉等。

〔註22〕同註20，卷十四，頁25〈修史條議〉。

由於對宋元經解的嫻熟及重視，使得徐乾學在與朱彝尊談到經解散佚闕亡時，會深懼經解淪佚，不復傳世，而有刊刻之念。〈新刊經解序〉云：

> 往秀水朱竹垞謂予，書冊莫繁仍於今日而古籍漸替，若經解蓳有存者彌當珍惜矣。予謂曰，經者聖人之心精，義理之奧府，……自雕版盛行，流布宜廣，又有宋興起，洛閩大儒弘闡聖學，下及元代，流風未殄，凡及門私淑之彥各有著述，發明淵旨，當時經解最盛。而予觀明時文淵閣及葉文莊、商文毅、朱灌甫所藏書目，宋元諸儒之書存者亦復寥寥可數。即以萬曆中東閣書目校之文淵閣書目，百餘年間歷世承平而內府清祕已非其舊，欲其久傳無失，距可得哉？……明興，敕天下學校皆宗程朱之學，永樂時詔輯四書五經性理大全，徵海內名士開館東華門……是時胡廣諸大臣虛麋廩餘，叼冒遷賚，四書大全則本倪士毅通義，大成則襲劉瑾通釋，春秋則襲汪克寬纂疏，剿竊抄撮，苟以塞責而已。詔旨頒行，末學後生奉為寶書，並貞觀義疏不復寓目，遑及其他，即更有名賢纂述流布人間，誰復蒐訪珍藏，益歎先儒經解至可貴重，其得傳於後如是之難。予感竹垞之言，深懼今時所存十百之一又復淪戕，責在後死，其可他諉。

文中詳盡說明經解之學的遞承及此類之書散亡情形，並以刊刻經解責在後者自任。綜上所引錄諸條，當可證知徐乾學刻宋元經解，且多偏於程朱一派，乃在於徐氏對經解的重視及其偏好程朱學派的態度。

（二）受時代風氣及其友朋的影響刻《經解》

前面提到清初樸學之興，乃是為了救王學末流之弊。樸學務實之風，影響了清初的藏書刻書，即在「恢復古書之舊」〔註23〕。而恢復古書之舊，最佳的方法就是廣蒐善本，予以繙刻。因此，清初學者或如丁雄飛訂《古歡社約》〔註24〕、曹溶撰《古書流通約》希望藉由藏家古籍的相互傳鈔，使人得見其古人著作；或如黃虞稷、周在浚之徵刻唐宋祕本，以翻刻祕籍為復古書之舊。其中，曹氏與黃氏的倡議，對徐乾學之刻宋元經解亦有影響。

黃虞稷及周在浚康熙十一年左右，將兩家所藏唐宋祕本九十六種，詳加校定後，編成《徵刻唐宋祕本書目》，並公開徵求有力者梓刻流傳。〔註25〕書目中各書略有解題。當時有紀映鐘、錢陸燦、朱彝尊、魏禧、汪楫等五人為撰〈徵刻唐宋

〔註23〕見袁同禮撰〈清代私家藏書概略〉。
〔註24〕《古歡社約》一卷，乃是丁氏與黃虞稷約定讀書、借書之約，繆荃孫以「此約最簡便，同志共讀書者，可取以為法」。
〔註25〕據王重民〈千頃堂書目考證〉將二人徵刻唐宋秘本的事定於康熙十一年。

秘本書啓〉，張芳爲撰論略，次例言。朱魏等人聲氣頗廣，故此舉對當時產生的影響甚廣。謝國楨於〈叢書刊刻源流考〉認爲：

> 其非僅在於存古，實有功於學林。此目影響學術極大，清代刊刻叢書之風，實由是目啓之。

而王重民〈千頃堂書目考證〉一文更以爲：

> 假若說龔家刻玉玲瓏叢刻是這個倡議的第一次響應，則徐氏校刻經解應該是第二次響應。〔註26〕

王氏文中未舉直接證據支持其說，但筆者以爲由張芳所撰論略，可證王氏之說。張氏《徵刻唐宋祕本書論略》，其一論「藏書宜刻」云：

> 唐宋名儒之精神史奧，幸而存什一於千百，竟未能發其縅滕咀其精蘊者，非求之不力也。求之既力而藏書家曾未肯舉其貴且美者以相授，則藏者誠有罪矣。〔註27〕

又「論刻書宜先經史」言：

> 僕嘗謂天地間之所以有不朽者，五經爲天地間有數文章，廿一史爲天地間有數人物。無人物則光嶽何以挐生，無文章則倫物何以昭著。惟是經史賴有儒者通，流遂可綱維古今。

「論藏書宜同心較刻」中亦云：

> 迨明季時集時文陋劣已極，而先儒經史一燈誰復有剔其微明而爲之振起者，是不能無望於吾黨有心相與耶？

三則說明了黃周諸人之所以鼓吹徵刻之因及重心，其「刻書宜先經史」與徐乾學平日重視經史的觀念符合，而「藏書宜同心較刊」又與徐氏經解之書傳世責在後死的態度相近。

另一方面，從曹溶於〈絳雲樓書目題辭〉一文提到：

> 偕同志申借書約，……崑山徐氏、四明范氏、金陵黃氏皆謂書流通而無藏匿不返之患。〔註28〕

得知徐乾學亦接受藏書流通的觀念。朱彝尊與徐氏討論經解之佚失，見於〈新刊經解序〉，從《儋園文集》中又可知徐氏與錢陸燦、張芳、汪楫等人是相識的。〔註29〕

〔註26〕同註25。
〔註27〕張英所撰論略及朱彝尊五人之書啓事略，均附於《徵刻唐宋祕本書目》長沙葉氏（葉德輝）觀古堂本，今《郋園全集》亦錄此書。據史語所藏《郋園全集》，民國24年，長沙中古書刊印社彙印本。
〔註28〕見錢謙益《絳雲樓書目》。
〔註29〕請參閱第二章第二節附表〈徐乾學朋人名表〉。

則友朋推動此倡議，乾學應有所知。

綜合上述因素，加上康熙十一年徐乾學以主順天鄉試副考官取副榜不及漢軍事，遭劾奏，降一級，調用後補，於十二年南歸。而此時徵刻活動正熱烈。因觀念的相近及朋友的鼓動，且恰可實踐其傳經解之書的宿願，乾學即著手刊刻經解之事，以徵刻書目中所載之二十二種經解爲基礎，於此年次第開雕。

（三）爲延聲譽及揄揚納蘭性德刻《通志堂經解》

在上一部份，曾引王重民之推論以言《通志堂經解》乃受黃虞稷等人徵刻唐宋祕本的影響。而緊接著上一段引用的推論後，王氏又有一段話是值得注意的：

> 乾學回了家很容易和他們接觸。他有錢有勢而正在要名譽，也就很容易接受潮流，來舉辦刻經解的工作。

也就是王氏除了認爲徐乾學刻書受黃、周等人倡議的影響。另一方面，則認爲徐乾學刻書的動機也含有邀譽成份。實際上在清代已有類似王氏的說法，如陸隴其《三魚堂日記》論此編之刊刻時記載著：

> 差強人意，亦爲虛譽。〔註30〕

翁方綱《通志堂經解目錄》末，引錄丁杰曰：

> 大約東海此書之刻爲一時好名之計，非實好古也。〔註31〕

二人所云，大致是由刻書校勘讎疏、收錄書籍選汰不精得來的感想。徐乾學當時著手刻書時，是否以邀譽爲出發點？若是就通志堂經解刊刻的成果看，確實有許多明顯的缺點存在，則不得不讓人懷疑：乾學刊此編時，除了他自己重視經解之書外，的確含有沽名釣譽的心理。也因爲此種心理，才在倉促成書之下，有如此多可避免而未能避免的缺點。（詳見第六章〈通志堂經解的評價〉）

而乾學之刻此編既然被當時人視作邀譽的工具，則後來此編冠上「通志堂」行世，人們在探討其中原因時，往往揣測當時政壇局勢而加以衍說，後來乾隆五十年時，乾隆詔諭令軍機大臣詳查其原委，並將諭旨載於五十年內府刊本卷首：

> 向即聞徐乾學有代成德刻通志堂經解之事，茲令軍機大臣詳查成德出身本末。乃知成德於康熙十一年壬子中式舉人，十二年癸丑中式進士，年甫十六歲。徐乾學係壬子順天鄉試副考官，成德由其取中。夫明珠在康熙年間柄用有年，勢燄薰灼，招致一時名流，如徐乾學等，互相交結，植黨營私，是以伊子成德未弱冠即夤緣取得科名，自有關節。乃刻通志

〔註30〕《三魚堂日記》辛未年七月初七日條，頁 143。
〔註31〕粵雅堂叢書本《通志堂經解目錄》附。

堂經解以見其學問淵博。古稱皓首窮經，雖在通儒，非義理精熟畢生講貫者，尚不能覃心闡揚，發明先儒之精蘊，而成德以幼年薄植，即能廣搜博采，集經學之大成，有是理乎？更可證爲徐乾學所裒輯，令成德刊刻，俾藉此市名邀譽，爲逢迎權要之具耳。……〔註32〕

認爲此編是徐乾學阿附權門，納蘭性德竊取文譽之具，而王重民也持同樣看法：

康熙十四年徐乾學又復了原官，次年納蘭成德也中了進士。乾學一面要討好成德的父親明珠相國，一面要揄揚自己的學生，方始有意把經解送到成德名下，所以各書內成德的序文多署十五六兩年，而徐乾學的總序署十九年。〔註33〕

單從徐乾學欲討好明珠，揄揚性德這一面去解釋徐氏所刻宋元經解爲何以通志堂經解的面目傳世。

從清初黨爭過程看，「徐乾學、高士奇、李光地等均出於明珠之門。」〔註34〕而由當時徐乾學剛復官，極需依傍一有力者以求自立的情況而言，乾隆上諭及王重民氏的說法確有可能。但是徐乾學與納蘭性德交結豈全以利益爲著眼點？筆者以爲自康熙十一年舉順天鄉試，性德即以師禮事徐氏，二人的往來也日益密切，〔註35〕觀性德〈上座師徐健菴先生書〉一文云：

承示宋元諸家經解，俱時師所未見，某常曉夜窮研，以副明訓，其餘諸書尚望次第以授，俾卒業焉。〔註36〕

得見納蘭性德漸篤意於經史。交往既密切，而性德又常向徐乾學請益經史之學，以乾學「輕財好客」的作風〔註37〕，後來將輯刻的《通志堂經解》移於性德名下，以揄揚自己出色的門生，可能性已大，又加上此舉可以討好明珠，使自己在政爭中得一依傍的勢力，更促使徐乾學的這個想法成爲事實。

總括而言，無論是徐乾學對經史的態度或當時鼓吹刻書風氣、其友朋間存古書面貌觀念的溝通，都構成他所以著手刻宋元經解的因素，而刻成後爲了揄揚納蘭性德，在每版刻上性德書齋名字「通志堂」〔註38〕，並令之爲各書撰序。此舉則造成徐氏刻九經解以《通志堂經解》面目傳世的主要原因。

〔註32〕乾隆五十年補刊本及同治年重刊本卷首均附此諭旨。
〔註33〕見王重民《千頃堂書目考證》。
〔註34〕見《清代通史》卷上第六篇〈康雍時代之武功及政教〉，頁799〈徐乾學之黨〉。
〔註35〕參見第二章第二節交遊考，納蘭性德部份。
〔註36〕《通志堂集》卷十三。
〔註37〕同註34。
〔註38〕據陳乃乾編《室名別號索引》頁208。

第二節　《通志堂經解》的刊刻經過

　　《通志堂經解》卷帙浩繁，刊刻時曾引起當時論學者注意，如陸隴其、王士禎等都曾提到，（見上一節）而其稍後於徐氏，如方苞、張玉書者則有刪定經解求其精簡之舉。然乾嘉時代，考證之學興，經學偏向漢學，此編收錄之書既偏向程朱之學，校刊又不夠仔細，故屢受爲學者批評。即使有何焯、翁方綱另撰目錄，附上評論，論其版本源流；張金吾、錢儀吉等刊續經解，於其刊刻源流卻多未論及。甚至同治十二年之重刊，諸人之序亦未有詳確之論。直到清末民國以來，葉德輝、莫伯驥、關文瑛等始多方引證，而以末者著《通志堂經解提要》對此編作全面的討論。此節論此編之刊刻經過，即分述康熙十二年起至十九年的初刻，乾隆五十年補刊及同治十二年重刊等情形，並釐清因前人未詳加討論，而顯得眾說紛云的部份。

一、清康熙年間刊刻經過

（一）康熙十二年始刻《經解》

　　從上一節的討論中，稍能見徐乾學之所以刻《通志堂經解》的原因，而自其〈新刊經解序〉的敘述：

> 因悉予兄弟家所藏本覆加校刊，更假秀水曹秋嶽、無錫秦對巖、常熟錢遵王、毛斧季、溫陵黃俞邰及秀水朱竹垞家藏舊版書，若鈔本釐斷是正。門人納蘭容若，尤慫恿是舉，捐金倡始，次第開雕，經始於康熙癸丑，踰二年訖工，藉以表章先哲，嘉惠來學。功在發予，其敢掠美，因敘其緣起，志之簡首。

可知康熙十二年起，徐乾學著手經解的刊刻。但經解之書既浩繁且多散佚，將如何蒐集、決定刊刻之書？徐氏序中未加說明。不過，楊復吉〈徵刻唐宋祕本書目跋〉提到：

> 黃俞邰、周雪客徵刻書凡九十六種，前《通志堂經解》刻其二十二種，近知不足齋叢書刻其九種。〔註39〕

葉德輝〈重刊唐宋祕本書目序〉也有：

> 當時納蘭成德刻通志堂經解，幾舉經部全刻之。〔註40〕

二說提供我們一條線索：徐乾學之刻此編既是響應黃虞稷、周在浚徵刻唐宋祕本的活動，則二人所編纂的《徵刻唐宋祕本書目》是否亦與書的蒐輯有關？今觀徵刻書

〔註39〕楊復吉〈徵刻唐宋祕本書目跋〉，台北廣文書局書目續編，民57年3月影印初版。
〔註40〕長沙觀古堂本《徵刻唐宋祕本書目》前附。

目所列經部三十四種中，《通志堂經解》刻了二十二種，佔二分之一強的比例，確實值得注意。據此，筆者推測徐乾學當日刻此編乃是將《徵刻唐宋祕本書目》當作最簡便的闕書目，以之為裒集蒐訪的基礎，再加以擴充為一百多種。又其響應黃周二氏的倡舉，刻書目內的書自當更易引起學者的注意，則能符合其邀譽的心理。

（二）康熙十九年《通志堂經解》初刻行世

康熙十四年徐氏復原官，次年經解初刻的工作已近完成，而其門生納蘭性德在那一年也中進士。乾學為了要揄揚自己的學生，方始有意把經解送到性德名下，並由性德撰寫各書序文，所各書裡性德的序文多是十五六兩年所作。但徐乾學的總序署十九年，似乎是轉移至性德名下後，除刻上「通志堂」三字外，刊刻各書尚有去取，直到此年才真正成為一整套的叢書，以《通志堂經解》之名行世。亦即從清康熙十二年到十九年，都是校刻經解的時期，因此嚴元照《蕙櫋雜記》稱：

> 通志堂經解，徐健菴尚書棣刻三月而成，納喇氏舁尚書四十萬金，故告成甚速。〔註41〕

捐金之事，兩人的序均提到，或確有其事；而告成甚速則是未加詳察之語。

徐氏序中稱刻書「經始於康熙癸丑，踰二年訖工」（〈新刊經解序〉），而就葉德輝《郎園讀書記》卷一云：

> 天祿琳琅續編經部宋人書所謂宋版者，往往以白紙初印之通志堂本僞充，當時鑑定諸臣不知何以竟未辨出。〔註42〕

與《續修四庫全書提要‧通志堂經解目錄》一卷云：

> 《通志堂經解》刻於康熙十五年，凡白紙初印，版心無通志堂三字者，均崑山徐乾學刻成時所印，後以版歸納蘭成德，始於版心下方，補刻通志堂三字。〔註43〕

可略知康熙十二至十五年刻成、初印的宋元經解，版心沒有通志堂三字，直到徐乾學決意將此編移到性德名下，才補上這三字。

又今傳康熙十九年刊本，卷末有「後學成德校」等字，與正文比較下，稍嫌板滯，應亦十五年以後補刊。不過，東海大學今藏有一部《三易備遺》乃《通志堂經解》單行，版心刻有通志堂三字，也有納蘭成德的序〔註44〕，但是每卷卷末均無「後

〔註41〕轉錄自莫伯驥撰《五十萬卷樓群書跋文》〈御定補刊通志堂經解百四十種一千七百八十六卷跋〉，頁18。
〔註42〕見於葉德輝《郎園讀書志》卷一，頁22～24。
〔註43〕《續修四庫全書提要》，粵雅堂叢書本《通志堂經解目錄》一卷。
〔註44〕此本雖有成德序，但成德的名字遭剜除。

學成德校」等字，亦無剜補的痕迹，與今傳康熙十年本稍有不同，不知是否為轉移至性德名下，曾有初印本以贈他人？然以歷來論通志堂經解者無人曾言之，今只提出現象，闕疑待考。

（三）初刻階段，書復有去取，影響總數之統計

《通志堂經解》除了可能有初印本，其中所收的書也續有去取，校刊者也似有變。葉德輝《郎園讀書記》卷一，載：

> 如林栗周易經傳集解三十六卷，《浙江採集遺書總錄》載有秀水曹氏倦圃寫本，云：崑山徐氏業已開雕，或以栗嘗與朱子為難，遂毀其版。〔註45〕

而姚元之《竹葉亭雜記》亦云：

> 《通志堂經解》書中有宋孫莘老春秋經解十五卷，而目錄中無之。山東朱鳶湖在武英殿提調時得是本也，以外間無此書，用活字版印之，蓋以通志堂未曾付刻也。其時校是書者為秦編修敦甫恩復，秦家有通志堂刻本持以告朱，朱愕然不知當日目中何以缺此也。秦云，據其所見為目中所無者尚不止此。〔註46〕

葉德輝以此二則為據，認為「是書隨刻隨印，亦隨時排目，故其目錄有多寡之不同」〔註47〕以其推論配合翁方綱《復初齋文集》所載：

> 徐氏未入梓時，仿宋槧楷書，悉用此版樣寫成，而後來卻未果刻，予前後見數種矣。〔註48〕

則當時徐乾學初印至轉移性德名下後，所定刊刻之書復有去取。而今見康熙十九年刊本目錄無通志堂三字，目錄中又漏列的數種，或許是初印後所增刻。

即因刻書過程中復有去取，《通志堂經解》究竟收錄多少種書？歷來有不同的說法：或如翁方綱依康熙十九年前附目錄，而云一百三十八種〔註49〕；或如葉德輝、莫伯驥、關文瑛、陶湘等人按所見者計算，然因計算時的認定不一，又有一百三十七、一百四十、一百四十四、一百三十九等不同的數目出現，〔註50〕糾葛不清。以筆者所見三種版本而言，實際收書總數是一百四十四種，之所以這些差異存在，其關鍵是附載之書計算與否。至於當時隨刻隨印，究竟數目是多少，今已無法考究。而如《竹葉

〔註45〕同註40。

〔註46〕姚氏之說，轉錄自《郎園讀書志》卷一，頁22～24。

〔註47〕葉德輝《書林清話》卷九〈納蘭成德刻通志堂經解之三〉，頁244。

〔註48〕《復初齋文集》卷十五〈經解目錄序〉。

〔註49〕一三八種之數乃不包括附錄之書。

〔註50〕張任政《納蘭性德年譜》定為一百四十四種；《清史列傳》卷七十〈納蘭性德傳〉定為一百四十種；故宮博物院善本書目定為一百三十九種。

亭雜記》所載孫覺《春秋經解》一書，即是隨到隨印，後來卻未刊入的一個例子。

（四）參與初刻之校刊者

　　至於《通志堂經解》初刻的七年中，有多少人參與校勘的工作，現礙於文獻不足，尚無法考知。不過，從一些記載中，尚可獲知些訊息。

　　《四庫全書總目提要》〈通志堂集十八卷附錄二卷〉云：

　　　　性德生長華閥，勤於學問，鄉試出徐乾學之門，遂受業焉。九經解即其所
　　　　刻，而徐乾學延顧湄正之。〔註51〕

又何焯《通志堂經解目錄》對於顧伊人校勘粗疏，多譏評之語，如《尚書表注》下云：

　　　　金仁山表注名重而書僅中等，且元刻有殘闕處補全者未可盡信，是顧伊人
　　　　妄爲補全耳。〔註52〕

又如俞琬《大易集說》下云：

　　　　此遵王元本，惜屬伊人所校，版心大謬。

從上述諸條看來，則顧湄（「伊人」爲其字）當是主要負責校刊工作者。而從何焯目錄評論中，對版本源流及刊刻取捨之經過有頗多的敘述，如：

《春秋經筌十六卷》云：

　　　　全書從天乙閣鈔來，汲古得李中麓殘本三冊，用以校勘，有整句脫落者，
　　　　其新鈔皆未愜意。

《經典釋文三十卷》云：

　　　　武林顧氏豹文有宋本，屢勸東海借校，未從也。

《南軒孟子說七卷》云：

　　　　東海從天乙閣鈔來，即以付刻。後得最精宋本，余勸其校正修版，未從也。

各條中所說，若非實際參與者，當無法直言之。因此，在何焯尚未與徐乾學決裂之前，當是校勘者之一。〔註53〕此外，亦有資料顯示張雲章、毛扆、朱彝尊、黃虞稷等人均與《通志堂經解》之校刻有關。方苞〈張樸村墓誌銘〉曰：

　　　　君始以校勘宋元經解客徐司寇家。〔註54〕

而《嘉定縣志》亦謂張雲章曾參與校書。〔註55〕王重民〈千頃堂書目考證〉則認爲：

〔註51〕見《四庫全書總目提要》‧集部‧別集類存目十。
〔註52〕粵雅堂叢書本《通志堂經解目錄》附，以下凡引何焯語，多本於此。
〔註53〕案何焯乃康熙拔貢，當時徐乾學與翁叔元，方號召海內新進，何氏亦及其門。後因
　　　湯斌議事，翁氏陷之，舉朝多不平。何氏即於其時致書翁氏，請削門生籍，稍後亦
　　　離開徐氏之門。
〔註54〕《望溪先生文集》卷七，頁21。
〔註55〕轉引自莫伯驥《五十萬卷樓群書跋文》卷一。

清康熙十二年到十九年，都是校刻經解的時期，在這個時期之內，虞稷往
來南北都曾幫徐家刻書的忙，所以就在這一年（十九年）的春天，徐元文
薦他明史館來修藝文志。〔註56〕

從其行事推測黃虞稷參與校刻。而毛扆《汲古閣秘本書目》云：

禮記集說四十二本，……徐崑山所刻，借此去寫樣，而新刻後半部爲顧伊
人紊亂次第。〔註57〕

莫伯驥《五十萬卷樓群書跋文》卷一，曰：

而獨山莫氏藏明嘉靖本書經纂言，卷有朱氏題識云，是書購之海鹽鄭氏，
會通志堂刊經苑，以此畀之，既既而索還存之笥。伯驥案：此可爲朱氏與
九經解有關連之得證張書。〔註58〕

自二則亦可知毛、朱二人與經解之校刊有關。至於以上數人，是否在初刻時一直負
責校勘，則無法考其眞相。

（五）初刻各書的版本源流

至於所錄各書，徐氏經解序又云：

因悉子兄弟家所藏本覆加校刊，更假秀水曹秋嶽、無錫秦對巖、常熟錢遵
王、毛斧季、溫陵黃俞邰及秀水朱竹垞家藏舊版書，若鈔本釐正是正。

能知刊刻諸書，所根據的版本除了徐乾學兄弟家藏者，〔註59〕及來自清初江南藏書
名家收藏舊版書或鈔本。

何焯撰《通志堂經解目錄》〔註60〕曾對此編刊刻時，各書所使用的版本提出說
明或評論其優略，是現今知見、對《通志堂經解》版本源流說明最多的，惜未深入
且亦非每書均提到。以下就何焯語，配合陸心源《儀顧堂續跋》〔註61〕、瞿鏞《鐵
琴銅劍樓藏書目錄》〔註62〕等書敘述可考知者之版本如下。其中以汲古閣藏書最多：

1. 《周易義海撮要》十二卷，汲古宋本

何焯：汲古宋本，每首頁有印，其文云：『淳熙七年，明州恭奉聖旨敕賜
魏王府書籍，謹藏於九經堂，不許借出。其印精工絕倫。』

〔註56〕見《圖書館學季刊》第七卷第一期。

〔註57〕據民國廿四年，上海商務印書館鉛印叢書集成初編本。

〔註58〕經部一〈御定補刊通志堂經解百四十種一千七百八十六卷〉跋，頁 18～24。

〔註59〕就現在已考知者來看，並無秦松齡、黃虞稷等人之書。

〔註60〕何氏此目錄，現已佚失，也未收錄於《義門先生集》中。今所錄者，均轉引自翁方
綱《通志堂經解目錄》一卷所引。

〔註61〕據台北廣文書書目續編，民國 56 年影印出版。

〔註62〕同註 61。

2. 《童溪易傳》三十卷，汲古宋本

何焯：汲古宋本，俞石澗收藏，後闕二卷，非全書。

3. 《東谷易翼傳》二卷，汲古元本

何焯：汲古閣元本，最精。

4. 《文公易說》二十三卷，汲古元本

何焯：汲古原本，惜有模糊處。

5. 《周易啓蒙翼傳》三篇外篇一篇，汲古元本

何焯：汲古元本。

6. 《周易本義通釋》十二卷，汲古元本

何焯：汲古元本。

7. 《書集傳或問》二卷，汲古元本

何焯：汲古元本。

8. 《書蔡氏傳旁通》六卷，汲古元本

何焯：汲古元版。

《鐵目》卷二：通志堂本即從此出。

9. 《書集傳纂疏》六卷，汲古元版

何焯：汲古元版。

10. 《尚書通考》十卷，汲古元刻

何焯：汲古元刻，惜有闕葉，應爲標出。

《鐵目》卷二：雷序行書尤工，猶是天曆舊刻也。

11. 《定正洪範集說》一卷，汲古元刻配補

何焯：汲古元刻，李中麓藏本，中缺一葉，從黃梨洲處補全。

12. 《毛詩名物鈔》八卷，汲古舊鈔本

何焯：汲古舊鈔本。

13. 《詩經疑問》七卷，汲古元版。

何焯：汲古元版。

14. 《春秋本例》二十卷，汲古舊鈔本

何焯：汲古舊鈔本

15. 《春秋左氏傳事類始末》五卷，汲古鈔本

何焯：汲古鈔本，原爲姚舜咨所藏。

16. 《春秋集註》十一卷綱領一卷，汲古宋板

17. 《春秋經傳類對賦》一卷，汲古李中麓鈔本

何焯：汲古李中麓鈔本。

18. 《春秋諸國統紀》六卷，汲古元本

何焯：汲古元本，顏書最精。

19. 《考工記解》二卷，汲古宋本

何焯：汲古宋本，中有闕葉，應訪求補全。

20. 《三禮圖》二十卷，汲古宋本

何焯：汲古宋本，序文稍有訛處，已經改正。

21. 《夏小正解》四卷，汲古宋人鈔本

何焯：汲古宋人鈔本。

22. 《孟子集疏》十四卷，汲古宋本

何焯：汲古宋本，最精。

23. 《四書纂疏》二十六卷，汲古宋本

何焯：汲古宋本。

24. 《四書通證》六卷，汲古元本

何焯：汲古元版。

25. 《十一經問對》五卷，汲古元刻

何焯：汲古元刻付刊，惜缺序文。

26. 《四書通》三十四卷，據鐵目知爲汲古元版

《鐵目》卷六〈四書通〉：「元刊本，……通志堂本即從此出，舊爲汲古閣藏書，每卷末有汲古閣、毛子晉氏二朱記。」

以上二十六種爲汲古閣藏本，其中八種爲宋本（含宋板），十三種爲元本，一種爲李中麓鈔本，二種舊鈔本。

27. 《六經正誤》六卷，焦氏宋本

何焯：焦氏宋本。

《鐵目》卷六〈六經正誤六卷〉：「宋本，止存卷一卷二卷六凡三卷，餘鈔補全，通志堂本即從此出，覈之無異，……卷首弱侯、漪生二朱印。」

28. 《經典釋文》三十卷，錢遵王鈔本

何焯：從遵王鈔本付刊，伊人所校滿紙皆訛謬。

29. 《四書纂箋》二十六卷，李中麓元本

何焯：李中麓元本。

30. 《四書集編》二十六卷，李中麓鈔本

何焯：李中麓鈔本，惜未盡善。

31. 《南軒孟子說》七卷，東海從天乙閣鈔來
　　何焯：東海從天乙閣鈔本，即以付刻。

32. 《南軒論語解》十卷，東海從天乙閣鈔來
　　何焯：東海從天乙閣鈔來，未盡可信。

33. 《孝經註解》一卷，李中麓本
　　何焯：李中麓本。

34. 《禮記集說》一百六十卷，從兩鈔本付刻
　　何焯：集說從兩鈔本付刻，皆未盡善。
　　毛扆《汲古閣書目》云：「禮記集說四十二本，棉紙舊鈔，世無其書，止
　　有此影鈔宋本一部，徐崑山所刻，借此去寫樣。」

35. 《周禮訂義》八十卷，李中麓宋本
　　何焯：李中麓宋本

36. 《讀春秋編》十二卷，元人鈔本
　　何焯：元人鈔本。

37. 《春秋諸傳會通》二十四卷，據鐵目知出自元刊本
　　《鐵目》卷五〈春秋諸傳會通二十四卷〉：
　　「元刊本，前有凡例及讀春秋綱領刊於至正九年，通志堂本即其所出。」

38. 《春秋屬辭》十五卷，據《儀續跋》知出元刊本
　　《儀顧堂續跋》卷三〈元槧春秋屬辭十八卷〉：
　　「程性跋雖作於洪武元年，版則元代所刊也。字皆趙體，刻手甚工，即通
　　志堂刻本所祖。」

39. 《春秋集傳詳說》三十卷，從天乙閣鈔本
　　何焯：從天乙閣鈔本。

40. 《春秋通說》十三卷，李中麓藏影鈔宋本
　　何焯：東海先有鈔本，從黃俞邰處來，仍偽書也。後汲古得李中麓影鈔宋
　　本，用以付刊。

41. 《春秋經筌》十六卷，從天乙閣鈔來，與李中麓殘本校
　　何焯：全書從天乙閣鈔來，汲古得李中麓殘本三冊，用以校勘，有整句脫
　　落者，其新鈔皆未愜意。

42. 《春秋名號歸一圖》二卷，海虞某氏家藏宋本
　　何焯：海虞某氏家藏宋本。

43. 《毛詩解頤》四卷，葉九萊藏本

何焯：葉九來藏本。

44. 《春秋權衡》十七卷，孫北海藏宋本
何焯：孫北海藏宋本，惜未遵行款。

45. 《毛詩本義》十五卷附鄭氏詩譜一卷，錢遵王宋本
何焯：遵王宋本，伊人校勘未當，深為可惜。
四部叢刊三編，此書末有張元濟跋：
當刊於南宋孝宗之世，通志堂刊本即從此出，然校勘未精。

46. 《毛詩指說》一卷，李中麓鈔本
何焯：李中麓鈔本。

47. 《尚書纂傳》四十六卷，李氏元刻
何焯：李氏元刻，最精。
傅增湘《藏園群書題記》卷一〈影鈔尚書纂傳殘本十六卷〉：
明李中麓有元刊本，……徐健菴曾刻入通志堂經解中，然版匡縮小，行格
亦經改易，何義門批云：李氏元刻，最精，殆指中麓所藏而言。

48. 《書蔡氏傳輯錄纂注》六卷，顧貞觀藏元刊本
《鐵目》卷二〈書蔡氏傳輯錄纂注六卷〉：
通志堂經解宜即從之出。……有顧貞觀印，高陽氏槐榮堂。

49. 《初學尚書詳解》十三卷，從天乙閣鈔本
何焯：從天乙閣鈔本。

50. 《禹貢集解》二卷，據《鐵目》為徐乾學藏宋本
何焯：宋本。
《鐵目》卷二：此本為王止仲所藏，後歸元敬劉公甬，入傳是樓，今所傳
經解本即據之以對。
性德於此書序曰：是書本為吳人王止仲藏書，其後歸於都少卿穆。

51. 《尚書說》七卷，明書帕本
何焯：明書帕本。
《鐵琴銅劍樓藏書目錄》卷二：
舊鈔本，明人錄本，舊藏黃俞邰家。……通志堂據以傳刻。

52. 《增修東萊書說》三十五卷，影鈔宋本
何焯：影鈔宋本。

53. 《禹貢論》四卷，從天乙閣抄本
何焯：從天乙閣鈔本，惜乎無圖，應訪有圖者補之。

《鐵目》卷二〈禹貢山川地理圖二卷〉：

鈔本。

54. 《書古文訓》十六卷，焦氏家藏宋本後歸東海

何焯：焦氏家藏宋本，今歸東海。

55. 《大易象數鈎深圖》三卷，道藏本

何焯：道藏本

案：此書原收入《道藏》洞真部靈圖類。

56. 《易象圖說》三卷，道藏本

何焯：道藏本。

案：此書原收入《道藏》洞真部靈圖類。

57. 《易數鈎隱圖》三卷附遺論九事，道藏本

何焯：此道藏本也

案：此書原入《道藏》洞真部。

58. 《大易集說》十卷，錢遵王元本

何焯：此遵王元本，惜屬伊人所校，版心大謬。

59. 《學易記》九卷，從李中麓家藏鈔本發刊

何焯：從李中麓家藏鈔本發刊。

60. 《周易輯說》十卷，鈔本

何焯：僅從鈔本付刊。

61. 《周易玩辭》十六卷，李中麓殘本

何焯：大江以南，抄本有五部，俱不全。後於李中麓家得殘本，其文獨全，
遂成完書。

62. 《復齋易說》六卷，天乙閣鈔本

何焯：天乙閣鈔本。

63. 《漢上易傳》十一卷附《卦圖三卷叢說》一卷，卦圖及叢說從西亭王孫鈔
本，十一卷則為影宋本

何焯：外圖及叢說，西亭王孫鈔本，尚未盡善。其十一卷，影宋本，可據。

64. 《紫巖易傳》十卷

何焯：書帕本，不足據。

65. 《讀易私言》一卷，從學海類編舊本刊入

四庫提要卷四，經部‧易類四：

此書本在衡文集中，元蘇天爵文類、明劉昌中州文表皆載之，國朝曹溶採

入學海類編，通志堂刊九經解，遂從舊本收入。

66. 《尙書表注》二卷

何焯：金仁山表注名重，而書僅中等，且元刻有殘闕處，補全者未盡可信，是顧伊人妄爲補全耳。

《鐵目》卷二〈尙書表注〉：舊鈔殘本，……顧伊人跋元刻表注謂錫山秦氏、崑山徐氏俱有書注全本，今不知在何許矣。

67. 《春秋本義》三十卷

何焯：元刻，最精，有句讀圈點抹，因中有闕葉，不敢擅增。

68. 《儀禮集說》十七卷

何焯：每卷後有一紙最善，惜尙闕幾卷。

《儀顧堂續跋》卷二〈元槧儀禮集說跋〉：「每卷後有正誤數條，言所以去取之意，如後世校勘記之類，惟卷一卷十一獨無，與通志堂刻同。卷十一末大功二小功二句下，通志堂空四字，此本損破四字，以白紙補之，則通志堂所刊即以此爲祖本。」

69. 《四書辨疑》十五卷

吳中范檢討必英家藏元本也。朱氏《經義考》云：「范本是元時舊刻，不著撰人名氏，是偃師陳天祥所撰。」

計以上據李中麓本者八，據天乙閣本者七，據錢遵王本者三。

雖則現今可考知其書之來源者僅有六十九種，但徐乾學既云「悉予兄弟家藏」，或許未考知者多半爲徐乾學兄弟所藏。〔註63〕

綜合來說，《通志堂經解》於康熙十二年始刻，歷二年完成初步刊刻，先有初印本，後移名納蘭性德後，稍作整編，復有去取，於康熙十九年始以全編行世，即今所傳《通志堂經解》康熙十九年初刻本。

二、乾隆、同治年間補刊與重刊《通志堂經解》之經過

（一）乾隆五十年，清高宗御定補刊

《通志堂經解》之輯刻經解、刊刻行世，爲當時刻叢書的概念投下了一個變數，也就是清初輯刻叢書自「《通志堂經解》然後刊刻叢書，始志在流傳經史」〔註64〕對清代叢書刊刻有其前導性。（詳見第六章第三節〈通志堂經解的影響〉）因此，此

〔註63〕徐元文有《含經堂書目》、徐秉義有《培林堂書目》，且二書目中經部之書，與通志堂經解收錄之書相同者甚多，然因書目相當簡單，無法確是否即刻書所據。

〔註64〕謝國楨撰〈叢書刊刻源流考〉，頁2。

編在當時曾引起相當的反應。當時人雖多知道此編乃徐乾學刊刻，而令納蘭性德具名。然而，此編經過轉移至性德名下，又冠上通志堂之名行世，隨著二人相繼去世，漸漸地，《通志堂經解》孰爲刊刻者已有混淆的情形。如《四庫全書總目提要》〈通志堂集十八卷附錄二卷〉云：

> 性德生長華閥，勤於學問，鄉試出徐乾學之門，遂受業焉。九經解即其所刻，而徐乾學延顧湄校正之，以書成於性德，歿後板藏徐氏，世遂稱徐氏九經解，並通志而移之徐氏，實相傳之誤也。〔註65〕

即是將刊刻事實錯置的一個例子。此編流傳既久，原版漸剝蝕不全。乾隆五十年高宗詔諭補刊《通志堂經解》，由四庫全書館臣將版片之漫漶斷闕者補刊齊全。高宗令軍機大臣詳查其刊書原委，辨明此編之刊刻問題，並將諭旨載於五十年內府刊本卷首。其旨意略云：

> 徐乾學係壬子科順天鄉試副考官，成德由其取中。夫明珠在康熙年間柄用有年，勢燄薰灼，招致一時名流，如徐乾學等，互相交結，植黨營私，是以伊子成德未弱冠即夤緣取得科名，自有關節。乃刻通志堂經解以見其學問淵博。〔註66〕

視此編乃「徐乾學所裒輯，令成德具名刊刻，俾藉此市名邀譽，爲逢迎權要之具耳」〔註67〕然諭旨中也指出「是書薈萃諸家，典贍賅博，實足以表章六經」〔註68〕而命四庫館臣訂正譌誤，補刊完善。

　　此次補刊，實際收錄之書與康熙十九年刻本相同，不過將初刻本目錄未列的《春秋年表》挑出，因而總數成爲一三九種，陶湘《故宮殿本現存書目》載此編即是這樣計算。

　　乾隆雖命群臣將版片漫漶斷闕處補全，並訂正譌誤，然就筆者以其中三種書作爲比對的選樣，將此補刊本與康熙十九年刊本比較，卻發現錯誤依舊在，斷闕仍然存，比對結果，將在下一部分討論同治十二年刊本時一併列出。至於兩種刊本之不同：不過是經過重印，裝潢不同，補刊本卷首依序爲乾隆五十年清高宗上諭、納蘭性德序、徐乾學序而無目錄。所謂補刊或許只是恢復康熙十九年刊本之舊觀而已。

（二）同治十二年粵東書局據菊坡精舍藏版重刊本

　　《通志堂經解》雖在乾隆五十年曾有補刊本，但此刊本主要是作爲四庫薈要編

〔註65〕見《四庫全書總目提要》‧集部‧別集類存目十。

〔註66〕乾隆五十年補刊本與同治十二年重刊本均附有此諭旨。

〔註67〕同註66。

〔註68〕同註66。

輯之用，〔註69〕補刊本流傳似乎不多。（見下一節）原刊本因已流傳一百多年，加上清中期後，漢學較盛，而《通志堂經解》乃偏於宋學，較不受重視，印本傳世漸稀。於是在距乾隆年間補刊的八十八年後，粵東鹽政鍾謙鈞請於制府，重刊付棗，以廣其傳，此即同治十二年粵東書局刊本。而從此刊卷首之鍾氏及當時粵中大吏所撰序文，能理出此次刊刻原本。

　　此刊本卷首附有兩廣總督瑞麟、廣東巡撫張兆棟、兩廣都轉運使鹽運史鍾謙鈞的序文。三人一致肯定此編的價值，明其所以不可不重刊，而對於歷來紛擾之校刊者問題，則認為徐乾學與納蘭性德二人均有功於先儒學說之表章，不刻意強調原書刊刻的問題。如張兆棟〈重刊經解序〉言：

> 康熙中徐健菴尚書屬納蘭容若侍衛彙刻經學諸書，為《通志堂經解》。今兩百年矣，惟藏書家有之，治經之士每購求而不得。夫經學貴乎專精，亦貴乎賅博，所讀之書不在多，備考之書則不可多。好古之士不讀宋元人書，亦非所謂殫見洽聞也。且經學風氣代不相同，源流正變尤學者所當知，《通志堂經解》所刊宋人之書八十一種，元人之書四十八種，徐氏納蘭氏於兩代經學實能為之表章。〔註70〕

鍾謙鈞序亦曰：

> 此編承注疏之後，在皇清經解之前，宋元人之經學略備於此，不可不重刊也。其卷帙繁富，剞劂勞費，在所不惜。〔註71〕

都是將重點擺在此編，略論刊刻者。而在瑞麟的序中更以叢書的觀點來說明此編價值：

> 自來刻叢書者，皆雜取經史子集之書彙為一編，惟國初納蘭氏《通志堂經解》專取經學之書彙刻之。其書凡一百四十四種，一千七百九十二卷，徐健菴尚書實主其事。……蓋唐人之書固為古笈，而宋元明諸家之說亦足以備參考，非彙而刻之，則讀書者一一訪求甚勞，凡叢書有益於學者以此也。
> 〔註72〕

則真正觸及通志堂經解之價值。也因諸人瞭解其價值，鍾氏重刻之議，很快就開始進行。

　　乾隆補刊後，經解原版藏於江寧藩署〔註73〕，重刻時似未以原版為據，而以菊

〔註69〕詳見第六章第三節〈通志堂經解對後世的影響〉。
〔註70〕同治十二年粵東書局重刊本卷首附。
〔註71〕同註70。
〔註72〕同註70。
〔註73〕據顧修《彙刻書目》卷一〈通志堂經解〉條下所言：然乾隆五十年既然在北京補刊，那麼應沒有理由會把版片移至江甯藩署，顧氏所言或有錯誤。

坡精舍藏版付刻，故今傳同治十二年刊本前之封面左下一欄題有「菊坡精舍藏版」等字樣。刻書工作「甫一歲而畢」（鍾謙鈞語），從鍾氏三人序文均署同治十二年十月看，則付梓之始當在同治十一年。

　　此編卷帙浩繁，而刊刻僅一年就完成，加上鍾氏抱持「刻書之意欲其有益於讀書者，不在乎楷字之美。其校對亦但改新刻之誤，至原本可疑者，則仍其舊，無失其真」的想法，難怪關文瑛《通志堂經解提要》會有「原刊楷字精工，覆刊所不能及，且時日短促，校勘殊嫌草草」〔註74〕的責難。今見重刊本，稍加留意，則關氏所言可得證知。雖然如此，此編因刊刻時間較近，流傳也較廣，參與重刻諸人欲「使古人精力不至泯沒，又使徐氏納蘭氏薈萃之功將絕而復續，而士人於難得之書亦可置一編矣」（張兆棟序）的目的，應可說是已經達到了。

（三）三種刊本的異同

　　以上二段分述乾隆五十年補刊及同治十二年重刊的原委，也稍稍論到三種刊本之差異。茲就今所見三種刊本，列其異同，條述如下：

1. 版刻版式各項

（1）版　式

　　康熙十九年刊本的版式是左右雙欄，白口，單魚尾，魚尾下著書名，卷次及頁數。上象鼻標名該版字數，下象鼻則有「通志堂」三字及刻工名字。〔註75〕而其行款，一般是半葉十一行，行二十字。但有的書行款卻不一致，如《周易義海撮要》即是半葉十三行，行二十三字。〔註76〕另外，此刻每書前有一封面，註明作者、書名和藏版者。例如《漢上易傳》封面：右有「宋朱子發先生」，中大字書寫「《漢上易傳》」，左上註明附刻之書「卦圖叢書附」，左下題「通志堂藏版」。每卷末有「後學成德校訂」。〔註77〕

　　乾隆五十年補刊本，版式與康熙間刊本同，但版匡較小；書前沒有封面，卷末成德校訂等字則仍存。。

　　同治十二年重刊本，版式行款與原刊本同，版匡高寬亦同。不過書前封面除去，卷末除「成德」等字樣，後加「巴陵鍾謙鈞重刊」一行。

（2）字　體

　　此編康熙十九年初刻本以當時流行的軟體字精工刊行，「筆畫纖細，字之排列整

〔註74〕關文瑛《通志堂經解提要》。
〔註75〕此據台大文學院藏本而論。目錄處之版心並無「通志堂」三字，正文中才有。
〔註76〕另外，如《漢上易傳》的行款，也是半葉十三行，行廿三字。
〔註77〕台大藏本，每書均有封面，但東海大學藏殘本卻無，不知其因。

齊而疏朗，使人有娟秀而端莊之感」〔註78〕其後，乾隆五十年及同治十二年均採覆刊方式，所以字體未變，但感覺較板滯、粗笨些，稍作比較即可知之。

（3）卷　首（目錄及序言）

康熙十九年刊本，卷首有納蘭性德序與徐乾學序，序後有目錄，目錄版心魚尾下作「新刊經解目錄」，上版口處無字數，下版口則無「通志堂」三字及刻工姓名。目錄上有部份書的卷數錯誤。〔註79〕

乾隆五十年補刊本，首置乾隆五十年二月二十九日高宗上諭，徐氏、納蘭氏序文去之。〔註80〕

同治十二年重刊本，卷首有乾隆上諭，次納蘭成德序，次徐乾學序，後依次為瑞麟、張兆棟、鍾謙鈞等序，後又重刊通志堂經解銜名，鑑定、校刊、監刊、總校、分校等共二十五人。此刻目錄版心作「經解目錄」字體較原刊粗些，版口處有字數亦有「通志堂」三字，而原刊卷數之誤已改正。另外，此編目錄末有「羊城內西湖富文齋承接刊」，本編最末（《五經蠡測》卷六末）有「粵東省內富文齋刊印」都是原刊所無。

2. 校勘內容

《通志堂經解》康熙十九年初刊行世，因校勘齷疏，屢受譏評。而後兩刊本，一云補刊，一日重刻，卻也沒有廣蒐異本，詳加校勘。今僅就《易數鉤隱圖》、《十一經問對》、《經典釋文》等書，分兩點敘述如下：

（1）康熙十九年刊本有部份的書頁有闕漏，或註明原闕，或以墨釘代之，乾隆、
　　同治刊本於這些地方未予補全。

　　a. 如《易數鉤隱圖》卷中，頁14，圖後第二行「至於八月有凶消不久（原，
　　　 缺二格）諸家之注解各有異焉」，補刊本、重刊本仍保存原刻舊樣。

　　　 同上書，卷下，頁9，第三行「今臆說破之，旡乃（空三格）答曰……」；
　　　 補刊本、重刊本僅在原空格處補上「原缺」二字。

　　b. 《十一經問對》卷四，頁26、27有多處墨釘，以示原文缺佚，而補刊本
　　　 在這些地方補上「原缺」；重刊本則將墨釘除去以空白代替。

　　　 同上書，卷五，頁3亦有多處墨釘，補刊本仍補原缺二字；而重刊本則
　　　 或空白，或補原缺二字，處理方式不一。〔註81〕

〔註78〕李清志著《古書版本鑑定研究》，頁80，台北：文史哲出版社，民國75年9月初版。
〔註79〕例如，《四書通》三十四卷，實應為二十四卷。
〔註80〕據故宮藏乾隆五十年補刊本。
〔註81〕另外，《十一經問對》卷五，頁28、29亦有此類墨釘或原缺的情形，但二者處理方

（2）康熙十九年初刻本校勘上的錯誤，乾隆間補刊、同治間重刊均未予以訂正。

《通志堂經解》中所收錄的書，在清代發生最大效用的應屬《經典釋文》一書了，（詳見第六章第三節〈通志堂經解對後世的影響〉）茲以此書見三種刊本在校勘上錯誤相同。

例如：〈春秋左氏音義〉·哀公·傳八年「水音茲」，據臧鏞堂校跋知：「因宋版滋字水旁模糊，葉鈔遂作茲字，徐氏覺其難通也，反改正文水茲作水滋，非特失漢唐舊書之眞，且乖陸氏之音矣」〔註82〕諸如此類的錯誤，尚有許多，不盡詳列。〔註83〕但衡諸乾隆五十年及同治十二年刊本均未作校正。

在比對下，即可看出所謂乾隆五十年補刊本及同治十二年重刊本，其版刻上確有些許不同；但在內容校勘上，則可明顯看出錯誤依舊，而所以能躲過學者的責難，一則爲御定補刊，一則刊刻時宋學式微，未引起相對的注意。所以後兩個版本最重要的意義還是使《通志堂經解》「將絕而復續」。

第三節　《通志堂經解》的流傳

《通志堂經解》刻成，一般學者或以其「差強人意，亦爲虛譽」〔註84〕；或認爲是薈萃諸家，典贍賅博，確實在當時引起相當的反應。然此編於「卷頁浩繁，學者苦於備覽，寒俊艱於購置」〔註85〕的情形下，流傳並不廣；而清中期起，漢學凌越宋學。相對地，宋元經解之書也就較不受重視，《通志堂經解》存世情形就更不引人注意了。這一節，即試就各目錄書記載情形，探討此編在有清一代的流傳概況；並就知見者，探討《通志堂經解》現今存藏情形。

一、康熙十九年刊本的流傳

（一）康熙十五年以前初印本傳世極少

王士禎《居易錄》卷十，頁3記載曰：

> 頃得崑山新刻經解又數種，如逸齋補傳、成伯璵指說、李樗黃燻集解、朱焯疑問、朱善解頤，詳略雖不同，要旨可互相發明。

式同以空白代替。
〔註82〕黃焯撰《經典釋文彙校》，頁185，北京：中華書局出版，1980年9月第一版。
〔註83〕黃焯撰《經典釋文彙校》一書中列有許多例子，請參見。
〔註84〕陸隴其《三魚堂日記》卷下。
〔註85〕方苞《望溪先生文集》卷六，〈與呂宗華書〉，頁24。

可知徐乾學在刻《通志堂經解》時是採隨刻隨印的方式，且可能刻成即贈予友朋，所以王氏始有又得數種之語。而依照記載，此編初印本，「白紙初印，版心無通志堂三字」〔註86〕並無特殊版記，加上隨刻隨印，未如後來以通志堂之名整套行世，極易佚失。因此就今知見者，傳世極少。

但是，此編之精楷刊刻，當時已引起王士禎的注意，於《居易錄》內曾稱：

> 近年金陵蘇杭書坊刻版盛行，建本不復過嶺，蜀則更兵燹城郭丘墟，都無刊書之事，京師亦鮮佳手。數年以來，石門呂氏、崑山徐氏雕行古書頗仿宋槧，坊刻皆不殆。〔註87〕

對其版刻之美，持正面的肯定。而葉德輝《郋園讀書志》卷一云：

> 天祿琳琅續編經部宋人書所謂宋版者，往往以白紙初印之通志堂本偽充，當時鑑定諸臣不知何以竟未辨出，亦可知通志堂本之希見，故得魚目混珠。〔註88〕

葉氏認為天祿琳琅諸臣之所以鑑定有誤，乃是通志堂希見的緣故，但筆者卻以為除了少見，也是其刊刻精美，頗仿宋槧之故。葉氏所云天祿琳琅諸臣誤入者，今所知者有《三禮圖二十卷》一種，現藏於故宮博物院，且已辨明為通志堂經解本。另外，繆荃孫《藝風堂文漫存》卷三〈琉璃廠書肆後記〉曾記載書商以通志堂經解本偽充宋本之例：

> 寶森堂主人李雨亭與徐蒼崖在廠肆為前輩。曾得姚文禧公、王文簡公、韓小亭、李芝齡各家之書，所謂守……嘗一日手持國策與余閱曰：「此宋版否？」余愛其古雅，而微嫌其紙不舊，渠笑曰：「此即所謂捺印士禮居本也。黃刻每頁有鐫二名字，捺去未印入以惑人。通志堂經典釋文，三禮圖亦有如是者。裝潢善價，以備配禮送大老，慎弗為所惑也。」

足見原刻本刊印之精美。

（二）康熙十九年刊本流傳少

《通志堂經解》初刻本究竟印了多少以供流傳？流傳範圍又是多廣？這些問題現在無法考知，所知者僅是當時人對此編收錄之書及校勘多有微詞、甚至批評。不過，由方苞〈與呂宗華書〉述及其刪定經解之因：

> 是書卷帙既多，非數十金不可購，遠方寒士有終身不得一寓目者矣。有或

〔註86〕《續修四庫全書提要》・史部・〈粵雅堂叢書本通志堂經解目錄一卷〉，頁3175。
〔註87〕王士禎撰《居易錄》卷十四，頁18。
〔註88〕卷一，頁22～24。

致之觀之而不能也。有或徧之茫然而未知所擇也。〔註89〕

知乾隆二十年左右，〔註90〕此編售價達數十金，實非一般士子得見，而有刪定之舉。
從這點推論，則此編流傳爲數不多。到了乾隆中、後期，藏有《通志堂經解》者也
漸有闕佚，而尋修葺補全。如盧文弨於乾隆四十八年〈題三立書院所藏通志堂經解
卷首〉敘其補闕的經過：

> 三立書院中，舊藏有通志堂經解六十函，而獨闕其首帙，余蓄意補之。乾
> 隆辛丑，庶吉士介休劉君錫五，……余屬其還朝之日，就京師士大夫家借
> 本鈔足，……乃歲餘而不至。余同年友洗馬大興翁覃溪知余將離山西，惟
> 此爲懸懸，因即代劉君成之以寄。……但書首有諸名人所作序，并其目錄，
> 尚闕如，不及補矣。〔註91〕

爲補闕首帙，將近二年，而尚有原序及目錄闕，則知流傳之少。而焦循〈修葺通志
堂經解後序〉述其購買此編及補全闕佚，亦相當艱辛：

> 是書爲休園鄭氏所藏，舊缺《三禮圖》、《學易記》、《讀易私言》、《易雅》、
> 《笠宗》、《周易輯聞》、《春王正月考》、《四書通證》八種，部首無序目，
> 而字畫清秀，蓋康熙初印本也。……乾隆丙午，連歲大饑，余疊遭凶喪，……
> 有良田數十畝爲鄉獪所勒買，得價銀僅十數金，……適書賈以此書至問
> 售，需值三十金。所有銀未及半，謀諸婦，婦乃脫金簪易銀得十二金，合
> 爲二十七金。問書賈，賈曰可矣。〔註92〕
> 明年丁未，得春王正月考於高君學川，又於葉叟處購得《學易記》、《讀易
> 私言》二種。戊申七月於金陵市口得《三禮圖》，己酉得《易雅》、《笠宗》，
> 壬子又購《三禮圖》初印本於黃客，甲寅於周客之濂溪書屋購得《周易輯
> 聞》、《四書通證》，越二日，大火，濂溪書屋焚無寸木，而二書幸存，如
> 鬼神護之者。

良田數十畝得價尚不及書價之半，可知此編之難得。又從焦氏蒐求補闕的經過，知
《通志堂經解》散佚單本，當時也在書肆販賣。

再者，從乾嘉中諸藏書家，如孫星衍《孫氏祠堂書目》、倪模《江上雲林閣書目》
將此編各書分入經部各類，〔註93〕又非每書俱有的情形看，當是未得全編。而此足

〔註89〕 方苞《望溪先生文集》卷六，頁24。
〔註90〕 戴鈞衡重編校勘《望溪先生年譜》將方氏之刪定經解置於二十六年，故方氏所言價
　　　　 值，當爲《通志堂經解》一編當時的價錢。
〔註91〕 盧文弨《抱經堂文集》卷七，頁90。叢書集成初編據抱經堂叢書本排印。
〔註92〕 焦循撰《雕菰集》卷十六，頁260。叢書集成初編據文選樓叢書本排印。
〔註93〕 《孫氏祠堂書目內外編》，台北廣文書局書目三編，民國58年2月初版。案此書內

見《通志堂經解》康熙十九年刻本流傳一百年左右，也是就到清代中期時，完整全編已頗難得。

二、乾隆五十年補刊本和同治十二年刊本流傳

（一）乾隆五十年補刊流傳未廣

1. 補刊本與《四庫全書薈要》有關

關文瑛《通志堂經解提要》提及乾隆時補刊之事：

> 流傳既久，原版或剝蝕不全，乾隆五十年乃由四庫全書館臣將版片之漫漶斷闕者補刊齊全，訂正撝誤，遂復臻於完善。高宗手諭記之曰，是書薈萃諸家，典贍賅博，實足以表章六經，蓋實錄也。時上距是書之雕成之歲凡一百五年。〔註94〕

簡要說明補刊的經過。但是乾隆之所以下諭補刻此編，當與乾隆三十八年起編纂《四庫全書薈要》有關。〔註95〕吳哲夫先生《四庫薈要纂修考》曾論曰：

> 此書收錄之諸家經解，非程朱一派，均削而不錄，與四庫薈要編修宗旨相吻合，故薈要圖籍依通志堂本繕錄者有九十四種之多。〔註96〕

據此可知，因《通志堂經解》收錄書標準，與《四庫薈要》宗旨符合，而其中所錄又多稀傳之書，故依此編謄錄者極多。而要謄錄時發現版片斷闕處頗多，故後來始有補刻之事。

2. 補刊本遞藏情形

這次的刊本，流傳得相當少，知見的記載僅有三則：

一是莫伯驥《五十萬卷樓群書跋文》經部一，曾有一則載「御定補刊通志堂經解百四十種一千七百八十六卷，書名下注云：『清刻，朱筆校本汪龍莊舊藏』」內容曰：

> 原書清康熙間徐乾學編輯，納蘭性德鐫版，乾隆五十年，館臣訂正補刊。此本得之杭州，紙墨甚精，全書均有前人朱校，字小如蟣，考訂甚有家法，惜不知其為何人也。〔註97〕

外編均著錄通志堂本的書，而外編著錄數目雖較少，但經部順序與《通志堂經解》極相近。

〔註94〕同註74。

〔註95〕同註69。

〔註96〕吳哲夫先生撰《四庫薈要纂修考》，頁39。

〔註97〕頁14～24。

莫氏僅云其「紙墨甚精」，而未提到此刻版式，及其與原刻本之差異。

　　莫氏之外，另二則是今藏者，一爲故宮博物院；一爲韓國松澗文庫，二者所藏將於後再論。

（二）同治十二年粵東書局重刊本廣其流傳

　　翁方綱於乾隆五十六年撰〈經解目錄序〉云：

　　　　徐氏所刻通志堂經解，近有以不全本，別爲目錄，以眩人者。故不得不就

　　　　其原刻次第，略舉卷帙原委，錄爲目以備檢查云。〔註98〕

從序中，能知當時有以不全本之《通志堂經解》冒充全編，並另編目錄騙人。而這種現象通常是在流傳量稀少的情形下才容易產生。大約在同時，焦循以數年時間補全《通志堂經解》，亦是一佐證。而此時距乾隆五十年補刊本完成，已有五至十年，但二人均未見之，似乎也可看出補刊本傳世之稀。

　　嘉慶年間，著重訓詁考證之漢學極盛，宋元經解較不受重視。在這段期間，除了道光四年至六年，張金吾輯刻《詒經堂經解》一千四百三十六卷，以補《通志堂經解》〔註99〕之不足以外，少有提及《通志堂經解》者。在初刻本行世近二百年，傳本漸稀時，廣東鹽政運轉使鍾謙鈞於同治十一年末，倡議重刊《通志堂經解》，而此議隨即實現，以一年時間，完成重刻。

　　此次重刊，因爲主持者所持觀點是「此編承注疏之後，在皇清經解之前，宋元人之經學略備於此」〔註100〕故其刻書在廣其流傳，嘉惠士林。其目的既是如此，則重刊本所印數量必不少，加上時代較晚，現今傳世者不少。以下即敘述現藏情形。

三、《通志堂經解》中外現藏概況

　　前面一再談到《通志堂經解》流傳不廣，今就各個目錄登錄所得，製成二表：一爲台灣地區收藏概況一覽表；另一爲亞洲地區收藏概況。前者所載，筆者多曾過目；後者所列則都只是鈔錄自各收藏單位的目錄，一切資料也以目錄爲準。

（一）台灣地區收藏概況

　　臺灣地區現今得見者共有九套，包含：

　1. 康熙十九年刊本二套

〔註98〕《復初齋文集》卷十五，〈經解目錄序〉。

〔註99〕李兆洛〈詒經堂續經解序〉：「國朝納蘭氏通志堂經解之刻，所以輔微扶衰，引掖來學甚厚，傳之百餘年矣。金吾張君以遺編墮簡，尚不盡于此，乃發其家所藏書，自唐以下，復得如干種，寫定爲詒經堂續經解，都千二百有餘卷，將以此授之剞劂焉。」

〔註100〕鍾謙鈞序，同治十二年刊本卷首。

（1）東海大學收藏者並非全編，易、書二類已佚失，詩類則自《毛詩集說》一書起，現存五十種。〔註101〕

（2）台大文圖藏有一套，爲康熙十九年刊本。此書目錄有「□□山房」白文方印一枚，各卷卷首有「閩縣龔易圖收藏書畫金石文字」朱文方印一枚，後一方印與台大文圖收藏之《憺園文集》所見相同，應是同經龔氏收藏，後爲台大館藏。

2. 乾隆五十年補刊本一套，現藏故宮博物院。

3. 同治十二年重刊本六套。

分藏於台大、中圖台灣分館、中研院史語所傅斯年圖書館與東海大學。請參看表一。

（二）亞洲地區收藏《通志堂經解》概況

因爲現今所見臺灣以外地區的漢籍藏書目錄，以日本各圖書館的目錄較多，故所載多屬日本地區所藏。至於，將大陸及香港地區亦歸入此表，則因單獨列不足以成一表，故附於此。此外，在這些地區所收藏《通志堂經解》，部份對於板本並未註明或僅著「清刊」二字，今仍將這些列入，但不予討論。

1. 康熙十九年原刊本二套

分藏於內閣文庫與東洋文庫，其中東洋文庫著錄爲「康熙十五年序刊本」，應是據書中成德各序均作於十五、十六兩年而定，因此亦屬康熙十九年刊本。

2. 乾隆五十年補刊本一套

收藏於韓國松潤文庫，現今知見補刊本流傳國外的，僅此一套。據《松潤文庫漢籍目錄》知此書鈐有「賜號溝堂」、「閔應植印」、「閔丙承印」、「閔晟基印」等藏章。

3. 同治十二年重刊本有五套

分藏於日本東洋文庫、京都人文科學研究所、東方文化研究所、香港學海樓及北平圖書館。北平圖書館所藏原爲梁啓超飲冰室收藏，暫存於北平圖書館者。〔註102〕

海內外知見者（不含影印本），總共才十九套，其中有些還是闕帙不全的，足以證明上述所論述。不過，這些均是圖書館或文庫收藏，應仍有私人藏有此編者，惜無法考知。關於《通志堂經解》海外地區收藏現況，亦製成表格，以便參閱，請見表二。

〔註101〕東海藏康熙本，自李迂仲黃實夫毛詩集解卷第二始，其後的書亦不全。共二十函，共一八三冊。

〔註102〕《梁氏飲冰室藏書目錄》，北平圖書館編輯，台北進學書局，民國59年10月影印初版。（據民國二十二年北平圖書館鉛印本）。

附表 5-1：《通志堂經解》台灣地區收藏概況一覽表

版　　　本	輯　刻　者	冊　數	收　藏　處	備　　註
康熙十九年刊本	納蘭成德輯	五〇〇	台北・台大文圖	
同　　上	納蘭成德輯	一八三	台中.東海大學	存五十種，易書二類佚
乾隆五十內府刊本	徐乾學編	一〇四	台北・故宮博物院	139 種，一八〇〇卷
同治十二年粵東書局重刊本	納蘭成德輯	四八〇	台北・台大文圖	138 種
同　　上	納蘭成德輯	五四八	台北・台大文圖	同上
同　　上	同　　上	四八〇	台北・台大研圖	同上
同　　上	同　　上	四八〇	台北・中圖台灣分館	
同　　上	同　　上	四八〇	台北・中研院史語所	143 種
同　　上	同　　上	四八〇	台中.東海大學	

附表 5-2：《通志堂經解》亞洲地區收藏概況一覽表（二）

版　　本	輯　刻　者	冊　數	收　藏　處	備　　註
康熙十五年序刊本	納蘭性德輯	五〇二	東京・東洋文庫	
康熙刊本	納蘭性德輯	七二〇	東京・內閣文庫	原為楓山文庫收藏
乾隆五十年內府刊本	納蘭成德校訂	四九三	漢城・松潤文庫	
同治十二年粵東書局重刊本	納蘭成德輯	四八〇	京都・京都大學人文科學研究所	
同　　上	同　　上	四八三	東京・東洋文庫	
同　　上	同　　上	未註明	京都・東方文化研究所	
同　　上	清納蘭成德、徐乾學著	三七二	香港・學海樓	一三八種
清　　刊	舊題納蘭性德編	五二六	東京・靜嘉堂文庫	
清　　刊	舊題納蘭性德編	五九四	東京・靜嘉堂文庫	註明有缺
未註明	未註明	五八五	東京・內閣文庫	註明有缺
未註明	納蘭性德輯	未註明	東京・尊經閣文庫	分散於經部各類中
同治十二年粵東書局重刊本	同　　上	四八〇	北平・北京圖書館（寄存）	原為梁氏飲冰室藏

第六章 《通志堂經解》的評價及其影響

　　從《通志堂經解》初刻行世以來，到今日已有三百多年，這套叢書得到的評價可說是兩極化的。有的評論說《通志堂經解》「上承注疏之後，下導《皇清經解》之先，宋元義理之學，略備於此」〔註 1〕，而認爲此編之刻「所以輔微扶衰，引掖來學甚厚」〔註 2〕，並有稱刻此編之「徐氏納蘭氏於兩代經學實能爲之表章」〔註 3〕者；但也有批評認爲，此編所收偏於朱子一派，偏於義理，於群經之名物制度文字訓詁皆無所研求，「顧搜羅卷帙至一千數百卷之多，而精者寥寥，不足供經師治經之用」〔註 4〕；亦有論此編之刻「校刊欲速，校者太倉顧湄伊人，本以詞學名家，非通經儒士，竄亂移易，訛謬茲多」〔註 5〕

　　以上兩類意見是分別從不同的角度來看《通志堂經解》這套經學叢書。本章也將分從「刻書以存書」與「校書以存書」兩方面討論此編的價值。另外，從叢書的觀點來看，《通志堂經解》對清代之刻書有其影響性，也在此章闢一節詳論之。

第一節　就刻書以存書論《通志堂經解》

　　在上一章第二節討論《通志堂經解》之刊刻時，統計此編收錄之書，共一百四十一種，附見者六種，都一千七百九十二卷。但是此編輯刻之書有何特色，其於宋元經解之流傳有何貢獻，則未曾論及。以下分二點討論：

〔註 1〕見關文瑛《通志堂經解提要》〈通志堂經解提要敘例〉，卷首，頁 5。
〔註 2〕見《養一齋文集》卷三，頁 10～11〈遺詁經堂續經解序〉。
〔註 3〕張兆棟〈重刊經解序〉，附見於《通志堂經解》同治十二年刊本卷首。
〔註 4〕引錄自姚元之《竹葉亭雜記》。
〔註 5〕見《續修四庫全書提要》〈何焯編通志堂經解目錄一卷〉一則。

一、《通志堂經解》輯刻之著作

（一）《通志堂經解》之分類及各書時代問題

　　《通志堂經解》共分爲十類，其類名依次爲易、書、詩、春秋、三禮、孝經、論語、孟子、四書、總經解，而將這十類與徐乾學《傳是樓書目》比較，可知大略與《傳是樓書目》經部之分類類名、次序相同，〔註6〕亦即是從焦竑《國史經籍志》的分類法。不過，此編之分類及類名，曾有學者提出批評，例如，關文瑛〈通志堂經解源流考〉論其分類：

　　　　各家著錄皆併論孟於四書類中，今則既錄四書類，又列論孟二類，亦屬繁
　　　　瑣。〔註7〕

另外也有論此編輯名不當，如翁方綱《通志堂經解目錄》改此類類名爲「諸經總類」，並注曰：

　　　　通志堂原目題總經解，閻若璩曰總經解三不可通，今改題此。〔註8〕

既然此編分類、類名與徐乾學藏書目錄有關，則當衡諸《傳是樓書目》。今查《傳是樓書目》中，四書一類之書均置於經總解中，並未另立一類，此處爲何列之，無法考證，倘若此類在徐乾學初印時已經存在，則關氏認爲分類過繁瑣，是中肯之說；而「總經解」在書目中，從《國史經籍志》作「經總解」，此處類名之變，不知是誤刻，或在當時徐乾學對此類之名尚未確定。然此類類名由《國史經籍志》而來，若言其不通，當非刻者之罪，翁方綱擅改之，值得商榷。

　　至於《通志堂經解》收錄之書，其作者時代問題，關文瑛〈通志堂經解源流考〉統計如下：

　　　　自子夏易傳起，唐人之書有陸德明《經典釋文》、成伯嶼《毛詩指說》、唐
　　　　玄宗《孝經注》三種，餘由從蜀馮繼先《春秋名號歸一圖》，以下宋人之
　　　　書八十五種，而附見者五種；元人之書四十七種，明人之書三種，而容若
　　　　自著之《合訂刪補大易集義粹言》、《禮記陳氏集說補正》亦殿於易春秋二
　　　　類。〔註9〕

而這個數目顯然與葉德輝《郎園讀書志》的統計不同：

〔註6〕現傳《傳是樓書目》的鈔本、印本，經部之分類雖小有差異，但大致仍依焦竑《國
　　　　史經籍志》經部分類法。其經類的順序爲易、書、詩、春秋、禮、樂、孝經、論語、
　　　　孟子、經總解及小學十一類，而《通志堂經解》無樂類及小學類，其餘略似。
〔註7〕同註1，頁6。
〔註8〕翁方綱《通志堂經解目錄》·詩經總類附注。
〔註9〕同註1，頁4。

　　共易類唐一種，宋二十四種，元十三種，附納蘭性德自撰一種，共三百七
　　卷。毛詩類唐一種，宋七種，元二種，明一種，共一百三十七卷。書類宋
　　九種，元十種，共二百二十四卷。春秋類宋二十二種，元十種，明一種，
　　共四百四十七卷。孝經類宋一種，元三種，共四卷。論語類宋二種，共二
　　十卷。孟子類宋三種，共二十三卷。四書類宋二種，元六種，共一百三十
　　二卷。三種類宋八種，元三種，附納蘭性德自撰一種，共三百六十三卷。
　　總經解：唐一種，宋四種，明二種，共六十三卷。都一千八百卷。〔註10〕

爲求能清楚看出二者的差異，另立一表示之。（附表6-1）雖然葉氏統計或許有誤，
然從這兩種數字，仍可看出《通志堂經解》錄宋、元人著作述了一三二種。（若附見
者算入則有一三四種）筆者認爲，以這樣一個統計數字，配合徐乾學於〈新刊經解
序〉中論經解之演變只至宋元兩代的情形來看，則其刻書之始可能著意在宋元兩代
經解之蒐訪，後來才加上唐、明之作，最後又補入納蘭性德的著作。〔註11〕

（二）輯刻之言偏向朱子一派，非此編之評價重點

　　《通志堂經解》宋元人著作爲主，而從書的內容看，多屬程朱之學，尤其偏向
朱子一派。這種偏向宋元經解之學，又以一學派爲主的內容，曾引起批判，如葉德
輝《郋園讀書志》卷一曰：

　　宋元人經解偏於義理，又抒發爲空論，於群經名物制度文字訓詁皆無所研
　　求。卷帙至一千八百之多，精者不及十種，……且所採諸家偏於朱子一派，
　　北宋如二蘇，南宋如永嘉諸儒之書皆擯不入選。〔註12〕

就是從漢學的角度著眼，故對此編評價並不高。至於所採偏於朱子一派，除上一章
第一節已有所論，此處再以徐氏〈新刊經解序〉中敘經解演變，云：

　　自雕鏤版盛行，流布宜廣，又有宋興起，洛、閩大儒弘闡聖學，下及元代
　　流風未殄，凡及門私淑之彥，各有著述，發明淵旨，當時經解最盛，……

由其舉洛閩之學爲宋學代稱，可見徐氏私淑宋學程朱一派。若從這個觀點看《通志
堂經解》之刻，則徐乾學輯刻其所推崇學派之著作，是否能以此苛責之，以此爲評

〔註10〕葉德輝《郋園讀書志》一，頁22～24，〈通志堂彙刻經解一千八百卷〉條。
〔註11〕《通志堂經解》一編題爲納蘭性德所撰者有二：《合訂刪補大易集義粹言八十卷》和
　　　　《禮記陳氏集說補正三十八卷》，二書《四庫全書》亦均著錄。但是，方苞《望溪先
　　　　生文集》卷五，〈書陳氏集說補正後〉辨正此書作者曰：「厥後見嘉定張楳村，扣之，
　　　　曰：『此吾鄉陸翼王先生所述也』」；另莫伯驥《五十萬卷樓群書跋文》經二，引用陸
　　　　隴其《三魚堂日記》記載陸翼王撰《禮記集說補正》一書，納蘭侍衛以白金三百兩
　　　　購之，易己名刻入經解中的事。因此《四庫全書總目提要》也據上述兩說提出說明。
〔註12〕同註10。

斷的標準？若欲言其偏於朱子一派有缺點，當是門戶之見過深，葉德輝曾舉一例：

> 又如林栗周易經傳集解三十六卷，浙江採集遺書錄載有秀水曹氏倦圃寫
> 本，云：崑山徐氏業已開雕，或以栗嘗與朱子爲難，遂毀其版。〔註13〕

如果這個記載屬實，則徐乾學門戶之見太深，而使得選擇輯刻經解成了以人爲主而非以著作爲重。徐氏的態度固然須加批判，但若僅以《通志堂經解》偏於一派爲主要之評斷標準，則亦陷於門戶之見的樊籠。

二、就刻書以存書看《通志堂經解》

徐乾學之刻《通志堂經解》乃由嘆「先儒經解至可貴重，其得傳於後如是之難也」，而有「責在後死」的繼絕念頭。則此編之價值，當在於宋元人經解著作因此編之刻而傳世，也就是從刻書以存書這個觀點來看這套叢書。在此一觀點下，可分成兩點討論。

（一）前人著作隱沒不顯，經此編之列而復出

前一章第一節探討徐乾學刻經解的因素時，曾提到此編刊刻乃爲響應黃虞稷、周在浚徵刻唐宋祕本的倡議，以廣蒐祕籍，予以翻刻，做爲恢復古書舊貌之途徑。今考《通志堂經解》中部份的書是相當少見的，其中有些甚至是元明以降，僅有鈔本傳世，直到《通志堂經解》才有刻本行世。以下就《四庫全書》與《四庫全書薈要》〔註14〕說明。

據《四庫全書薈要提要》知薈要據《通志堂經解》本繕錄者總數達九十九種，而薈要經部共一五二種，比例高達百分之六十五。（詳見本章第三節）且仔細查對目錄，竟有四十八種書，在薈要中僅據《通志堂經解》繕錄，而未蒐集到其他的版本供校對之用。可見《通志堂經解》輯刻的書確實多爲罕見之祕籍，經徐氏刊刻，得以流傳，而四庫薈要之編纂，也由此才能尋得刊本爲繕錄之據。以下分別將《四庫全書薈要》中僅據《通志堂經解》繕錄之書名列出。

其中易類十四種：

1. 《易數鉤隱圖》三卷《遺論九事》一卷
2. 《周易集說》十三卷
3. 《周義本義附錄纂注》十五卷
4. 《周易本義通釋》十四卷

〔註13〕葉德輝《書林清話》卷九〈納蘭成德刻通志堂經解之三〉。

〔註14〕乾隆三十八年五月初一諭令「著於全書中擷取精華，繕爲薈要」並命于敏中、王際華專管薈要纂修之事，於是《四庫全書薈要》自此開始編纂。《四庫薈要》的編纂情形，請參閱吳哲夫撰《四庫全書纂修考》。

5. 《易學記》十二卷《綱領》一卷《圖說》一卷

6. 《丙子學易編》一卷

7. 《周易傳義附錄》二十一卷卷首一卷《圖說》一卷

8. 《文公易說》二十三卷

9. 《復齋易說》六卷

10. 《易小傳》十二卷

11. 《周易義海撮要》十二卷

12. 《漢上易傳》十一卷《卦圖》三卷《叢說》一卷

13. 《易璇璣》三卷

14. 《橫渠易說》三卷

書類三種：

1. 《尚書詳解》十三卷

2. 《尚書說》七卷

3. 《增修東萊書說》三十五卷

詩類六種：

1. 《詩集傳名物鈔》八卷

2. 《詩經疑問》七卷《附編》一卷

3. 《詩傳疑說》六卷

4. 《詩補傳》三十卷篇目一卷

5. 《毛詩李黃集解》四十二卷卷首一卷

6. 《毛詩本義》十五卷《附錄》一卷

春秋類十二種：

1. 《春秋屬辭》十五卷

2. 《春秋諸傳會通》二十卷《諸家傳序》一卷《綱領》一卷

3. 《春秋集傳釋義大成》十二卷《諸家傳序》一卷《綱領》一卷《世次》一卷

4. 《春秋經筌》十六卷

5. 《春秋通說》十三卷

6. 《春秋提綱》十卷

7. 《春秋集解》三十卷

8. 《春秋本例》二十卷

9. 《春秋列國臣傳》三十卷

10. 《春秋傳》十五卷

11. 《春秋左氏傳事類始末》五卷《附錄》一卷

12. 《春秋左氏傳說》二十卷

禮類四種：

  1. 《禮記集說》一百六十卷

  2. 《儀禮集說》二十卷

  3. 《考工記解》二卷

  4. 《周禮訂義》八十卷《序論》一卷

論語類一種：

  1. 《論語解》十卷

孟子類一種：

  1. 《孟子集疏》十四卷《序說》一卷

四書類三種：

  1. 《四書辨疑》十五卷

  2. 《四書通證》六卷

  3. 《四書通旨》六卷

總經解四種：

  1. 《五經蠡測》六卷

  2. 《十一經問對》五卷

  3. 《經說》七卷

  4. 《六經奧論》六卷《總文》一卷

除了薈要的繕錄以此編之書爲底本，《四庫全書》著錄者，有些亦以《通志堂經解》本爲底本。（詳見本章第三節）而且從《四庫全書總目提要》中談到版本問題，即能略見《通志堂經解》在刻書以存前人著作上確有貢獻。

  1. 四庫通旨六卷

    《四庫全書總目提要》八·經部·四書類二：

    顧明以來說四書者，罕見徵引，近通志堂經解始刊行之，蓋久微而復出也。

  2. 經典釋文三十卷

    《四庫全書總目提要》七·經部·五經總義類：

    此爲通志堂刻本，猶其原帙，何焯點校經解目錄，頗嗤顧湄校勘之疏，然字句偶譌，規模自在，研經之士，終以是爲考證之根柢焉。

  3. 春秋傳十五卷

    《四庫全書總目提要》六·經部·春秋類一：

敝所作春秋權衡及意林，宋時即有刊本；此傳則諸家藏弆，皆寫本相傳，近
時通志堂刻入經解，始有版本。

4. 尚書說七卷

《四庫全書總目提要》·經部·書類一：

宋黃度……所注有書說、詩說、周禮說，詩與周禮說，今佚，惟書說僅存。

四則所列的情況不一，然或明代以來罕見徵引，或仍其原帙，或至此始有版本，
或前人著作之僅存，都是因刻書而使古人之精力不至泯沒，使後學得以知經學之源
流正變，而這實為徐乾學及時響應刊刻祕本之功。

（二）蒐集書籍卷數與通行本異，可比對傳本之異同

除了上述罕本的引用，《通志堂經解》內收錄之書，亦有卷數、作者、書名與通
行本不同的情形，可做為對照之用。如《春秋例要》一卷：

《四庫全書總目提要》六·經部·春秋類二：

朱彝尊經義考，稱本例例要二十卷，並存。而今通志堂刊行之本例，則析
目錄別為一卷，以足二十卷之數，而例要闕焉。蓋誤以本例目錄為例要，
而不知別有一篇，恐彝尊所見，即為此本。

可知《通志堂經解》本有誤，然亦能由此見此書傳本卷數之異。另外，《通志堂經
解》、朱彝尊《經義考》與《四庫全書》關於經解之書的著錄，也有些差異，以下
即將《通志堂經解》輯刻之書與後二者之著錄列出數表，以見三者著錄這些書時
之差異。（附表 6-2）

總括上述所論，則可知《通志堂經解》列入諸書，雖然多為「宗尚議論，而以義
理為其歸宿」之朱學著作。不過，徐乾學彙刻此編，使前人隱沒已久之作復出，而其
薈萃諸書，亦減少讀書者訪求之勞。則其刻此編真如張之洞〈勸人刻書說〉所謂：

且刻書者，傳先哲之精蘊，啓後學之困蒙，亦利濟之先務，積善之雅談也。

〔註15〕

第二節　就校書以存書論《通志堂經解》

《通志堂經解》所收錄經解之書眾多，「上承注疏之後，下導《皇清經解》之先，
宋元義理之學，略備於此」〔註16〕徐乾學之刻此編，「表章宋元人遺書，其功誠不可沒」

〔註15〕張之洞《書目答問》附〈勸刻書說〉。
〔註16〕關文瑛《通志堂經解提要》〈通志堂經解提要敘例〉，卷首，頁5。

〔註17〕然刻書而不重視選擇板本及校勘工作，輕則前人作品雖傳而不得其眞；重則古書面目全改、前人心血盡棄。所謂「明人刻書而書亡」，即是由刻書校勘之輕忽而起。徐乾學輯刻《通志堂經解》，雖不至於有如明人陋習，輕改古書；但是其於刻書時，處理書籍選汰、版本選擇和校勘等問題，態度實不夠嚴謹，從而衍生許多缺點，是相當明顯的，也是此編受人嗤議的主要原因。此節即就三部份探討《通志堂經解》的缺失。

一、書籍的選汰

上節曾談到，此編收錄之書，雖陷於門戶之見而偏於程朱一派，但卻不能僅以這一點評斷此編價值。徐乾學〈新刊經解序〉云：

> 皇朝弘闡六經，表微扶絕，海內喁喁向風，皆有修學好古之思，余雅欲廣搜經解，付諸剞劂，以爲聖世右文之一助而志焉未逮。〔註18〕

序中既以「廣搜經解」爲志，則檢視《通志堂經解》收錄之書，是否皆足稱「經解」，應是公允的評價準則。然而，用此標準來衡量《通志堂經解》內諸書時，卻可發現部份是值得商榷的。

（一）非《經解》之言而列入者

關文瑛《通志堂經解提要》卷首，曰：

> 徐晉卿春秋類對賦本爲數典之書；王當春秋列國臣傳，章沖左氏傳事類始末等本爲乙部之體，數者皆非說經之著。〔註19〕

關氏認爲《通志堂經解》中，有非經解之書而列入者，並於上述各書提要中詳論之。今查《四庫全書》對於《通志堂經解》收錄之書往往亦不置入經部（參閱附表6-1），以下即分述之：

1. 易 學

此書《四庫全書》·子部·術數類著錄，提要沒說明未入經部的原因。但從《通志堂經解提要》卷一云：

> 然而圖書之說，實爲道家者言，劉（劉牧）、邵（邵雍）之書皆非易之本義，清胡渭易圖明辨已詳陳之矣。是湜書根本既乖，此外又何足取焉。〔註20〕

知此書實爲道家言河圖洛書一派，已偏離經解的範圍。

〔註17〕葉德輝《書林清話》卷九〈納蘭成德刻通志堂經解之一〉。
〔註18〕徐乾學〈新刊經解序〉，附載於《通志堂經解》各刊本前。
〔註19〕同註16，頁6。
〔註20〕關文瑛《通志堂經解提要》卷一，頁4。

2. 易象圖說六卷

《四庫全書》亦將此書列入子部‧術數類，從其提要：

> 黃虞稷謂鄧錡大易圖說，與理此書，俱為道藏所錄。今以白雲霽道藏目錄
> 考之，實在洞真部靈圖類靈字號中，則其說出道家可知。〔註21〕

得知源於道家之說，似不應入經解。

而在春秋類中則有屬於史部而誤入，或實為類書之體而錄之者，如：

3. 春秋列國臣傳三十卷

《通志堂經解提要》卷三云：

> 但是此書雖依經附傳，而于史事所關尤大，故四庫以之入史部傳記類。
>
> 〔註22〕

4. 春秋左傳事類始末五卷

《四庫全書總目提要》：

> 沖但以事類裒集，逆變經義為史裁，於筆削之文，渺不相涉。舊列經部，
> 未見其然，今與樞同隸史類，庶稱其實焉。〔註23〕

二書誠然依經附傳，前人亦曾列入經部，但「書以事為本，純為乙部之體」，〔註24〕
當是史部的體裁，徐乾學未再詳考而刻入經解，莫怪後人責其非實好經者。另外，如：

5. 春秋經傳類對賦一卷

《四庫全書總目提要》：

> 凡一百五十韻，一萬五千言，惟屬對雖工，而無當於義理，其徵引亦多舛誤。

翁方綱曰：

> 類對賦，北宋皇祐中作，蓋亦以其近於類家，故附置宋末耳。然究不宜入
> 經解。〔註25〕

此書之刻入經解，杭世駿早有意見：「此書當入類家，不當列入經解」〔註26〕但未詳
說，四庫館臣明其「蓋就左傳所書而為賦」〔註27〕，故將此書列入子部‧類書類存目。

（二）著書要旨非為說經者，未加辨明而刊行

除了上述《四庫全書》另入他類者，《通志堂經解》裡尚有數種書，其宗旨是否

〔註21〕《四庫全書總目提要》二十一、子部‧術數類一《易學》一卷。

〔註22〕同註20，卷三，頁7。

〔註23〕《四庫全書總目提要》十二、史部‧傳記類一。《春秋列國諸臣傳》三十卷。

〔註24〕同註二十，卷三，頁13。

〔註25〕翁方綱《通志堂經解目錄》〈春秋左氏傳事類始末五卷〉一則下。

〔註26〕杭世駿《道古堂文集》卷二十五，頁4〈春秋經傳類對賦跋〉。

〔註27〕《四庫全書總目提要》二十六‧子部‧類書類存目一《春秋經傳類對賦》一卷。

在於「解經」？亦引起後人非議。例如：

1. 春秋王霸列國世紀編三卷

《通志堂經解提要》卷三：

> 然則其意非專爲經解而作，故於經旨亦罕有發明也。〔註28〕

2. 禮經會元四卷

《通志堂經解提要》卷曰：

> 且說其體裁而論，雖假設周禮立言而究非說經之說。欽定《天祿琳琅書目續編》謂：『其書皆以兩字分目，雖專講周禮，而近於科舉論策之學。』可謂探源溯本之論矣。〔註29〕

3. 太平經國之書十一卷

《通志堂經解提要》卷四：

> 大抵設爲問答之語，以明建官之意，並參證後代史事，以明古法之善。考其著述之旨，與葉時禮經會元之作無甚出入。蓋二書同發揮周禮之義，以爲研究政治之文。言其大較，實與科舉策論之體相近，似均不應列諸經解也。〔註30〕

三書現仍入《四庫全書》經部，但由書之內容看，多爲闡發周禮，參證史事，非關義理。縱使惜其書之希見而刊刻，亦當有所辨明，然徐氏並未做到。又如：

1. 孝經句解一卷

《通志堂經解提要》卷四：

> 元朱申孝經句解一卷，蓋鄉塾課本之類也。窺其大意似朱子刊誤爲歸，然其次序則不從朱子，仍古文舊本而每章之末又注以今文某章。〔註31〕

2. 十一經問對五卷

黃虞稷《千頃堂書目》曰：

> 設爲經疑，以爲科場發問對答之用。〔註32〕

翁方綱《通志堂經解目錄》亦云：

> 設爲疑問，如對策也。〔註33〕

前書《四庫全書》以其注釋淺陋而斷爲課蒙之本，置入存目，並認爲「通志堂經解

〔註28〕關文瑛《通志堂經解提要》卷三，頁14。
〔註29〕同註28，頁7。
〔註30〕同註28，頁8。
〔註31〕同註28，買16。
〔註32〕《千頃堂書目》卷三，頁19。（廣文書局書目叢編本）
〔註33〕翁方綱《通志堂經解目錄》〈十一經問對五卷〉一則下。

刻之，蓋姑以備數而已」〔註34〕而後書《四庫提要》雖以爲書中多平心之論，但此書實「多爲應試科第而作」故其次序先後頗無倫理。因此從其著書內容，蓋均不足以入經解。

由前述的幾個例子來看，可知徐氏刻經解，對於欲刻之書，其體裁、作者著書原委和內容精陋，並未詳考，也就難怪後人譏評其刻此編選汰不精了。

二、版本的選擇

徐乾學爲清初藏書名家，傳是樓藏有宋元祕本極多，或當於版本相當考究，然今從何焯目錄之批語和《通志堂經解》一編刊刻成果來看，卻非如此。以下亦從兩部份討論此編刊刻時版本之選擇。

（一）鈔本、舊本同存，未校而僅從鈔本付刊

何焯在通志堂經解目錄批語中，屢次提到他向徐乾學建議借書、廣蒐版本以爲刻書之用，卻未獲採納，字裡行間對徐氏的作法頗不滿。其中，關於《通志堂經解》一編中，僅從鈔本付刊的情形，有不少條論及。今舉數則爲例：

1. 《南軒論語解》十卷

何焯：東海從天乙閣鈔來，未盡可信。

2. 《周易輯說》十卷

何焯：吳志伊有宋本，屢寄札東海，託其借校，竟未借來，僅從鈔本付刊。

3. 《經典釋文》三十卷

何焯：從遵王鈔本付刊，伊人所校滿紙皆訛謬。武林顧氏豹文有宋本，屢勸東海借校，未從也。

在第一則中，或此書僅有鈔本，故何焯只略言其不可盡信。但其他二則裡，可看出何氏對徐乾學刻意不重視版本，草率地以鈔本付刻的態度頗不以爲然。何氏所言之「宋本」雖不一定可靠，但如有舊本傳世，徐氏卻未嘗試借來核對版本之優劣，則其刻書未廣蒐版本，已足令後人譏之。

（二）刻書有誤，另得舊本，未據以改正

刻書時僅從一種版本來抄本，有時乃權宜之計，然若得舊本應比較二者之版刻優劣，擇其優者再作修版工作。不過，於何焯的批語中，我們看到徐乾學並非以這種態度來刻書。

1. 《南軒孟子說》七卷

〔註34〕《四庫全書總目提要》七‧經部‧孝經類存目《孝經句解》一卷。

何焯：東海從天乙閣鈔本，即以付刻。後得最精宋本，余勸其校正修版，未
從也。

2.《易璇璣》二卷

何焯：汲古閣後得舊本，尚有序文，寫樣付東海後人，竟未曾刻。其全書亦
尚有訛處，不曾修版。

3.《十一經問對》五卷

何焯：汲古元刻付刊，惜缺序文。後汲古復得一本，序文特全，寫樣付京，
竟未曾刻。

三則顯示，徐乾學刻書以後又得宋本、舊本，且明知原來所根據的版本有誤，
甚至何焯等已寫樣付之，卻不肯修版，實非刻書者應有的態度。

雖然何焯的批語中也有述及徐乾學刻書時蒐求版本的情形，如於《東谷易翼傳
二卷》下云：

汲古閣元本，最精。

於《周易玩辭》十六卷下云：

大江以南，抄本有五部，俱不全。後於李中麓家得殘本，其文獨全，遂成
完書。

可見徐氏刻書並非全然不理會版本問題，刻《通志堂經解》亦曾蒐求善本、核
對數種鈔本，再據舊本補全的情形。但是前述那種只求書刻成行世，而不管內容是
否有誤的態度，屢受批評，也讓他人更相信其刻書只為求名的說法。

三、校勘的麤疏

《通志堂經解》刻成後，其所以一直未獲得應有的重視，部份的原因在於自清
中葉起，漢學鼎盛；更重要的是此編校勘的麤疏，大儒時作批評，而權威之言如此，
其他士子也就不去重視此編了。此分兩部份論之。

（一）未廣蒐異本，校對異同

本節前一部份曾提過，徐乾學刻《通志堂經解》不甚重視版本，即使如有舊本，
也不一定借來。徐氏於選擇版本既草率，又輕忽刻書時異本參校之效，則其刻書未
廣為校訂，當是可逆料之事。徐乾學刻書不重視廣羅異本校對，有下列三種闕失：

1. 其未廣蒐異本，所據本若非足本，殘闕則無法補之。此即造成《通志堂經解》
中，相當數目的書多有闕版而以墨釘或空白補之，如上一章第三節所列即是。甚至，
竟有幾種闕佚達數十版，如《禹貢集解》四卷即是其一：

納蘭性德〈杏溪傅氏禹貢集解序〉：

> 是本為吳人王止仲藏書，其後歸於都少卿穆。其第一卷闕三十有七版，第
> 二卷又闕其四版。……亟刊行之，俟求其完者嗣補入。

而此書永樂大典本一版不闕，四庫全書本即據以補全。〔註35〕徐氏刊刻此書時，可能未見永樂大典，但是闕版這麼多而未補，其未多加查訪異本，確如前人譏刺。

2. 未多集版本，核其優劣，所得若非善本，則難免錯誤層出。如陳鱣曾論《通志堂經解》本《儀禮圖》十七卷曰：

> 吳槎客嘗以鮑以文所贈原刻校通志堂刊本，則通志堂刻本之圖甚謬也。
> 〔註36〕

何焯亦於《三禮圖集注》下云：

> 汲古宋本，序文稍有訛處，已經改正，書中訛誤亦多。

關文瑛《通志堂經解提要》也提到：

> 唐人經說列入經解者才三四種，而以成伯璵毛詩指說是為難得，但訛字闕
> 文觸目皆是，為可憾也。〔註37〕

這些不過是較明顯的三個例子，遑論其餘尚無學者提出的部份？前人心力之作，得徐乾學之力，有幸能傳世；然卻又是如此面目，令人不禁慨嘆徐氏為德不卒。

3. 對於一書之各種傳本，未加細考、蒐羅，也造成書名、分卷及作者等問題處理不當的情形：

王鳴盛《蛾術篇》〈子夏易傳〉一則曰：

> 今所傳本多至十一卷，又是宋人偽託，……通志堂彙刻經解，以此冠全書，
> 無識之甚。〔註38〕

莫伯驥《五十萬卷樓群書跋文》卷一：

> 周易程朱先生傳義錄十七卷，為宋天台董楷纂集，凡例後有至正壬午桃溪
> 居敬堂刊行木印，伯驥藏之，分卷又與通志本異，如其刻書時未嘗廣為校
> 訂矣。〔註39〕

〔註35〕《四庫全書總目提要》三·經部·書類一《禹貢說斷》四卷：「案朱彝尊經義考，有寅所著禹貢集解二卷，通志堂列入九經解中。而永樂大典載其書，則題曰禹貢說斷，無集解之名。又經解所刊本，稱原闕四十餘簡，今永樂大典，不獨所闕咸在，……今取經解本，與永樂大典互相勘校，補闕正譌。」

〔註36〕翁方綱《通志堂經解目錄》〈儀禮圖〉十七卷下引載。

〔註37〕關文瑛《通志堂經解提要》卷二目錄，頁2。

〔註38〕王鳴盛《蛾術篇》卷三，頁10，〈子夏易傳〉條。見《王鳴盛讀書筆記十七種》，台北鼎文書局印行。

〔註39〕莫伯驥《五十萬卷樓群書跋文》經部一，〈御定補刊通志堂經解跋〉。

關文瑛《通志堂經解》〈書蔡氏傳輯錄纂註〉下云：

> 通志堂總目與是書版直題書傳二字，尤較含渾，及檢瞿氏銅琴鐵劍樓書目
> 載元版，是書實作者蔡氏傳輯錄纂注，再考是書凡例亦題此名，……故知
> 此為董氏原名而後世傳鈔乃多訛誤焉。〔註40〕

雖然徐乾學刻書之時，莫、關二氏所說的版本可能為隱晦不為世人所知；但是徐氏之刻經解既是懼其泯滅不傳，則當盡心恢復古人心力之原貌，而欲復古書面貌，首在廣為校訂。事實上，《通志堂經解》之刊刻過程中，卻相當輕忽這一點。因此除了上述所舉數例，關文瑛《通志堂經解提要》書中還列出未廣為校訂所衍生的錯誤：或一書而誤分為二；或二書誤合為一；或以依託之作為真；或有以某甲之書歸乙；或作者可考而注云失名等等。

（二）校勘者之擅改

《通志堂經解》之遭嗤議，另一個關鍵是主持校勘者之擅改或擅補原書，清儒屢言此編之誤，多將矛頭指向校勘者，尤其是顧湄。例如顧廣圻《經典釋文校跋》曾嚴厲地批評校者之失：

> 校書人於群經既茫然，即本書又無暇細讀，故每以葉鈔（葉林宗鈔本）形
> 略相似者，率意塗改，滿紙皆是，不可枚舉。〔註41〕

何焯於目錄批語中也曾常常譏責顧氏校勘之誤，於歐陽修《毛詩本義十五卷》云：

> 遵王宋本，伊人校列未當，深為可惜。〔註42〕

於俞琰《大易集說》下則曰：

> 此遵王元本，惜屬伊人所校，版心大謬。

又如《尚書表注》下云：

> 金仁山表注名重而書僅中等，且元刻有殘闕處補全者未可盡信，是顧伊人
> 妄為補全耳。

另外，毛扆《汲古閣秘本書目》也提及：

> 禮記集說四十二本，棉紙舊鈔，世無其言，止有此影鈔宋本一部，徐崑山
> 所刻，借此去寫樣，而新刻後半部為顧伊人紊亂次第。〔註43〕

〔註40〕同註37，卷二，頁9。
〔註41〕黃焯撰《經典釋文彙校》第十六〈春狄左氏音義之一〉。僖公傳二十九年引用顧氏之語。
〔註42〕何焯批語附見於翁方綱撰《通志堂經解目錄》各書名後。以下二則，出處亦同。
〔註43〕《汲古閣秘本書目》〈鈔本禮記集說〉註語。翁方綱目錄引此書曰《汲古閣書目》。查書名當為《汲古閣祕本書目》，故從今所見者改之。

而就黃焯《經典釋文彙校》列諸家之校語，更可證明顧湄之校勘除了鹵疏，還稍染明人擅改、擅補古書的陋習。因此，伍崇曜〈通志堂經解目錄跋〉論顧湄之校勘曰：

> 伊人以詞學名家，校經無不紕誤，故義門力詆之，經術懸於天壤，偶有差忒，原許他人之糾正，然亦何至若僋父面目也。〔註44〕

實爲相當公允之語，而清代諸儒「多致不滿之詞，信非苛論」〔註45〕

　　總括而言，徐乾學刻《通志堂經解》薈萃刊刻宋元義理說經之書，使後人能知兩代之心力精神，考知經學源流，原是一承先啓後的工作；但其刻書卻未堅持求實的精，反而只求量的多。因此，即使刻《通志堂經解》成經學之大觀，搜羅卷帙亦達一千數百卷之多，然錯誤心態的衍生問題是不重版本、不重校勘，加上所延以主持校勘者又有擅改古書的陋習，則刻書的成品欲其精當，是不太可能的。徐乾學一番美意，卻落得後人以沽名釣譽視之，足爲後人之鑑。

第三節　《通志堂經解》對後世的影響

　　清初刻書風氣尚有明末刻書遺習，對於書的校勘不夠重視，而多著眼於書籍外觀上的精緻，《通志堂經解》的刊刻也是如此；加上徐乾學當時刻書除了欲使前人著作得以流傳不墜，確實也存有求名的心態，刊刻時僅求速成，未廣爲蒐輯校訂不同之本，缺點也就更顯著，因此清代以來這套叢書受到的批評也就多過於正面的肯定了。不過，就書籍的流傳及叢書的刊刻，尤其是經解之類的叢書刊刻，徐乾學刻《通志堂經解》確實有影響與推動的作用。此節將就下列數點討論，以見《通志堂經解》對後世的影響。

一、叢書刊刻概念的改變

　　叢書的刊刻自明代以來可分二類，一宗《百川學海》，一效《說郛》。效法《百川學海》者，「廣集眾說，蔚爲一集，或容納百家，或採取子史，搜奇愛博，闡微彰幽，如王文祿《百陵學山》，胡文煥《格致叢書》等。三古遺書，漢唐子集，原書罕見，若隱若亡，經明人刊刻，賴以得存，或記史料，或志鄉賢，昔人不易經見之書，今則可置諸几席之間，其功不可勝量。」〔註46〕但刊刻蒐輯的目標漸流於廣輯遺聞，

〔註44〕伍氏跋語，見粵雅堂叢書本《通志堂經解目錄》。
〔註45〕葉德輝《郋園讀書志》一，頁22～24，〈通志堂彙刻經解一千八百卷〉條。
〔註46〕謝剛主（即謝國楨）〈叢書刊刻源流考〉頁2。《中和月刊論文選集第四集》，台聯國

摭拾小說，著意於資奇愛博。

清代刊刻叢書的風氣極盛，但清初刻者仍沿明季之習，即如汪辟彊云：

> 大抵康雍之間，學術漸趨正軌，而明季餘習尚未湔除。故治經主宋元，語
> 史喜明季，而談藝小品之書，復難割棄。〔註47〕

而從清初有曹溶《學海類編》，於昔人已刻或荒誕不經、說部之書均不錄；張潮刻《昭
代叢書》專收有清一代小品書籍；或陳湖居士《荊駝逸史》等叢書可約略證知汪氏
之言。

康熙十一年，黃虞稷、周在浚，編輯《徵刻唐宋秘本書目》，其徵刻書啓論藏書
宜刻，倡言刻書宜先經史之旨。（詳前）明刻書非僅在於存古，實應有功於學術。這
對於當時學術有頗大影響。而徐乾學在此時刻《通志堂經解》即響應這個行動，對
於清初叢書刊刻觀念的改變、示範作用，也為清代叢書刊刻「輯刻專著」開一先例。
後來清代刊刻叢書之漸於精且專，《通志堂經解》的前導之功不可沒。

謝國禎〈叢書刊刻源流考〉云：

> 窺清初諸家刊刻叢書之意，以為宏編巨製，自有專書，若叢書者，不過裒
> 輯殘編，取便簡討而已。或意在資奇愛博，廣輯遺聞耳。……自納蘭成德
> （《通志堂經解》刊刻問題見於前），秉其師承，刊刻通志堂經解，然後刊
> 刻叢書，始志在流傳經史。……由此士林始知刊刻叢書，非僅取斷簡殘篇，
> 零星小種，即經解注疏，名鈔手稿，非裒輯莫傳。〔註48〕

即說明了《通志堂經解》輯刻經解之意，確實對清代叢書刊刻的觀念有啓示性的影響。

二、《經解》的刪定與《續經解》的刊刻

通志堂經解刻成後，除了對叢書刊刻的觀念有啓示，也對經解之書的傳刻有影
響。如方苞之刪定宋元經解，張金吾之輯刻《詒經堂經解》，錢儀吉刻《經苑》都與
《通志堂經解》有關。以下依其時代順序，略述於下。

（一）方苞刪定《通志堂經解》

方苞，字鳳九，號靈皋，亦號望溪。康熙五十四年進士，累官禮部侍郎。方氏
為文謹守古文義法，實開桐城文派之先。《四庫提要》〈望溪集八卷〉條云：「苞於經

風出版社。
〔註47〕見汪辟彊〈叢書之源流類別及其編索引法〉，收錄於《目錄學研究》一書，頁 96～
125。
〔註48〕同註46，頁 4。

學研究較深，集中說經之文最多，大抵指事類情，有所闡發」〔註49〕而由方氏說經之文看，知其深於宋元經說，與後來專事考訂名物訓詁者大異其趣。也由於其治經深於宋元，乃有對專收宋元經解的《通志堂經解》加以刪定之舉。

　　方苞之刪定《通志堂經解》，屢於友朋的書信中提到，今就《望溪先生文集》討論其概略情形。〈與呂宗華書〉中述及其刪定經解之因：

　　　　是書卷帙既多，非數十金不可購，遠方寒士有終身不得一寓目者矣。有或
　　　　致之觀之而不能徧也。有或徧之茫然而未知所擇也。……自惟取道之艱，
　　　　思竭不肖之心力，以爲後學資藉，俾得參伍眾說，而深探其本源，遂過不
　　　　自量力，而妄刪焉。矻矻於車船奔迫，人事叢雜中蓋二十餘年，而後諸經
　　　　之說初畢。……是書之成豈惟蒙者二十餘年日力所耗竭者哉，實數百年儒
　　　　先精神所并注也。果能卒業，異日遇有力者傳而布之，俾承學之士苦於崑
　　　　山原刻之難致，與觀之而難徧者，一旦饜足其心而省其功力之十八，其爲
　　　　踴躍當何如。〔註50〕

從上知其刪定《通志堂經解》，在於《通志堂經解》卷帙過於龐大，不易得見，即使得見亦未必能讀徧，所以用了二十餘年的時間，凡三次刪芟，粹取精要之處才完成刪定的工作。又《望溪先生年譜》將此事之始繫於康熙二十六年下，〔註51〕時方苞爲二十歲，則方氏從弱冠之年至中年一直將心力投注於此。莫怪其頗有自信的認爲「故是編之刪，雖不敢確然自信，然大醇而不收，甚駁而妄取者則鮮矣。」〔註52〕

　　此言之刪定工作當在方苞生前已完成，翁止園、梁裕厚均參與體例的討論與刊行。〔註53〕觀其〈與梁裕厚書〉云：

　　　　發憤以十月朔閱崑山宋元經解刪本，而事殷日短，涉月三日始畢。周易第
　　　　一冊更清寫并原本寄覽，望校勘無訛仍寄示，俟卒業再議發刻。〔註54〕

〔註49〕《四庫全書總目提要》卷一七三，《集部‧別集類》二十六〈望溪集八卷〉。

〔註50〕見《望溪先生文集》卷六，頁24～26。所據版本爲《四部叢刊初編》。

〔註51〕〈望溪先生年譜〉，戴鈞衡重編校勘，《四部叢刊初編》本《望溪先生文集》後附有此文。

〔註52〕〈與呂宗華書〉，同註50。

〔註53〕《望溪集外文補遺》卷一頁10〈答翁止園書〉云：「鄙意止就崑山刻本存其可者而不雜以注疏大全，俾購者尋得而用功亦有節次，始事時已詳言之矣。」
同卷，頁11～12〈答梁裕厚書〉云：「聞足下南行專爲排纂宋元經解，不獨信義著於朋齒，且使七百年先儒苦心耿著於世……僕始欲總標全節而序列各解於後，蓋恐細分則有僅存經文而無解說者。」從二文可知翁梁二氏曾參與方望溪之刪定經解及刊刻。

〔註54〕同註50，頁14。

則當時應有寫定本，且已準備付梓了。但後來究竟有沒有刊刻，有不同的記載。據莫伯驥《五十萬卷樓群書跋文》經部一，如有數種：

1. 《經笥堂文鈔》卷下〈方望溪行狀〉稱其刪訂崑山經解有成書，未刻藏於家。〔註55〕

2. 《韓氏理堂文集》卷三卻謂望溪所刪宋元經解聞吳門書賈已刻行。

3. 張廷玉《澄懷園文存》卷七頁十〈方侍郎宋元經解刪要序〉云，有欲刊布其書以益後學者，乃序而導之。

三說各異，其衷其是。僅由莫氏同一跋文曰：「咸豐癸丑冬，……文君鍾甫……侍郎刪定崑山經解底本得百餘冊，後數年陷於兵火。」〔註56〕知方氏刪定之本，今日已不復得見了。

（二）《續經解》的刊刻

葉德輝《郋園讀書志》卷一云：

> 錢儀吉刻《經苑》凡唐宋人說經之書二十五種，所以補通志堂之遺，有目未刻者十八種，屏除門戶闡發幽潛，于是宋元以來經學源流可以盡其大概。常熟張金吾原有《詒經堂經解》之輯，擬刻之以續通志堂，編目方成，遽賫志而沒。〔註57〕

葉氏指《詒經堂經解》、《經苑》均是欲補《通志堂經解》之不足而刻，今以所見序文亦可證知二叢書之刊刻確實受到《通志堂經解》的影響。茲就已見資料略述如下。

1. 張金吾擬刻《詒經堂經解》

張金吾，字慎旃，別字月霄，昭文人。生於乾隆五十二年（1787），年二十二，補博士弟子，旋棄去，而篤志讀書儲書。叔張海鵬好藏書，家多宋元舊本，於治經之暇，以剞劂古書為己任，張金吾之藏書刻書受其影響極大。金吾彙收群書，合先人舊有共八萬餘卷，闢詒經堂等室藏之，編成《愛日精廬藏書志》，並以其藏者，輯刻《詒經堂經解》，已寫定成書未刻，道光九年（1829）卒，年僅四十二。〔註58〕

張金吾刻《詒經堂經解》，由李兆洛的序及張金吾《言舊錄》能稍知其端倪。

〔註55〕《經笥堂文鈔》未見，轉引自莫伯驥《五十萬卷樓群書跋文》經一〈御定補刊通志堂經解跋〉。《韓氏理堂文集》，台大文圖今藏有一部，然核對從並無此文，不知是否莫氏所記有誤，或所用版本不同之故，待查，今暫從莫氏引用之文。

〔註56〕莫伯驥《五十萬卷樓群書跋文》經一〈御定補刊通志堂經解跋〉。

〔註57〕葉德輝《郋園讀書志》一頁22～24〈通志堂彙刻經解一千八百卷〉條。

〔註58〕參閱王珠美《張金吾藏書研究》張金吾生平部份及楊立誠金步瀛編《中國藏書家考略》頁189。

〔註59〕李兆洛〈詁經堂續經解序〉云：

> 國朝納蘭氏通志堂經解之刻，所以輔微扶衰，引扱來學甚厚，傳之百餘年
> 矣。金吾張君以遺編墮簡，尚不盡于此，乃發其家所藏者，自唐以下，復
> 得如干種，寫定爲詁經堂續經解，都千二百有餘卷，將以此授之剞劂焉。
> 夫鑽研苦心更得引脈，使不即埋沒，大惠也。購書甚難，況在異本，推而
> 廣之，使人可共見盛誼也。〔註60〕

另據《言舊錄》可知張氏輯刻此叢書在道光四年至六年，總計八十七種，共一千四
百三十六卷，並附有張氏自著之通志堂經解補闕一卷。〔註61〕

　　張氏雖時存梓行以嘉惠後人之念，卻因篇帙浩繁，及張氏中年後家道中落而力
有未逮，以致在道光九年金吾病逝時尙未付梓，旋即散佚。伍崇曜〈言舊錄跋言〉
云：「月霄所撰以詁經堂經解尤爲學者山淵，佚之，良可痛哉」〔註62〕葉德輝亦曾
有「今已散佚，恐無人繼起成此巨製矣。」〔註63〕二人均以此編之失爲一損失。

　　嗣後，張元濟輾轉收得此編原稿，存放上海商務印書館涵芬樓，不幸毀於閘北
之難。張元濟在《涉園序跋集錄》〈張狀元孟子傳跋〉曾記載此事：

> 余爲涵芬樓收得張金吾所輯詁經堂經解，獲睹先文忠公所著孟子傳，存二
> 十九卷，與四庫著錄同，闕盡心上盡心下篇，妄思搜訪，冀成完璧，始爲
> 流通。不幸毀於閘北之難，耿耿不能忘。〔註64〕

古籍收集不易，毀於戰亂，令人爲之一嘆。不過，丁丙《善本書室藏書志》卷一
〈精鈔本易講義二卷〉，卷三〈影宋乾道刊本左氏摘奇十二卷〉二書均爲張氏輯編
之鈔本。二書版匡外有『昭文張金吾寫定續經解』十字，『昭文張金吾寫定續經解
本』，其一版心有『詁經堂』三字，寫手精工。則現今雖不得見原稿，尚可藉此以
見其一端。

〔註59〕張金吾《言舊錄》今未見，轉引自王珠美《張金吾藏書研究》。
〔註60〕見《養一齋文集》卷三，頁10～11。王珠美《張金吾藏書研究》第四章第四節〈輯
　　　　刻叢書〉部份引用張金吾撰《言舊錄》道光四年條云：「仿通志堂例，彙刊爲詁經受
　　　　經解，爰就家藏舊經義中，擇其有功經學而世鮮傳本看，如干種，寫成定本，俟有
　　　　餘力，將以次付之剞劂焉」文字與李氏之意相近，亦可知其刊刻緣起。
〔註61〕張金吾所著之《通志堂經解補闕》一卷，今已佚失。據《張金吾藏書研究》知計有
　　　　蔣祥墀、朱方增、李兆洛、張士元四序。查孫原湘《天眞閣集》卷五十二有〈微刻
　　　　詁經堂續經解啓〉，張士元《嘉樹山房續集》卷上有〈詁經堂續經解序〉，而朱方增
　　　　之序則未知其名。今僅見李兆洛一序。
〔註62〕伍氏跋文附於《言舊錄》之後，轉引自《張金吾藏書研究》。
〔註63〕同註58。
〔註64〕《涉園序跋集錄》頁23～24，張元濟等，顧廷龍編，上海古典文學，1957年出版。

2. 錢儀吉刻《經苑》受《通志堂經解》影響

錢儀吉，字新梧，號衎石，〔註65〕嘉興人。生於乾隆四十七年（1782），嘉慶十三年進士，選庶吉士，散館，授戶部主事，累遷河南道御史、工部給事中，後因事株連坐罷。儀吉爲學以義理植其基，曾文正稱其「恪守程朱，宗主義理，不薄考據」〔註66〕罷官後，出遊嶺外，爲廣東學海堂主講，晚歲爲大梁書院山長。道光三十年（1850）卒，年六十八。曾補撰《晉兵志》、《三國會要》，輯錄《碑傳集》一百六十卷，並彙刊《經苑》二十五種，另有《衎石齋記事藁》十卷、《衎石齋記事續藁》十卷等。〔註67〕

錢儀吉刻《經苑》亦爲續《通志堂經解》之不足，錢氏有〈刻經苑緣起〉，存於《衎石齋紀事續藁》六卷，今未見。不過尚可由錢泰吉《曝書雜記》與《碑傳集補》卷十〈錢儀吉傳〉〔註68〕等知其刊刻情形。

〈錢儀吉傳〉於錢氏刻經苑之緣起、經過有簡要的說明：

> 康熙中，崑山徐健菴尚書刊宋元諸儒說經之書百四十種爲通志堂經解，采掇至廣，先生以其未備，復集同人之資，刊宋司馬光溫公易說……共二十五種，名曰經苑，缺者補之，訛者正之。日夕丹鉛，躬自讎校，自道光乙巳（二十五年，1845 年）起，庚戌（道光三十年，1850）竣事。此外尚有宋陳經尚書詳解五十卷……皆已寫清本，未及授梓而先生卒矣。

據此，參照錢泰吉《曝書雜記》〈衎石齋刻經苑〉一條有「主大梁書院，屬當事捐置經史諸籍，俾諸生誦習，并次第刻所藏經部善本，以補通志堂所未備，名曰經苑。」的記載，則錢儀吉刻此編是罷官之後，爲大梁書院山長時始著手刻書事宜。從道光二十五年至三十年，以五年時間刊成宋元儒經解之書二十五種，意在補《通志堂經解》之闕。至於書的來源，以其家藏者爲多，而其弟錢泰吉藏書之多，校書之精，或亦曾參與此事。〔註69〕又當時聊城楊以增，貴筑張日晸，安邱王簡，孝感劉定裕，滿州庚長，南昌陶福恒，杭州俞焜，漢陽鄒堯廷，都曾捐資助刻。〔註70〕庚戌初夏（道光三十年）錢儀吉卒，此事遂未再進行。所定目共四十四種，上只刻二十五種，

〔註65〕《清儒學案》卷一百四十三〈嘉興二錢學案〉云：「錢儀吉，初名逵吉，字靄人，號心壺，又號衎石」，與傳不同。

〔註66〕曾國藩之言，轉引自《清儒學案》〈嘉興二錢學案〉。

〔註67〕錢儀吉生平綜合《清史列傳》〈文苑傳〉四、錢儀吉本傳，《碑傳集補》〈錢儀吉傳〉及張舜徽《清人文集別錄》頁381〈衎石齋記事稿〉等，請參閱。

〔註68〕《碑傳集補》卷十，頁12～13。

〔註69〕今未見錢氏文集，不得而知。此爲筆者的推測。

〔註70〕據《曝書雜記》卷下〈衎石兄刻經苑〉條所載。

版存大梁書院，餘則未刻。〔註71〕

　　清代中期，治經之士，已多趨於漢學，重視名物考訂訓詁，而無復措意於宋元經說，二人輯刻宋元儒者說經之書，仿《通志堂經解》之刊，引披後學甚厚，亦稍救當時學海堂刻經解專意漢學之偏。〔註72〕

三、引用《通志堂經解》本為刻書之據

　　《通志堂經解》裡所收的書雖然偏於宋元程朱說經一派，但其中也有數種書是極為罕見，刊本甚為難得，因此《通志堂經解》刊刻行世後，有些叢書刊刻時即據之以為刻書的底本。其中《四庫薈要》因編修宗旨之故，採用《通志堂經解》本為繕錄之據者達九十餘種：《四庫全書》中亦有部份是以此編之書為底本。另外，如《金華叢書》、《續金華叢書》、《藝海珠塵》等叢書刊行時，其中經部之書，多因《通志堂經解》本較單行本易得而做為刻書之據，在《叢書集成初編》又以這些叢書本為底本，因此從中可釐出叢書刊刻的源流，值得注意。茲以目前蒐輯、得見的資料，論述《通志堂經解》對後代叢書源流的影響。

（一）《四庫薈要》以之為鈔校之據，《四庫全書》亦有數種以之為底本。

　　清朝入關，至乾隆中葉，國力雄厚，邊疆之地多已臣服，故乾隆遂轉而注重文治，垂意典籍，藉以控制知識份子，更穩固帝業。因此三十七年一月起便有求書之詔，三十八年閏三月正式開館，編輯《四庫全書》。〔註73〕但「高宗既深怕日後或不得躬觀四庫全書藏工，於是便有濃縮四庫全書的構想」〔註74〕所以在乾隆三十八年五月初一諭令「著於全書中擷取精華，繕為薈要」並命于敏中、王際華專管薈要纂修之事，於是《四庫全書薈要》自此開始編纂。〔註75〕

　　根據吳哲夫撰《四庫全書纂修考》第三章〈薈要圖書依據的版本〉的研究，《四庫薈要》依據圖書的來源有四，其一即為內府藏本。〔註76〕而吳先生在此書頁 39

〔註71〕顧修《書目彙刻》卷一〈經苑〉條下註云：「道光間嘉興錢儀吉新梧校刻，版藏河南大梁書院，原編四十四種，今僅刻二十五種。」與葉德海《郋園讀書志》卷一云：「錢儀吉刻《經苑》凡唐宋人說經之書二十五種，所以補通志堂之遺，有目未刻者十八種。」不同，今由錢泰吉之文所附書目記當為四十四種。

〔註72〕即阮元刻《皇清經解》一千四百卷。

〔註73〕見《四庫全書總目》卷首。

〔註74〕吳哲夫《四庫薈要纂修考》頁3。

〔註75〕見《四庫全書薈要簡明目錄》卷首。

〔註76〕據《四庫薈要纂修考》第三章第一節〈依據圖書的來源〉統計，有四大類：一、內府刊本。二、內府藏本。三、各省採進本。四、各官員家藏呈進本。

提到：

> 除這三十四種圖書之外（指清宮內府昭仁各殿的藏書），其他依據內府藏
> 書本謄錄者，則可分爲通志堂刊本和天祿琳琅兩大宗。

知四庫薈要中經部有數種是以通志堂經解本爲謄錄的根據。而由〈四庫全書凡例〉
其一云「劉勰有言，意翻空而易奇，詞徵實而難巧。儒者說經論史，其理亦然，故
說經主於明理」〔註77〕則可知吳先生謂：

> 此書收錄之諸家經解，非程朱一派，均削而不錄，與四庫薈要編修宗旨相
> 吻合，故薈要圖籍依通志堂本繕錄者有九十四種之多。〔註78〕

當是極爲可信的說法。

《四庫薈要》另有提要傳世，今據提要檢索，知《四庫薈要》據《通志堂經解》
本繕錄者，各類總數如後：

易類包括宋張載《橫渠易說》至《易圖通變》等三十種。

書類十一種，其中《禹貢山川地理圖》二卷、《禹貢說斷》二種爲校本。

詩類有《毛詩解頤》四卷、《詩傳名物鈔》八卷等九種。

春秋類有宋呂祖謙《春秋左氏傳說》二十卷等二十四種。

禮類八種，其中包括宋聶崇義《三禮圖》二十卷一書乃作爲校本。

論語類有蔡節《論語集說》十卷、張栻《論語解》十卷二種。

孟子類有張栻《孟子說》七卷、蔡模《孟子集疏》十四卷二種。

四書類包括宋眞德秀《四書集編》二十八卷等七種。

經解類如《經典釋文》等六種。

總計爲九十九種，與吳先生書中說的九十四種有出入，或一時計算上的疏忽。
至於這九十九種的書名，請參看附錄一。〔註79〕

《四庫薈要》利用內府藏本繕錄的共有一百三十三種，《通志堂經解》本即占了
九十九種，比例爲百分之七十四點四，比例極高。

另外，從其收錄唐宋元人經部著作及經部著作上看，《四庫薈要》經部各類唐宋
元人著作共一百三十六種，據《通志堂經解》本繕錄有九十九種，比例七十二點八。
（見表三）《四庫薈要》經部各類一百五十二種，據《通志堂經解》本繕錄有共有九
十九種（含校本）佔了百分之六十五點一。若除去《通志堂經解》不收的小學類，
則比例提高爲百分之七十二點三。（見表四）

〔註77〕見《四庫全書總目提要》卷首。

〔註78〕同註32，頁39。

〔註79〕附錄一乃據《四庫全書薈要簡明目錄》再加省簡，僅標明這九十九種書名。

由上的統計數字，則可看出《通志堂經解》本在《四庫薈要》謄錄時，是圖書版本的一大依據。

除了《四庫薈要》的引據，《四庫全書》亦有數種是以《通志堂經解》本爲底本。不過或因爲《四庫全書》蒐羅資料的範圍較廣，編纂時間也較長，所以用《通志堂經解》本爲據的數量，相對減少。以下就《四庫提要》及其他書目所載言明《四庫全書》引用《通志堂經解》本爲鈔校之底本者，列其書名如下：

1. 《周易玩辭》十六卷（見《北京圖書館善本古籍目錄》）提要未言明
2. 《經典釋文》三十卷（《四庫提要‧五經總義類》）
3. 《易數鈎隱圖》三卷《遺論》九事一卷（《四庫提要‧易類》二）
4. 《周易輯聞》六卷（《北京圖書館善本古籍書目》）
5. 《易纂言》十卷（《四庫提要‧易類》二）提及徐氏刻通志堂本，則似曾以之爲校本之一。
6. 《大易象數鈎深圖》三卷（《四庫提要》，易類二）提要云：
   「今以徐氏刻本定著三卷」

（二）其他叢書刊刻以《通志堂經解》為底本

前述《四庫薈要》之以《通志堂經解》爲據，乃在於編纂宗旨吻合之故。而吳省蘭刻《藝海珠塵》意在廣羅舊籍，〔註80〕胡鳳丹輯《金華叢書》〔註81〕、胡宗楙刻《續金華叢書》〔註82〕欲傳郡邑先哲之書，則諸編之採用《通志堂經解》本爲根據，或因諸書單行之本不易得到，而此編彙刻宋元人說經之書有極罕見者，故以爲鈔校的底本補足不易蒐集的前人著作。

清代刊刻叢書有以廣羅舊籍著稱者，嘉慶中吳省蘭刻《藝海珠塵》即屬此類。就今所知，其中三種是據《通志堂經解本》刊刻：

1. 《詩說》一卷
   收錄於革集，後《叢書集成初編》據此本刊入。
2. 《詩疑》二卷
   收錄於庚集，從收入《叢書集成初編》‧文學類。
3. 《春王正月考》二卷
   收錄於癸集，《叢書集成初編》‧自然科學類據以刻入。

《金華叢書》爲同治間永康胡鳳丹月樵編刊，並纂書目提要八卷，今據各書前

〔註80〕《藝海珠塵》，吳省蘭輯，清乾隆間南匯聽彞堂刊本。
〔註81〕《金華叢書》，胡鳳丹輯，同治八年刊本。
〔註82〕《續金華叢書》，胡宗楙輯，民國 13 年夢選樓刊本。

附之序跋，可知據通志堂經解本刊刻者有下：

1. 《禹貢集解》二卷

   彙刻書目作「禹貢說斷四卷」。《叢書集成初編》據此叢書本刻入。

2. 《東萊書說》三十五卷

   前引納蘭性德序，而未言明據《通志堂經解》本。《叢書集成初編》據此叢書本刻入。

3. 《尚書表注》二卷

   前附〈重刻尚書表注序〉云：「是卷鈔自通志堂經解中」，《叢書集成初編》據以刻入。

4. 《詩說》二卷

   胡鳳丹〈重刻王魯齋詩疑序〉云：「……余同郡人，屬有金華文萃之刻，爰從通志堂經解中抄出，手校付梓，以廣厥傳。……同治八年秋八月」。另《藝海珠塵》‧庚集亦據此刊刻，而《叢書集成初編》據《藝海珠塵》本刻入。

5. 《詩集傳名物鈔》八卷

   書前〈刻詩集傳名物鈔序〉：「今從通志堂經解所刻本，校付梓人，仍釐爲八卷，同治八年九月胡鳳丹。」《叢書集成初編》本據此刻入。

6. 《春秋左氏傳說》二十卷

   〈重刻左氏傳說序〉云：「今從通志堂經解中鈔出，仍舊釐爲二十卷。」《叢書集成初編》據以刻入。

金華叢書經部共十四種，用通志堂經解本有六種，百分四十二點八五，比例不低。又民國 13 年胡宗楙輯《續金華叢書》(永康胡氏夢選樓刊本)，今知其中《書集傳或問》一書乃據通志堂本校鋟。此書前胡宗懋跋云：「清康熙丙辰納蘭性德以或同刻入通志堂經解中，余所據即此本」〈此叢書經部共有五種〉

這些叢書引用《通志堂經解》本爲據，在數量上雖無法與《四庫薈要》比較，但顯示的意義卻可與前者比擬。尤其上述十數種書，或由《金華叢書》，或經《藝海珠塵》而收入《叢書集成初編》，我們除了從中明顯地辨出其刊刻版本的源流，也看到某些前人的著作，因《通志堂經解》的編刻而顯，輾轉經由其他叢書的引用，現在仍能得見其全貌，則此功當不得不歸於首先刊行的《通志堂經解》了。

四、以《通志堂經解》本爲校讎之底本

清代學術史上，到了中期，治經者多宗漢儒之學，而由漢儒之學的復興，將小學帶入全面發展的時期。而唐陸德明《經典釋文》三十卷「所採漢魏六朝音切凡二

百三十餘家，又兼載諸儒之訓詁，證各本之異同；後來得以考見古義者，注疏之外，惟賴此書之存」〔註83〕可說與經學，文字、聲韻、訓詁都有關係，所以此書頗受清儒的重視，其刊刻情形也相對的受到注意。

　　《通志堂經解》雖然所採諸家偏於朱子一派，但清代傳刻《經典釋文》，卻以徐氏此編爲最早。由盧文弨抱經堂叢書本〈重雕經典釋文緣起〉云：

　　　　此書雕版行於海內者止崑山徐氏通志堂經解中有之，宋雕本不可見，其影鈔者尚間儲於藏書家，余借以校對，則宋本之僞脫更甚焉，當徐氏梓入經解時，其撲塵掃葉誠不爲無功，然有宋本是而或不得其意因而誤改者，亦所不免。〔註84〕

可知《經典釋文》宋刊本「謬誤觸目皆是」〔註85〕，《通志堂經解》中刻入此書在清代有其開創性。加上《經典釋文》一書「自宋代監本注疏，即析附諸經之末，故文獻通考分見各門，後又散附著述之中，往往與注相淆，不可辨別。」〔註86〕此書有完整面目之重見，極易引起學者的注意。因此，儘管何焯《通志堂經解目錄》於此書下云：「從遵王鈔本付刊，伊人所校，滿紙皆訛謬。」對此書之校對不精頗不以爲然，但是《通志堂經解》本一出，清代數位大儒，紛紛以之爲底本，與其他鈔本細加校勘。黃焯《經典釋文彙校》前言就提到這種現象：

　　　　徐本既出，清儒如惠棟、段玉裁、臧鏞堂、顧廣圻諸人都據葉鈔細加校勘，孫星衍、鈕樹玉、袁廷檮、陳奐、王筠輩兼及宋刻諸經傳，並多所改正。

　　　　〔註87〕

而《北京圖書館善本古籍目錄》載有顧之逵、何煌、劉履芬、王筠等勘校此書，均以《通志堂經解》爲底本，〔註88〕能看出在清代中期，漢學、小學正興盛時，此本對諸儒之引證上有頗多的幫助。也因此，黃焯《經典釋文彙校》一書「以徐乾學通志堂本爲底本，因它保存宋刻規模，又清世諸師都依此本爲說之故」。〔註89〕

　　總括來說，《通志堂經解》因其開叢書「輯刻專著」風氣之先，爲清初刊刻叢書

〔註83〕　《四庫全書總目提要》七經部，五經總義類〈經典釋文〉條。

〔註84〕　見《抱經堂叢書》本《經典釋文》卷首。

〔註85〕　張金吾《愛日精廬藏書志》卷六，頁3宋刊本〈經典釋文殘本一卷〉。

〔註86〕　同註83。

〔註87〕　黃焯撰《經典釋文彙校》，頁3。

〔註88〕　據《北京圖書館善本古籍書目》頁235，知清代何煌校跋、顧之逵校跋、馬釗跋、王筠跋、劉履芬跋、唐翰跋、傅增湘校並跋及失名集臨以上諸家之本共八種，均以《通志堂經解》本《經典釋文》爲底本。《經典釋文彙校》書後〈引據各本目錄〉對這幾個校跋本有較詳細的說明，請自參閱。

〔註89〕　同註87。

觀念改變的一轉捩點。也爲其後輯刻經解之書者，立下一初略的規模。又因爲《通志堂經解》中收錄的書，有極罕見流傳，或隱沒已久，經其刊刻才又爲人所知，故而後來編刻叢書者，以此叢書本較易得，用作刻書、校書之據。這些叢書的輾轉引用，也就使前人作品能越傳越廣。所以，《通志堂經解》在版本選擇及校勘上固然有明顯的缺點，然而此編對後代的影響多是正面的，當是無可否認的。

附表 6-1：《通志堂經解提要》與《郎園讀書志》著錄《通志堂經解》所收各類著作之成書時代比較表

類　別	通志堂經解提要					合　計		郎園讀書志					合　計	
	唐	宋	元	明	清			唐	宋	元	明	清		
易　類	1	26	12		1	40 種	388 卷	1	24	13		1	39 種	307 卷
書　類		10	9			19 種	224 卷		9	10			19 種	224 卷
毛詩類	1	7	3	1		12 種	138 卷	1	7	2	1		11 種	137 卷
春秋類		24	9	1		34 種	435 卷		22	10	1		33 種	447 卷
三禮類		8	3		1	12 種	364 卷		8	3		1	12 種	363 卷
孝經類		1	3			4 種	4 卷		1	3			4 種	4 卷
論語類		2				2 種	20 卷		2				2 種	20 卷
孟子類		3				3 種	23 卷		3				3 種	23 卷
四書類		2	6			8 種	133 卷		2	6			8 種	132 卷
總經解	1	3	2		1	7 種	63 卷	1	4			2	7 種	63 卷
合　計	3	86	47	3	2	141 種	1792 卷	3	82	47	4	2	138 種	1720 卷

附表 6-2-1：《通志堂經解》所錄之書與《經義考》、《四庫全書》載錄者卷數書名之別

書名及卷數（通志堂經解本）	《經義考》	《四庫全書》	備　　註
橫渠易說三卷	同　前	同　前	
子夏易傳十一卷	卜子夏易傳僞本・佚	同通志堂本	經義考註：「今存別本十一卷」
易學一卷	同　前	同　前	四庫全書子部術數類著錄
古周易一卷	集古易一卷	同通志堂本	經義考云：「古易十二卷，未見」
易璇璣三卷	同　前	同　前	
紫巖易傳十卷	同　前	同　前	
漢上易傳十一卷卦圖三卷說一卷	同　前	同　前	

周易義海撮要十二卷	同　前	同　前	
易小傳六卷	周易小傳六卷	同通志堂本	
周易玩辭十六卷	同　前	同　前	
復齋易說六卷	同　前	同　前	
文公易說二十三卷	同　前	同　前	
童溪易傳三十卷	同　前	同　前	
周易輯聞六卷易雅一卷筮宗一卷	書名同，附錄筮宗三卷	同通志堂本	
易裨傳二卷	同　前	同　前	
東谷易翼傳二卷	同　前	同　前	
周易傳義附錄十四卷	同　前	同　前	
丙子學易編一卷	註：十五卷，闕。	同通志堂本	
易學啓蒙通釋二卷	同　前	同　前	
三易備遺十卷	同　前	同　前	
周易輯說十卷	大易緝說十卷	同經義考	
大易輯說十卷	周易輯說四十卷	同經義考	
學易記九卷	同　前	同　前	
易纂言十三卷	易纂言十卷	同經義考	
周易本義通釋十二卷	同　前	同　前	
周義本義附錄纂注十五卷	周易附錄纂注十五卷	易本義附錄纂注十五卷	
周易會通十四卷姓氏一卷歷代因革一卷諸家易傳序一卷	同　前	同　前	
易數鉤隱圖三卷遺論九事一卷	同　前	同　前	
易象圖說三卷	易象圖說六卷	同通志堂本	四庫全書子部數術類著錄
大易象數鉤隱深圖三卷	未載錄	同通志堂本	經義考未載此書，或誤合於上書
易圖通變五卷	同　前	同　前	
周義參義十二卷	同　前	同　前	
周義本義集成十二卷	同　前	同　前	
易學啓蒙小傳一卷	同　前	同　前	
水村易鏡一卷	同　前	同　前	四庫存目
周易古經一卷	書名同　前，註「闕」	同通志堂本	
合訂刪補大易集義粹言八十卷	大易集義粹言合訂八十卷	同通志堂本	

書名及卷數（通志堂經解本）	《經義考》	《四庫全書》	備　　註
尚書全解四十卷	尚書集解五十八卷	同通志堂本	
增修東萊書說三十五卷	書名同，卷數爲三十卷	作「書說」卷數同通志堂本」	
尚書說七卷	書說七卷	同通志堂本	
尚書詳解十三卷	初學尚書詳解	書名同通志堂	
尚書句解十三卷	同　前	同　前	
書集傳纂疏六卷	尚書集傳纂疏六卷	同經義考	
書纂言七卷	書經纂言	書名同通志堂	
書傳六卷	尚書輯錄纂注	書名同經義考	
尚書纂傳四十六卷	同　前	同　前	
禹貢論四卷	註：宋志五卷，萬卷堂目二卷	禹貢論五卷後論一卷山川地理圖二卷	四庫乃據明永樂大典補全
禹貢集解二卷	註存闕	禹貢說斷四卷	
書古文訓十六卷	同　前	同　前	存目
書疑九卷	同註云「又讀書記十卷」	同　前	存目
書集傳或問二卷	尚書集傳或問	書名同經義考	
尚書通考十卷	同　前	同　前	
讀書管見二卷	同　前	同　前	
尚書表注二卷	同　前	同　前	
定正洪範一卷	定正洪範集說	同　前，二卷	存目
書蔡氏傳旁通六卷	書蔡傳旁通六卷	同經義考	

書名及卷數（通志堂經解本）	《經義考》	《四庫全書》	備　　註
毛詩指說一卷	同　前	同　前	
毛詩本義十五卷附錄一卷	毛詩本義十六卷	同經義考	
毛詩集解四十二卷	黃李二家分載（註）	同通志堂本	
毛詩名物解二十卷	同　前	同　前	
詩說一卷	同　前	同　前	四庫存目
詩疑二卷	作「詩辨說」註云或作詩疑	同通志堂本	四庫存目
詩傳遺說六卷	文公詩傳遺說六卷	同經義考	
逸齋詩補傳三十卷	詩補傳三十卷	同經義考	
毛詩名物鈔八卷	詩集傳名物鈔八卷	同經義考	
詩經疑問七卷	詩疑問七卷	同經義考	
詩辨說一卷	詩辨說七卷闕	附於前書之後	通志堂原目附於詩經疑問後
毛詩解頤四卷	詩解頤四卷	同經義考	

書名及卷數（通志堂經解本）	《經義考》	《四庫全書》	備　　註
三禮圖二十卷	三禮圖集	同經義考	
周禮訂義八十卷序論一卷	同　前	同　前	
考工記解二卷	鬳齋考工記解三卷	鬳齋考工記解二卷	
禮記集說一百六十卷	同　前	同　前	
禮經會元八卷	同　前	同　前	
太平經國之書十一卷	太平經國之書統集同通志堂本		經義考註云「宋志七卷、今本作十一卷」
夏小正解四卷	夏小正戴氏傳四卷	同　前	
儀禮集說十七卷	同　前	同　前	
儀禮逸經傳一卷	儀禮逸經八篇	同經義考	
經禮補逸九卷	同　前	同　前	
禮記陳氏集說補正三十八卷	同　前	同　前	
儀禮圖十七卷	儀禮圖旁通圖分為二書	同通志堂本無圖	

書名及卷數（通志堂經解本）	《經義考》	《四庫全書》	備　　註
春秋尊王發微十二卷	同　前	同　前	經義考註云：中興總目有總論三卷今佚
春秋皇綱論五卷	同　前	同　前	
春秋皇綱論五卷	同　前	同　前	
春秋傳十五卷	同　前	同　前	
春秋權衡十七卷	同　前	同　前	
春秋意林二卷	同　前	同　前	
春秋年表一卷	同　前	同　前	通志堂經解原目錄未標出此書。
春秋名號歸一圖二卷	同　前	同　前	
春秋列國臣傳三十卷	春秋列國諸臣傳三十卷	同經義考	四庫全書史部傳記類
春秋本例二十卷	春秋本例例要二十卷	同通志堂本	經義考註云今本十卷
春秋經筌十六卷	同　前	同　前	
石林春秋傳二十卷	同　前	同　前	四庫據永樂大典錄出
春秋後傳十二卷	同　前	同　前	
春秋集解三十卷	同　前	同　前	關於此書，三書所論不同。

春秋左氏傳說二十卷	左氏傳三十卷	同通志堂本	經義考註云今本二十卷
春秋左氏傳事類始末五卷附錄一卷	同　前	同　前	四庫全書史部紀事本末類著錄
春秋提綱十卷	鐵山先生春秋提綱十卷	同通志堂本	
春秋王霸列國世紀編三卷	同　前	同　前	
春秋通說十三卷	同　前	同　前	
春秋集注十一卷綱領一卷	同　前	同　前	
春秋或問二十卷附春秋五論一卷	同　前	同　前	
春秋集傳詳說三十卷	春秋詳說三十卷	同經義考	
春秋類對賦一卷	春秋經傳類對賦一卷	同經義考	四庫全書子部類書類存目
春秋諸國統紀六卷	同　前	春秋諸國統計一卷，目錄一卷	
春秋本義三十卷	同　前	同　前	
春秋或問十卷	同　前	同　前	
春秋集傳十五卷	同　前	同　前	
春秋屬辭十五卷	同　前	同　前	
春秋師說三卷	同　前	同　前	
春秋左氏傳補注十卷	同　前	同　前	
春秋諸傳會通二十四卷	同　前	同　前	經義考註云萬曆書目二十卷
春秋集傳釋義大成十二卷	同　前	同　前	
讀春秋編十二卷	清全齋讀春秋編十二卷	同通志堂本	
春王正月考二卷	同　前	同　前	

書名及卷數（通志堂經解本）	《經義考》	《四庫全書》	備　　註
孝經註解一卷	古文孝經指解	同經義考	
孝經大義一卷	同　前	同　前	
孝經定本一卷	孝經章句一卷	同通志堂本	經義考作者作「吳澂」
孝經句解一卷	孝經注解一卷	同經義考	四庫存目
書名及卷數（通志堂經解本）	經義考	四庫全書	備註
南軒論語解十卷	同　前	癸巳論語解十卷	

論語集說十卷	論語集說二十卷	同通志堂本	
南軒孟子說七卷	癸巳孟子說七卷	同經義考	
孟子集疏十四卷序說一卷	同　前	同　前	
孟子音義二卷	同　前	同　前	
四書纂疏二十八卷	同　前	同　前	
四書通二十六卷	同前，註云：或作三十四卷	同通志堂本	
四書通證六卷	同　前	同　前	
四書通旨六卷	同　前	同　前	
四書纂箋二十九卷	同　前	書名同，卷數爲二十八	
四書辨疑十五卷	四書集注辨疑十五卷	同通志堂本	
四書集編二十六卷	同　前	同　前	
經典釋文三十卷	同　前	同　前	
六經奧論六卷	書名卷數同列於無名氏下	同經義考作者定爲宋末人	通志堂經解目錄「舊題宋鄭樵著」
六經正誤六卷	同　前	同　前	
經說七卷	五經說七卷	同通志堂本	
十一經問對五卷	同　前	同　前	
五經蠡測六卷	註明「闕禮記闕」	同通志堂本	
七經小傳三卷	註明「宋志五卷」	同通志堂本	

附表 6-3：《四庫薈要》經部各類唐宋元著作據《通志堂經解》本繕錄比例

類　　　名	唐宋元人著作	通志堂本	百分比
易　　　類	三十八	三十	78.9 %
書　　　類	十五	十一	73.3 %
詩　　　類	十四	九	64.3 %
春　秋　類	三十一	二十四	77.4 %
禮　　　類	十三	八	61.5 %
孝　經　類	一	○	0 %
論　語　類	三	二	66.7 %
孟　子　類	四	二	50 %
四　書　類	八	七	87.5 %
經　解　類	九	六	66.7 %
合　　　計	一百三十六	九十九	72.8 %

附表6-4：《四庫薈要》經部各類據《通志堂經解本》繕錄比例

類　　名	各類總數	通志堂本	百分比
易　　　類	四十二	三十	71.4％
書　　　類	十七	十一	64.7％
詩　　　類	十七	九	52.3％
春　秋　類	三十四	二十四	70.6％
禮　　　類	十九	八	42.1％
孝　經　類	四	○	0％
論　語　類	三	二	66.7％
孟　子　類	四	二	50％
四　書　類	九	七	77.8％
經　解　類	九	六	66.7％
小　學　類	十五	○	0％
合　　　計	一五二	九十九	65.1％

附錄：《四庫薈要》經部各類據《通志堂經解》本繕錄書目

1. 《橫渠易說》三卷，宋張載。
   此書依內府所藏通志堂刊本繕錄。

2. 《易璇璣》三卷，宋吳沆。
   此書依內府所藏通志堂刊本繕錄。

3. 《紫巖易傳》十卷，宋張浚。
   此書依內府所藏通志堂刊本繕錄，據元張獻之本校對。

4. 《漢上易傳》十一卷《卦圖》三卷《叢說》一卷。
   此書依內府所藏通志堂刊本繕錄。

5. 《周易義海撮要》十二卷，宋人李衡取蜀人房審權原本刪增。
   此書依內府所藏通志堂刊本繕錄。

6. 《易小傳》十二卷。
   此書依內府所藏通志堂刊本繕錄。

7. 《周易玩辭》十六卷，宋項安世。
   此書依內府所藏通志堂刊本繕錄，據元烏克章徐之諸本校對。

8. 《復齋易說》六卷，宋趙彥肅。

此書依內府所藏通志堂刊本繕錄。

9. 《文公易說》二十三卷，宋朱鑑。
   此書依內府所藏通志堂刊本繕錄。

10. 《童溪易傳》三十卷，宋王宗傳。
    此書依內府所藏通志堂刊本繕錄，據明毛晉影宋鈔本校對。

11. 《周易輯聞》八卷《易雅》一卷《筮宗》一卷，宋趙汝楳。
    此書依內府所藏通志堂刊本繕錄，依元田澤本，明毛晉影宋鈔本校對。

12. 《易稗傳》二卷，宋林至。
    此書依內府所藏通志堂刊本繕錄，據元陳泰本校對。

13. 《東谷易翼傳》四卷，宋鄭汝諧。
    此書依內府所藏通志堂刊本繕錄，據元鄭陶孫本校對。

14. 《周易傳義附錄》二十一卷《卷首》一卷《圖說》一卷，宋董楷。
    此書依內府所藏通志堂刊本繕錄。

15. 《丙子學易編》一卷，宋李心傳。
    此書依內府所藏通志堂刊本繕錄。

16. 《易學啓蒙通釋》二卷，宋胡方平。
    此書依內府所藏通志堂刊本繕錄，據元新安本劉涇本校對。

17. 《三易備遺》十卷，宋朱元昇，其子朱士立補輯。
    此書依內府所藏通志堂刊本繕錄，據士立本校對。

18. 《周易集說》十三卷，元俞琰。
    此書依內府所藏通志堂刊本繕錄，據元王都中本校對。

19. 《易學記》十二卷《綱領》一卷《圖說》一卷，元李簡撰
    此書依內府所藏通志堂刊本繕錄。

20. 《易纂言》十二卷《卷首》一卷，元吳澄。
    此書依內府所藏通志堂刊本繕錄，據明焦竑本校對。

21. 《周易本義通釋》十四卷，元胡炳文。
    此書依內府所藏通志堂刊本繕錄。

22. 《周義本義附錄纂注》十五卷，元胡一桂。
    此書依內府所藏通志堂刊本繕錄。

23. 《易學啓蒙翼傳》四卷，元胡一桂。
    此書依內府所藏通志堂刊本繕錄，據元刊本校對。

24. 《周易輯說》十卷，元王申子。

此書依內府所藏通志堂刊本繕錄。

25. 《周義本義集成》十二卷《綱領》一卷《圖說》一卷，元熊良輔。
此書依內府所藏通志堂刊本繕錄，據元劉直方本校對。

26. 《周易會通》十四卷《姓氏》一卷《歷代因革》一卷《諸家易傳序》一卷
《圖》一卷《筮儀五贊》一卷，元董眞卿。
此書依內府所藏通志堂刊本繕錄，據元董撰本，明楊士奇本校對。

27. 《易數鉤隱圖》三卷《遺論九事》一卷，宋劉牧。
此書依內府所藏通志堂刊本繕錄。

28. 《易象圖說》六卷，元張理。
此書依內府所藏通志堂刊本繕錄。

29. 《大易象數鉤隱深圖》三卷，元張理。
此書依內府所藏通志堂刊本繕錄，據道藏本校對。

30. 《易圖通變》五卷，元雷思齊。
此書依內府所藏通志堂刊本繕錄，據道藏本校對。

以上易類共三十種

31. 《尚書全解》四十卷，宋林之奇。
此書依內府所藏通志堂刊本繕錄，據宋林耕本，明永樂大典本校對。

32. 《增修東萊書說》三十五卷，宋呂祖謙。
此書依內府所藏通志堂刊本繕錄。

33. 《尚書說》七卷，宋黃度。
此書依內府所藏通志堂刊本繕錄。

34. 《尚書詳解》十三卷，宋胡士行。
此書依內府所藏通志堂刊本繕錄。

35. 《尚書句解》十三卷。
此書依內府所藏通志堂刊本繕錄。

36. 《書集傳纂疏》七卷《綱領》一卷《孔氏序》一卷《書序》一卷，元陳櫟。
此書依內府所藏通志堂刊本繕錄，據元張禹本校對。

37. 《書纂言》七卷，元吳澄。
此書依內府所藏通志堂刊本繕錄，據明顧應詳本校外。

38. 《書傳輯錄纂注》九卷《綱領》一卷《書傳序》一卷《序》一卷。
此書依內府所藏通志堂刊本繕錄，據元閩本校對。

39. 《尚書纂傳》五十八卷，元王天與。
　　此書依內府所藏通志堂刊本繕錄，以元王振本校對。

40. 《禹貢山川地理圖》二卷，宋程大昌。
　　此書依永樂大典本繕錄，以通志堂本校對。

41. 《禹貢說斷》四卷，宋傅寅。
　　此書依永樂大典本繕錄，以通志堂本校對。

以上書類十一種，其中二種為校本

42. 《毛詩指說》一卷，唐成伯璵。
　　此書依內府所藏通志堂刊本繕錄，據宋雄克本校對。

43. 《毛詩本義》十五卷《附錄》一卷，宋歐陽修。
　　此書依內府所藏通志堂刊本繕錄。

44. 《毛詩李黃集解》四十二卷《卷首》一卷，宋李樗黃燻。
　　此書依內府所藏通志堂刊本繕錄。

45. 《詩補傳》三十卷《篇目》一卷，宋范處義。
　　此書依內府所藏通志堂刊本繕錄。

46. 《詩傳疑說》六卷，宋朱鑑。
　　此書依內府所藏通志堂刊本繕錄。

47. 《詩緝》三十六卷《圖說》一卷，宋嚴粲。
　　此書依內府所藏通志堂刊本繕錄，據明朱本校對。

48. 《詩經疑問》七卷《附編》一卷，元朱倬。
　　此書依內府所藏通志堂刊本繕錄。

49. 《毛詩解頤》四卷，明朱善。
　　此書依內府所藏通志堂刊本繕錄，據明朱叔明本及丁隆本校對。

50. 《詩集傳名物鈔》八卷，元許謙。
　　此書依內府所藏通志堂刊本繕錄。

以上詩類共九種

51. 《春秋左氏傳說》二十卷，宋呂祖謙。
　　此書依內府所藏通志堂刊本繕錄。

52. 《春秋左氏傳事類始末》五卷《附錄》一卷，宋章沖。
　　此書依內府所藏通志堂刊本繕錄。

53. 《春秋尊王發微》十二卷，宋孫復。
　　此書依內府所藏通志堂刊本繕錄，據宋魏安行本校對。

54. 《春秋傳》十五卷，宋劉敞。
　　此書依內府所藏通志堂刊本繕錄。

55. 《春秋權衡》十七卷，宋劉敞。
　　此書依內府所藏通志堂刊本繕錄，據史有之本校對。

56. 《石林春秋傳》二十卷，宋葉夢得。
　　此書依內府所藏通志堂刊本繕錄，據其孫葉筠本校對。

57. 《春秋本例》二十卷，宋崔子方。
　　此書依內府所藏通志堂刊本繕錄。

58. 《春秋列國臣傳》三十卷，宋王當。
　　此書依內府所藏通志堂刊本繕錄。

59. 《春秋集解》三十卷，宋呂本中。
　　此書依內府所藏通志堂刊本繕錄。

60. 《春秋後傳》十二卷，宋陳傅良。
　　此書依內府所藏通志堂刊本繕錄，據趙與之本校對。

61. 《春秋提綱》十卷，宋陳則通。
　　此書依內府所藏通志堂刊本繕錄。

62. 《春秋集注》十一卷《綱領》一卷，宋張洽。
　　此書依內府所藏通志堂刊本繕錄，據宋衛宗武本校對。

63. 《春秋通說》十三卷，宋黃仲炎。
　　此書依內府所藏通志堂刊本繕錄。

64. 《春秋經筌》十六卷，宋趙鵬飛。
　　此書依內府所藏通志堂刊本繕錄。

65. 《春秋或問二筌》五卷《論》一卷，宋呂大圭。
　　此書依內府所藏通志堂刊本繕錄，據何夢申本校對。

66. 《春秋詳說》三十卷《綱領》一卷，宋家鉉翁。
　　此書依內府所藏通志堂刊本繕錄，據元龔橚本校對。

67. 《讀春秋編》十二卷，宋陳深。
　　此書依內府所藏通志堂刊本繕錄。

68. 《春秋本義》三十卷《名氏》一卷《綱領》一卷《通論》一卷《問答》一
　　卷，元程端學。

此書依內府所藏通志堂刊本繕錄，據元集慶路本，張天祐本校對。

69. 《春秋集傳釋義大成》十二卷《諸家傳序》一卷《綱領》一卷《世次》一
　　卷，元俞琰。
　　此書依內府所藏通志堂刊本繕錄。

70. 《春秋諸傳會通》二十卷《諸家傳序》一卷《綱領》一卷，元李廉。
　　此書依內府所藏通志堂刊本繕錄。

71. 《春秋屬辭》十五卷，元趙汸。
　　此書依內府所藏通志堂刊本繕錄。

72. 《春秋集傳》十五卷，元趙汸。
　　此書依內府所藏通志堂刊本繕錄。

73. 《春秋王霸列國世紀》三卷，宋李琪撰。
　　此書依內府所藏通志堂刊本繕錄，以元羅中行本校對。

74. 《春秋王正月考》一卷《辨疑》一卷，明張以寧。
　　此書依內府所藏通志堂刊本繕錄，據明張士隆本校對。

以上春秋類共二十四種

75. 《周禮訂義》八十卷《序論》一卷，宋王與之。
　　此書依內府所藏通志堂刊本繕錄。

76. 《禮經會元》八卷，宋葉時。
　　此書依內府所藏通志堂刊本繕錄，據元潘元明本校對。

77. 《太平經國之書》十一卷，宋鄭伯謙。
　　此書依內府所藏通志堂刊本繕錄，據元潘叔嗣本校對。

78. 《考工記解》二卷，宋林希逸。
　　此書依內府所藏通志堂刊本繕錄。

79. 《儀禮集說》二十卷，元敖繼公。
　　此書依內府所藏通志堂刊本繕錄。

80. 《經禮補逸》九卷，元汪克寬。
　　此書依內府所藏通志堂刊本繕錄，明程敏政本校對。

81. 《禮記集說》一百六十卷，宋衛湜。
　　此書依內府所藏通志堂刊本繕錄。

82. 《三禮圖》二十卷，宋聶崇義。
　　此書依天祿琳琅明毛晉影宋抄本繕錄，據通志堂刊本校對。

以上禮類共八種，其中包括一種作校本

83. 《論語解》十卷，元張栻。
　　此書依內府所藏通志堂刊本繕錄。

84. 《論語集說》十卷，宋蔡節。
　　此書依內府所藏通志堂刊本繕錄，據明毛晉影宋抄本校對。

以上論語類二種

85. 《孟子說》七卷，宋張栻。
　　此書依內府所藏通志堂刊本繕錄，據宋刊本校對。

86. 《孟子集疏十四卷《序說》一卷，宋蔡模。
　　此書依內府所藏通志堂刊本繕錄。

以上孟子類二種

87. 《四書集編》二十八卷，宋眞德秀。
　　此書依內府所藏通志堂刊本繕錄，據宋劉之才、謝候善諸本校對。

88. 《四書纂疏》二十八卷，宋趙孫順。
　　此書依內府所藏通志堂刊本繕錄，據元應俊本校對。

89. 《四書通》二十八卷，元胡炳文
　　此書依內府所藏通志堂刊本繕錄，據元張存中校對。

90. 《四書通證》六卷，元張存中。
　　此書依內府所藏通志堂刊本繕錄。

91. 《四書通旨》六卷，元朱公遷。
　　此書依內府所藏通志堂刊本繕錄。

92. 《四書纂箋》二十九卷，元詹道傳。
　　此書依內府所藏通志堂刊本繕錄，據元陳子善本校對。

93. 《四書辨疑》十五卷，元陳天祥。
　　此書依內府所藏通志堂刊本繕錄。

以上四書類共七種

94. 《經典釋文》三十卷，唐陸德明
　　此書依內府所藏通志堂刊本繕錄，據明顧春世德堂本校對。

95. 《六經奧論》六卷《總文》一卷，宋鄭樵。

此書依內府所藏通志堂刊本繕錄。

96. 《六經正誤》六卷，宋毛居正。

此書依內府所藏通志堂刊本繕錄，據明郝梁本校對。

97. 《經說》七卷，元熊朋來。

此書依內府所藏通志堂刊本繕錄。

98. 《十一經問對》五卷，元何異孫。

此書依內府所藏通志堂刊本繕錄。

99. 《五經蠡測》六卷，明蔣悌生。

此書依內府所藏通志堂刊本繕錄，據明閔文振本校對。

以上經解類共六種，總計九十九種

結　語

　　凡留意明清私家藏書者，無不知徐乾學爲清初的藏書大家，築傳是樓庋藏辛苦蒐羅的典籍，樓內藏書冠於當代，並欲以書傳與後人。然即使一般目錄學專著，對徐乾學傳是樓藏書，也多半僅止於上述的介紹。同樣的，對於徐乾學之刻《通志堂經解》的評價也是負面譏評多於正面的肯定。令人覺得徐氏與其藏書、刻書似乎乏善可陳。不過，經過直接資料的敘述與間接資料的排比所得的結果看，可知道徐氏藏書與其刻書並未得到公平的評價。

　　徐乾學生長於江蘇崑山，江蘇一地藏書風氣極盛，且徐氏又爲書香門第，在這樣的環境薰陶，爲徐氏立下了能藏書、能讀書、能文章的基礎。而當時時代紛亂，藏書故家之書多半散出，又給予徐乾學藏書彙集諸家的條件。

　　在這種外在環境、本身條件配合下，徐乾學善用資財，「發憤購遺書，蒐羅探秘笈。從人借鈔寫，瓶甒日不給」的辛勤訪購、鈔錄，其傳是樓藏書之富漸爲人所稱羨，號稱「甲於當代」。但是，徐氏並不祕惜辛苦得來的典籍，而能善加利用藏書，除築傳是樓貯藏典籍，更能便利好學之士，供人傳鈔、借閱，因此當時宿老儒士多集於徐家，而徐氏也趁此與諸儒研討經、史，增進學問，編纂著作，並輯宋元經解之書，刻爲《通志堂經解》，可謂善藏書者。

　　不過，隨著徐乾學逝世，傳是樓藏書隨即散佚，流落於各方，當日盛況恰如灰飛煙滅。今整理清代藏書家書志及各圖書館書目，從徐氏藏書來源之廣，想見其蒐羅的艱辛，而嘆其後人之未能守成；而現在猶能從各類記載，釐出其藏書之流傳與現藏概況，或是感嘆中尚可稱幸之事。

　　此外，徐乾學《傳是樓書目》、《傳是樓宋元版書目》的分類體例多襲自焦竑《國史經籍志》，著錄上亦屬簡略。然而，從所見鈔本中，可知《傳是樓書目》歷經兩百年的遞相傳鈔，至印本出現時，已和原貌相去甚遠。而王存善本，將分類層次混在

一起，使其價值更低；後人也因這一種版本流傳較廣，據以評斷《傳是樓書目》的價值，實非公允之論。在與其同時的藏書家目錄比較後，實可肯定徐氏重類例的作法，而其書目雖未符合中國目錄書的標準，也無法與當時之《千頃堂書目》、《澹生堂書目》相提並論，卻不致毫無討論的價值。

徐乾學所刻之《通志堂經解》，曾被誤為納蘭性德輯刊，而收錄之書偏於宋元人說經著作、校勘不精，與清中葉以後的經學風尚不符，屢受批評。不過，此編之校刻心態與作法，誠然值得商榷；其輯刻罕見之典籍，裒輯遺文，開叢書「輯刻專著」風氣之先，為清初刊刻叢書觀念改變的一轉捩點。而《通志堂經解》中收錄的書，有極罕見流傳，或隱沒已久，經其刊刻才又為人所知，故而後來編刻叢書者，以此叢書本較易得，用作刻書、校書之據。這些叢書的輾轉引用，也就使前人作品能越傳越廣。所以，就書籍的流傳及叢書的刊刻，尤其是經解之類的叢書刊刻，徐乾學之刻《通志堂經解》實有其前導性與積極性，何能以其缺點而對其有功於前人，嘉惠後人的貢獻，予以一筆勾銷？

洪有豐於〈清代藏書家考〉曾謂歷代藏書家之裨助學術，貢獻社會者，有四：「一、讎校鈔藏之專精。二、利便好學之士。三、多自致於深造之學問。四、保留希貴之典冊。」從本文的討論中可知，徐乾學雖於「讎校鈔藏之專精」方面，未能如乾嘉時期的藏書家，精於鈔校；然在藏書的利用、保存及自致於學問三方面，確實已做到一定的程度。則徐氏藏書於四者居其三，實亦值得後人深予探討，多加表揚其藏書與刻書的貢獻。

參考書目

　　專著部份依四部分類法排列，在四部下，目錄學及藏書志先後次序則參考姚名達《中國目錄學年表》，而姚著未提及者及現代人著作，則按其出版時間為序。至於論文部份，也依其發表時間為排列的順序。

一、專著部份

1. 《通志堂經解》，徐乾學輯刻，康熙十九年原刊本。
2. 《通志堂經解》，徐乾學輯刻，乾隆五十年補刊本。
3. 《通志堂經解》，徐乾學輯刻，同治十二年重刊本。
4. 《讀禮通考》，徐乾學撰輯，康熙三十五年刊本。
5. 《讀禮通考》，徐乾學撰，文淵閣四庫全書本。
6. 《讀禮通考》，徐乾學撰，光緒七年江蘇書局刊本。
7. 《五禮通考》，秦蕙田撰，台中：東海大學藏光緒六年九月江蘇書局重刊本。
8. 《古經解鉤沉》，余蕭客輯，台中：東海大學藏清刊本。
9. 《中國經學史》，馬宗霍撰，台北：商務印書館，民國55年9月台一版。
10. 《中國經學史》，日‧本田成之撰，台北：廣文書局，民國68年5月台初版。
11. 《經學源流考》，甘雲鵬撰，台北：學海出版社出版。
12. 《經學通志》，錢基博撰，台北：學海出版社。
13. 《古今偽書考補證》，姚際恆撰，黃雲眉補證，台北：文海出版社，民國61年影印出版。
14. 《經典釋文彙校》黃焯撰，北京：中華書局，1980年9月第一版。
15. 《資治通鑑後編》，徐乾學編，文淵閣四庫全書本。
16. 《資治通鑑後編》，徐乾學編，史語所藏光緒二十六年富陽夏氏校刊本。
17. 《教習堂條約》，徐乾學撰，台北：文源書局，民國53年影印本。

18. 《明史列傳》，舊題徐乾學編，屈萬里主編《明代史籍彙刊》十七，據國立中央圖書館藏本影印，台北：學生書局，民國 59 年 12 月景印初版。

19. 《清史大綱》，金兆豐著，台北：學海出版社，民國 66 年 8 月二版。

20. 《清儒學案》，徐世昌編，民國 27 年，天津徐氏刊本。

21. 《劉蕺山黃梨洲學案合輯》，蘇德用纂輯，台北：正中書局，民國 59 年 4 月臺二版。

22. 《黃梨洲年譜》，見薛鳳昌編次《梨洲遺著彙刊》，民國 58 年 10 月臺初版。（原書係民國十六年上海掃葉山房本）

23. 《閻潛丘先生年譜》，張穆編，台北：廣文書局，民國 60 年 11 月初版。

24. 《顧亭林先生年譜》，張穆編，台北：廣文書局，民國 60 年 11 月初版。

25. 《徐乾學家譜零本》，清闕名輯，清後期鈔本。現藏日本東洋文庫，所見微卷，爲台北家庭歷史中心所複製。

26. 《國朝詩人徵略》，張維屏撰，清嘉慶二十四年至道光十年番禺張氏遞刊本。

27. 《國朝鼎甲徵信錄》，閻湘蕙編輯，張椿齡增訂，清代傳記叢刊第十七冊（據同治三年刊本影印），台北：明文書局，民國 74 年印行。

28. 《清名家詩人小傳》（即《本朝名家詩鈔小傳》），鄭方坤撰，馬俊良刪訂，民國 10 年上海掃葉山房石印本。

29. 《碑傳集》，錢儀吉編輯，清光緒十九年江蘇書局刊本。

30. 《碑傳集補》，閻爾昌輯，燕京大學國學研究所印行。

31. 《清代名人象傳》，葉蘭臺編，台北：文海出版社，民國 58 年初版。

32. 《中國藏書家考略》，楊立誠、金步瀛著，台北：文海出版社，民國 60 年 10 月初版。

33. 《中國著名藏書家傳略》，鄭偉章、李萬健撰，北京：書目文獻出版社，民國 75 年 9 月印行。

34. 《文淵閣書目》，楊士奇編，廣文書局書目續編，台北：廣文書局，民國 57 年影印出版。

35. 《國史經籍志》，焦竑撰，叢書集成初編本。

36. 《澹生堂書目》，祁承㸁撰，光緒十八年紹興先正遺書本。

37. 《千頃堂書目》，黃虞稷撰，民國 57 年廣文書局影印本。

38. 《絳雲樓書目》，錢謙益撰，商務印書館叢書集成初編本。（據粵雅堂叢書本影印）

39. 《徵刻唐宋祕本書目》，黃虞稷、周在浚合撰，葉德輝輯《郋園全集》一百四十六種，史語所藏民國 24 年長沙中國古書刊印社彙印本。

40. 《徵刻唐宋祕本書目》，黃虞稷、周在浚合撰，廣文書局，書目續編，台北：廣文書局，民國 57 年 3 月影印《昭代叢書》初版。

41. 《述古堂書目》，錢曾撰，商務印書館叢書集成初編本。（據粵雅堂叢書本影印）

42. 《讀書敏求記校證》，錢曾撰，管庭芬原輯，章鈺補輯，台北：廣文書局，民國 56 年影印出版。

43. 《季滄葦藏書目錄》，季振宜撰，商務印書館叢書集成初編本。（據粵雅堂叢書本影印）

44. 《傳是樓書目》，王存善民國四年‧鉛印本。

45. 《傳是樓書目》，故宮博物院藏鮑氏知不足齋鈔本。

46. 《傳是樓書目》，故宮博物院藏舊鈔本。

47. 《傳是樓書目》，中央圖書館藏藍格鈔本。

48. 《傳是樓書目》，中央研究院史語所藏舊鈔本。

49. 《傳是樓宋元版書目》，清光緒十一年吳丙湘傳硯齋叢書本。

50. 《傳是樓宋元本書目》，民國羅振玉重編印玉簡齋叢書二集本。

51. 《孝慈堂書目》，王聞遠撰，台北：新文豐出版社，叢書集成續編第五冊。

52. 《天祿琳琅書目》，于敏中、彭元瑞等編，東海大學藏光緒十年長沙王氏刊本。

53. 《天祿琳琅書目續編》，于敏中、彭元瑞等編，東海大學藏光緒十年長沙王氏刊本。

54. 《四庫全書總目提要》，紀昀等編，台北：台灣商務印書館本，民國 60 年 5 月印行。

55. 《孫氏祠堂書目內外編》，孫星衍撰，廣文書局書目三編，台北：廣文書局，民國 58 年 2 月初版。

56. 《彙刻書目》，顧修輯，上海千頃堂，民國 8 年石印本。

57. 《愛日精盧藏書志》，張金吾撰，據東海大學藏清光緒年間靈芬閣印本。

58. 《鄭堂讀書記》，周中孚撰，台北：世界書局，民國 49 年出版。

59. 《百宋一廛賦注》，顧廣圻撰，黃丕烈注，台北：廣文書局，民國 57 年 3 月初版。

60. 《百宋一廛書錄》，黃丕烈撰，台北：新文豐出版公司，叢書集成續編，第五冊。

61. 《藏書紀要》，孫從添撰，廣文書局書目續編，台北：廣文書局，民國 57 年 3 月影印初版。

62. 《經籍跋文》，陳鱣撰，書目類編第七十三冊，台北：成文出版社，民國 67 年（據清道光二十七年刊本影印）出版。

63. 《古泉山館題跋》，瞿中溶撰，藕香零拾二十九種著錄。

64. 《曝書雜記》，錢泰吉撰，書目類編第七十三冊，台北：成文出版社，民國 67 年出版。

65. 《經籍舉要》，龍起瑞撰，書目類編第九十二冊，台北：成文出版社，民國 67 年（據清光緒十九年中江講院刊本影印）出版。

66. 《雲間韓氏藏書目》，韓應陛編，書目類編第八十六冊，台北：成文出版社，據民 19 年松江韓氏據原稿影印本影印出版。

67. 《豐順丁氏持靜齋書目》，清丁日昌編，書目類編第三十一冊，台北：成文出版社，據清光緒廿一年元和江標刻本影印出版。

68. 《楹書隅錄》，楊紹和撰，廣文書局書目叢編，台北：廣文書局，民國 56 年 12 月影印初版。

69. 《鐵琴銅劍樓藏書目錄》，瞿鏞撰，廣文書局書目叢編，台北：廣文書局，民國 56 年影印出版。

70. 《鐵琴銅劍樓宋元本書影》，瞿啓甲編，廣文書局書目四編本，台北：廣文書局據民國 11 年常熟瞿氏鐵琴銅劍樓影印。

71. 《書目答問》，張之洞撰，台北：新文豐出版公司，民國 63 年 12 月初版

72. 《滂喜齋藏書記》，潘祖蔭撰，廣文書局書目叢編，台北：廣文書局，民國 56 年影印出版。

73. 《儀顧堂續跋》，陸心源撰，廣文書局書目續編，台北：廣文書局，民國 57 年影印出版。

74. 《藏書紀事詩》，葉昌熾撰，台北：世界書局，民國 50 年 3 月初版。

75. 《學部圖書館善本書目》，繆荃孫編，古學彙列第一集，民國元、2 年間鄧實鉛印本。

76. 《書林清話》，葉德輝撰，台北：世界書局出版，民國 72 年 10 月四版。

77. 《群碧樓善本書目》，鄧邦述撰，台北：廣文書局，民國 56 年 12 月初級

78. 《寒瘦山房鬻存善本書目》，鄧邦述撰，台北：廣文書局，民國 56 年 12 月初版。

79. 《北京人文科學研究所藏書目錄》，北京人文科學研究所編，北平：北京人文科學研究所，民國 27 年 5 月印行。

80. 《浙江文獻展覽專號》，《文瀾學報》第二卷三、四期合刊本。

81. 《寶禮堂宋本書錄》，潘宗周撰，東海大學藏民國 28 年南海潘氏鉛印本。

82. 《文祿堂訪書記》，王文進撰，北平：文祿堂書籍舖鉛印本，東海大學藏民國 31 年初版。

83. 《皕宋樓藏書源流考》，島田翰撰，書目類編第九一十一冊，台北：成文出版社，民國 67 年出版。

84. 《涵圃善本書目》，張乃熊撰，台北：廣文書局，民國 57 年初版。

85. 《涉園序跋集錄》，張元濟著，顧廷龍編，上海古典文學，1957 年出版。

86. 《通志堂經解目錄》，翁方綱撰，廣文書目叢編本，台北：廣文書局，民國 56 年 12 月出版。

87. 《通志堂經解提要》四卷，關文瑛撰，書目類編第八十一冊（據民國 23 年排印本影印），台北：成文書局，民國 67 年出版。

88. 《重輯漁洋書跋》，書目類編第七一冊，台北，成文書局據民國 47 年排印本影印。

89. 《藏園群書經眼錄》，傅增湘撰，北京：中華書局。1983 年初版。

90. 《國立中央圖書館宋本圖錄》，國立中央圖書館編輯，民國 47 年 7 月印行

91. 《中國版刻圖錄》，北京圖書館編。日・勝村哲也覆刊編著。日本朋友書店出版，民國 72 年 9 月印行。

92. 《中國歷代書目總錄》，梁子涵編，台北：中華文化出版事業委員書，民國 42 年初版。

93. 《中國目錄學年表》，姚名達著，台北：臺灣商務印書館，民國 56 年 6 月台一版。

94. 《中國目錄學史》，許世瑛編著，台北：中華文化出版事業委員書出版，民國 43 年 10 月再版。

95. 《中國文獻學概要》，鄭鶴聲、鄭鶴春合著，台北：商務印書館，民國 56 年 1 月台一版。

96. 《中國目錄學史》，姚名達撰，台北：商務印書館，民國 60 年台四版。

97. 《古今典籍聚散考》（即《中國典籍史》），陳登原撰，台北樂天出版社，民國 60 年 4 月台一版。

98. 《中國藏書家考略》，楊立誠、金步瀛合著，台北：文海出版社，民國 60 年 10 月初版。

99. 《目錄學發微》，余嘉錫撰，台北：藝文印書館，民國 63 年 4 月初版。

100. 《目錄學研究》，汪辟疆著，台北：文史哲出版社印行，民國 72 年 6 月三版。（23 年初版）

101. 《中國史部目錄學史》，鄭鶴聲撰，台北：華世出版社，民國 74 年 9 月初版再印。

102. 《中國目錄學史稿》，呂紹虞撰，台北：丹青圖書有限公司，民國 75 年台一版。

103. 《故宮宋版書特展目錄》，國立故宮博物院編輯委員書編輯、出版，民國 75 年元月初版。

104. 《圖書》，潘美月著，台北：幼獅文化事業公司出版，民國 75 年 6 月初版。

105. 《中國目錄學》，昌彼得先生、潘美月先生合著，台北：文史哲出版社，民國 75 年 9 月初版。

106. 《古書版本鑑定研究》，李清志著，台北：文史哲出版社，民國 75 年 9 月初版。

107. 《北京圖書館古籍善本書目》，北京圖書館編，北平：書目文獻出版社，民國 76 年 7 月出版。

108. 《唐集敘錄》，萬蔓撰，台北：明文書局，民國 77 年 1 月再版。

109. 《吳縣志》，吳秀之等修，曹允源等纂。中國方志叢書，台北：成文出版公社有限公司據民國22年鉛字本影印，民國59年台一版。

110. 《崑新兩縣續修合志》，吳金瀾等重修，光緒二年重修本。中國方志叢書，台北：成文出版公社有限公司據民國22年鉛字本影印，民國59年台一版。

111. 《社事始末》，杜登春撰，台中：東海大學藏藝海珠塵本。

112. 《心史叢刊》第一集，孟森著，香港：中國古籍珍本供應社，1963年4月初版。

113. 《文獻叢編》第二輯，台北，廣文書局，民國61年11月出版。

114. 《清詩紀事初編》，鄧文成撰，台北：台灣中華書局，民國59年8月台一版。

115. 《日本現存清人文集目錄》，西村元照編，日本：東洋史研究書發行，1972年3月出版。

116. 《清人文集別錄》，張舜徽著，台北：明文書局，民國72年2月台初版。

117. 《古夫于亭雜錄》，王士禎撰，四庫全書·子部·雜家類著錄，台北：商務印書館影印文淵閣四庫全書本。

118. 《居易錄》，王士禎撰，四庫全書本·子部·雜家類著錄，台北：商務印書館影印文淵閣四庫全書本。

119. 《雲自在龕筆記》，繆荃孫撰，古學叢刊第二輯，上海：上海國粹學報社，民國元年鉛印本。

120. 《清稗類鈔》，徐珂輯，上海：上海商務印書館，民國6年11月初版。

121. 《三魚堂日記》，陸隴其撰，商務印書館印行，民國29年2月再版。

122. 《靜志居詩話》，朱彝尊撰，台中：東海大學藏清嘉慶二十四年刊本。

123. 《北江詩話》，洪亮吉撰，叢書集成初編本（據粵雅堂叢書本影印），上海：上海商務印書館，民國24年12月初版。

124. 《萇楚齋隨筆》，劉聲木撰，台北：世界書局，民國49年11月初版。

125. 《世載堂雜憶》，劉禺生著，北京：中華書局，1960年10月初版。

126. 《茶餘客話》，阮葵生撰，台北：世界書局，民國57年4月初版。

127. 《憺園文集》，徐乾學撰，清康熙三十六年原刊本。

128. 《憺園文集》，徐乾學撰，清光緒九年吳金瀾重刊本。

129. 《憺園文集》三十六卷，徐乾學撰，台北：漢華文化事業股份有限公司60年8月初版。

130. 《百尺梧桐閣集》，汪懋麟撰，上海：古籍出版社，民國69年據康熙十八年刊本影印出版。

131. 《百尺梧桐閣遺稿》，汪懋麟撰，上海：古籍出版社，民國69年據康熙十八年刊本影印出版。

132. 《清吟堂全集》，高士奇撰，中研院史語所藏朗潤堂刊本。

133. 《倦圃曹秋嶽先生尺牘》，曹溶撰，繡水胡蓮峰選，清雍正三年含暉閣刊本，

中研院史語所藏。

134. 《靜惕齋詩集》，曹溶撰，中研院史語所藏清雍正三年刊本。

135. 《一研齋詩集》，沈荃撰，東海大學藏民國 11 年印本。

136. 《愚庵小集》，朱鶴齡撰，東海大學藏燕京大學圖書館鉛印本。

137. 《施愚山全集》，施閏章撰，中研院史語所藏學餘堂全集本。

138. 《漁洋山人精華錄訓纂》，王士禎撰，中華書局四部備要本。

139. 《曝書亭全集》，朱彝尊撰，中華書局四部備要本。

140. 《遂初堂集》，潘耒撰，東海大學藏清康熙四十九年刊本。

141. 《秋笳集》，吳兆騫撰，叢書集成初編本（據粵雅堂叢書本排印）。

142. 《通志堂集》三十卷，納蘭性德撰，康熙三十年徐乾學刊本。

143. 《姜先生全集》，姜宸英撰，中研院史語所藏民國十九年寧波大西山房刊本。

144. 《南州草堂詩集》，徐釚撰，學生書局據康熙四十四年刊本影印

145. 《西堂全集》，尤侗撰，台大文圖藏清康熙三十三年刊本。

146. 《石園文集》，萬斯同撰，四明叢書第四集。

147. 《彭羨門全集》，彭孫遹撰，東海大學藏清宣統三年刻本。

148. 《東江詩鈔》，唐孫華撰，上海古籍出版，民國 72 年據康熙五十六年刊本影印出版。

149. 《橫山文集》，裘璉撰，中研院史語所藏民國三年甬上旅逖軒校本。

150. 《橫雲山人集》，王鴻緒綺撰，中研院史語所藏清康熙四十四年刊本。

151. 《邵子湘全集》，邵長蘅撰，東海大學藏康熙二十五年刊本。

152. 《義門先生集》，何焯撰，東海大學藏清宣統三年刊本。

153. 《道古堂文集》，杭世駿撰。東海大學藏民國間掃葉山房石印本。

154. 《澄懷園文存》，張廷玉著，台大文圖藏本。

155. 《抱經堂文集》，盧文弨撰，叢書集成初編據抱經堂叢書本排印。

156. 《雕菰集》，焦循撰，叢書集成初編據文選樓叢書本排印。

157. 《鮚埼亭集》，全祖望撰，四部叢刊初編本，上海商務印書館，民國 11 年印行。

158. 《李白之作品》，平岡武夫編集，京都：京都大學人文科學研究所索引編輯委員會，1957 年 10 月 30 日發行。

159. 《顏氏家藏尺牘》，顏光敏輯，叢書集成初編，民國 24 年 12 月初版，商務印書館影印。

160. 《清代名人手札甲集》，吳長瑛輯，近代中國史料叢編第十五輯，台北：文海出版社出版。

161. 《昭代名人尺牘小傳》，吳修輯，台中：立德出版社，民國 56 年 2 月台一版。

二、論文部份

1. 〈清代私家藏書概略〉，袁同禮撰，《圖書館學季刊》第一卷第一期（民國 15 年 3 月）頁 31-38。

2. 〈明代私家藏書概略〉，袁同禮撰，《圖書館學季刊》第二卷第一期（民國 16 年 3 月出刊），頁 1-5 頁。

3. 〈納蘭性德年譜〉，張任政撰，《國學季刊》第二卷第四號，頁 741-790，民國 19 年 12 月。

4. 〈海源閣藏書概略與劫後保存〉，劉階平撰，《東方雜誌》第二十八期第十號，民國 20 年 5 月，頁 58-81。

5. 〈江蘇藏書家小史〉，吳晗撰，《圖書館學季刊》第八卷第一期（民國 23 年 3 月），頁 1-67。

6. 〈叢書刊刻源流考〉，謝國禎撰，《中和月刊論文選集第四集》，台聯國風出版社影印民國 27 年鉛印本。

7. 〈錢遵王年譜稿〉，錢大成撰，《國立中央圖書館館刊》復刊第一卷第三號（民國 36 年 9 月），頁 10～18。（今所見為香港龍門書局所發行第一卷合刊本）

8. 〈國立中山大學圖書館善本書跋〉，朱偰撰，《文史學研究所月刊》第二卷第五期，頁 147。

9. 〈季振宜日記注及其生卒年月考〉，任長正撰，《幼獅學報》第一卷第二期（民國 48 年 4 月），頁 1-41。

10. 〈蘇州市新發現的宋刻《杜陵詩史》〉，蘇州市圖書館撰，《文物》1975 年第八期（總二三一期），文物出版社，1975 年出版。

11. 〈焦竑國史經籍志的評價〉，昌彼得撰，收錄於《屈萬里先生七秩榮慶論文集》。

12. 《尤侗之生平暨作品》，丁昌撰，民國 68 年國立政治大學中文研究所碩士論文。

13. 《千頃堂書目研究》，周彥文撰，民國 73 年度東吳大學中國文學研究所博士論文。

14. 《清初藏書家錢曾研究》，湯絢撰，民國 76 年國立台灣大學圖書館學研究所碩士論文。

15. 《聊城楊氏海源閣藏書研究》，陳金英撰，私立東海大學中國文學研究所碩士論文，民國 77 年 5 月。

16. 《張金吾藏書研究》，王珠美撰，國立臺灣大學圖書館學研究所碩士論文，民國 77 年 7 月。

17. 〈顧祖禹年譜〉，夏定域撰，《文獻》（季刊）1989 年第 1、2 期，北京：書目文獻出版社，1989 年 1、3 月出版。

書影一：傳是樓書目（故宮藏鮑氏知不足齋鈔本）

傳是樓書目

史類　正史　編年　霸史　雜史　起居注
　　　　故事　職官　時令　食貨　儀注
　　律令　傳記　地理　譜牒　簿錄

正史

史記一百三十卷　　　　　　　二十六本

漢書一百卷　　　　　　　　　二十六本

後漢書一百三十卷　　　　　　三十本

三國志六十五卷　　　　　　　十六本

晉書一百三十卷　　　　　　　三十本

宋書一百卷　　　　　　　　　二十二本

書影二：傳是樓書目（中央圖書館藏藍格鈔本）

周禮注疏四十卷	禮記注疏六十三卷	穀梁注疏二十卷	公羊注疏二十八卷	春秋注疏三十卷	詩經注疏三十卷	書經注疏二十卷	易經注疏十卷	經類 易 書 詩 春秋 禮 樂 孝經 論語 孟子 小學 經總解	傳是樓書目
二十本	二十四本	六本	八本	二十三本	二十四本	八本	六本		

書影三：傳是樓書目鈔本（史語所藏）

傳是樓書目卷一

經類　易　詩　書　春秋　禮　樂　孝經
論語　孟子　經摭解　小學

易經註疏十卷六本

詩經註疏三十卷二十四本

詩經註疏二十卷八本　春秋註疏三十卷二十本

書經註疏二十卷八本

穀梁註疏二十卷六本　禮記註疏六十三卷廿本四

公羊註疏二十八卷八本　儀禮註疏十七卷十二本

周禮註疏四十卷二本　孟子註疏十四卷六本

論語註疏二十卷三本　兩雅註疏十一卷三本

孝經註疏九卷二本

書影四：傳是樓書目舊鈔本（故宮藏）

傳是樓書目

經部

易

古三墳　連山易　歸藏易　乾坤易　一本

子夏易傳 十卷　漢京房　吳陸績注　三本

京氏易傳 三卷　漢京房　吳陸績注　一本

鄭注乾坤鑿度二卷　漢鄭玄　一本

陸氏易解 一卷　吳陸績　一本

書影五：王存善鉛印本

傳是樓書目 照馬氏玉堂鈔本補分類行欵悉照馬本其與劉本重複者不再列入			
史部			
	正史		
	史記一百三十卷	漢司馬遷	二十六本
	前漢書一百卷	漢班固	二十六本
	後漢書一百三十卷	劉宋范曄	三十本
	三國志六十五卷	晉陳壽	十六本
	晉書一百三十卷	唐太宗李世民	三十本
	宋書一百卷	梁沈約	二十本
	南齊書五十九卷	梁蕭子顯	十本
	梁書五十六卷	唐姚思廉	十本
	陳書三十六卷	姚思廉	六本

傳是樓書目 史部 一

書影六：傳是樓宋元版書目（傳硯齋叢書本）

天字格

書名	撰者	本數	版別
周易釋文句解三十五卷		一本	宋板
李氏周易句解十卷		二本	元板
周易傳義十八卷	董楷	十本	元板
纂圖互註易經十卷	王弼	二本	宋板
周易圖說 本義	朱熹	四本	宋
周易一之六卷	王弼註	二本	一套 宋板
周易七之九卷	韓康伯	六本	元套 宋板
周易八卷 本義	朱熹	六本	元套 宋板
周易傳繫八卷 附錄	董楷	八本	宋板

傳硯齋叢書

書影七：傳是樓宋元本書目（玉簡齋本）

傳是樓宋元本書目

天字格

宋本周易釋文句解三十五卷　　　　　　　　一本

元本李氏周易句解十卷　　　　　　　　　　二本

元本周易傳義十八卷　董楷　　　　　　　　十本

宋本纂圖互注易經十卷　王弼　　　　　　　二本

僞宋本周易圖說　朱熹本義　　　　　　　　四本

宋本周易　一之六卷王弼註七之九卷韓　　　二本一套

宋本周易康伯註　朱熹本義　　　　　　　　六本

宋本元套周易八卷　　　　　　　　　　　　八本

宋本周易傳繫八卷　董楷　附錄　　　　　　四本

宋本周易本義十二卷　　　　　　　　　　　四本

元本周易傳義十卷　　　　　　　　　　　　四本

元本周易程傳東萊音訓　　　　　　　　　　四本新入

書影八：通志堂經解（台大文學院圖書館藏康熙十九年刊本）

子夏易傳卷第一

周易

上經乾傳第一

☰
乾下
乾上

乾元亨利貞彖曰大哉乾元萬物資始乃統天雲行

雨施品物流行大明終始六位時成時乘六龍以御

天乾道變化各正性命保合太和乃利貞首出庶物

萬國咸寧

乾始降氣者也始而通終而濟保其正也故統萬

物而無外夫天者位也質也乾者人也精神也有

其人然後定其位精神通明然後統其質故能雲

通志堂

書影九：通志堂經解（乾隆五十年補刊本）

臨卦建丑而至否卦則建申爲八月也理有未安略
試論之粵若諸家之說皆與臨卦之義不相偶錯何
以知之且卦彖之辭所以各論一卦之體也夫臨卦
者主建丑之月也何氏從建子陽生而數則卦辭當
在復卦之下不當屬臨卦也褚氏從寅而數則卦辭
當在泰卦之下亦不當屬臨卦也孔氏宜據建申否
卦爲八月則否之六三當消泰之九三又與臨卦九
三之不應也今若以建未爲八月取遯卦之六二消
臨卦之九二則於義爲允矣何者且臨卦之彖曰浸
而長注云陽道轉進陰道日消也遯卦之彖亦曰浸
而長注云陰道欲進而長正道亦未全滅也今以二

書影十：通志堂經解（同治十二年粵東書局重刊本）

橫渠先生易說卷第一

上經

乾

乾元亨利貞

乾之四德終始萬物迎之不見其首隨之不見其

後然推本而言當父母萬物

明萬物資始故不得不以元配

得不以元配坤

天下理得元也會而通亨也說諸心利也一天下

之動正也貞者專靜也

不曰天地而曰乾坤言天地則有體言乾坤則无

書影十一：昌黎先生集考異（現藏於山西省祁縣圖書館）

昌黎先生集考異卷第一

此集今世本最多同惟近歲南安軍所刊為民校

定本號為精善別有舉正十卷論其所以去取之

意又它本之所無也然其去取多以祥符杭本嘉

祐蜀本及李謝所據館閣本為定而尤尊館閣本

雖有謬誤往往曲從它本雖善亦棄不錄至於舉

正則又例多而詞寡覽者或頗不能曉知故今輒

因其書更為校定悉考眾本之同異而一以文勢

義理及它書之可證驗者決之苟是矣則雖民間

近出小本不敢違有所未安則雖官本古本石本

書影十二：李太白文集（現藏靜嘉堂文庫）

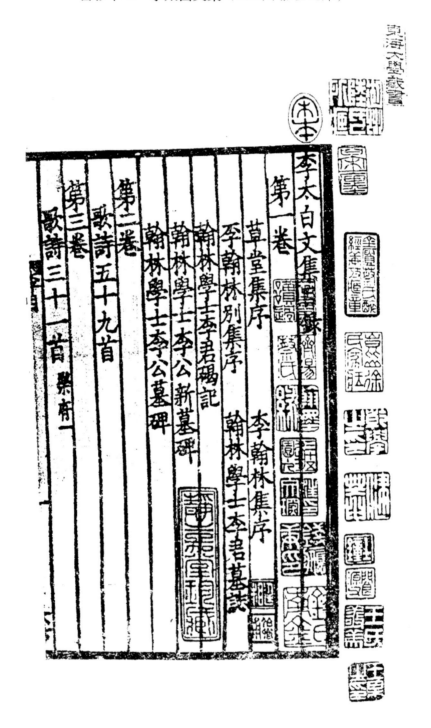

書影十三：苕溪漁隱叢話（宋紹興年間刻本）

苕溪漁隱叢話後集叙

余丁年罹於憂患投閒二十載杜門却掃於苕溪之上心
無所事因網羅元祐以來羣賢詩話纂爲六十卷自謂巳
略盡矣比官閩中及歸苕溪又獲數書其間多評詩句不
忍棄之遂再采撫因而攟收群書舊有遺者及紀余聞見
有繼得者各附益之離爲四十卷噫前後集共一百卷亦
可謂富矣余嘗謂開元之李杜元祐之蘇黃皆集詩之大
成者故羣賢於此四公尤多品藻蓋欲發揚其旨趣俾後
來觀詩者雖未染指固巳能知其味之美矣然詩道通來
幾息時所罕尚余獨拳拳於此者惜其將墜欲以扶持其
萬一也嗟余老矣命益蹇身益閒故得以編次終日明窻

書影十四：孟東野詩集（北宋刻本）

孟東野詩集目錄

第一卷

樂府上

列女操一首　灞上輕薄行一首

長安羈旅行一首長安道一首

送遠吟一首　古薄命妾一首

古離別一首　古樂府雜怨二首

靜女吟一首　歸信吟一首

山老吟一首　遊子吟一首

平昌孟郊

山南西道節度泰

講武大理評事

書影十五：沖虛至德真經注（宋刻宋元遞修本）

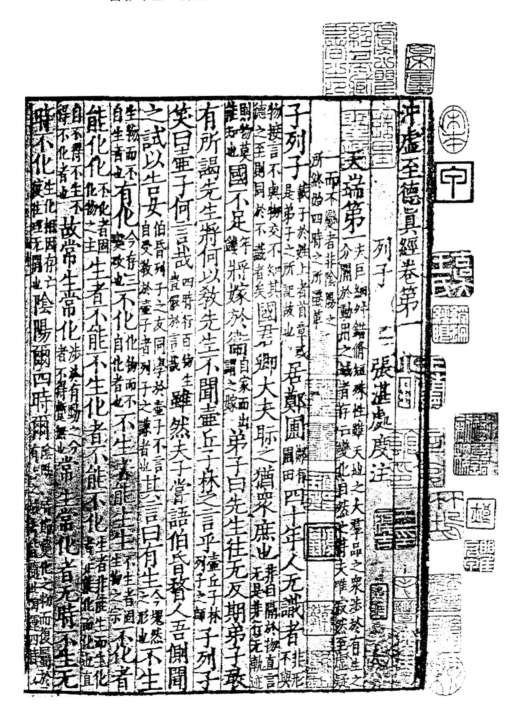

書影十六：漢官儀（宋紹興九年臨安府刻本）

漢儀也故始爲戲者先置盆入金

升劉氏不得王爲宗正及尚公主

如漢自董仲舒言曆者皆曰土德之

運其數五五五二十五極矣故率二十五擲（東漢始得火德故此從西漢也）

乃一終局

選舉　相府　師保　中朝

御史臺　九鄉列鄉　東宮　長信

選舉條

堂印　舉賢良對策擢爲上　十二

第拜諫大夫　五十　三十

書影十七：周賀詩集（宋臨安府陳宅書籍鋪刻本）

周賀詩集

留辭杭州姚合郎中

波濤千里隔抱疾亦相尋會宿逢高燒辭歸值

積霖叢桑山店逈孤燭海船深尚有重來約知

無省閣心

酬吳之問見贈

已當聽鴈夜多事不同居故疾離城晚秋霖見

月踈趂風開靜戶帶葉卷閑書瀣槳期南去荒

園久廢鋤

寄姚合郎中

書影十八：史記集解索隱（宋淳熙三年張杅桐川郡齋刻本（中國版刻圖錄））

史記目錄

〈帝紀十二卷

第一卷 五帝本紀

第二卷 夏本紀

第三卷 殷本紀

第四卷 周本紀

第五卷

書影十九：周易注（宋刻本）

周易上經乾傳第一

王弼注

縣開國男陸　德明

唐國子博士兼太子中允贈齊州刺史吳

乾下乾上　乾元亨利貞

初九潛龍勿用

九二見龍在田利見大人

九三君子終日乾乾夕惕若厲无咎

書影二十：中州集（元至大三年曹氏進德齋刻遞修本）

中州集丙集第三

劉龍山仲尹 二十八首　劉昻室迎卿 六首　許内翰安仁 九首

承旨党公六十四首　黃華 王庭筠 二十首　禮部趙閑閑秉文 卒三首

劉龍山仲尹

仲尹字致君蓋荊州人後遷澤州正隆二年進士歷滁州節度副使召爲都水監承卒致君家世豪侈而能折節讀書可樂府俱有龍山集行於其外孫欽叔處見之綦涪翁而得法者也

墨梅 干首

瘦損昭陽鏡裏春漢家公主奉烏孫淚痕滴盡盧月誰道神香解返魂

絕纓人醉燭花殘主意方濃未厭歡十五瓊兒梳洗薄琵琶才許近簾幛

生憎施粉與施朱換骨玄郎亦自姝跌影冷香顏不到夢驚煙雨暗西湖

趙郎愛香人不知羅浮山下有佳期春寒微骨角聲起才記參橫月隨時

君王鳳駕九龍池後輦傳呼召雪兒狼藉玉臺銀燭暗丁香小麝印宮眉

鍾鼓沉沉度苑墻玉繩初直殷東廂茍妃早發雞鳴集殘月微分燭下粧

書影二十一：唐僧弘秀集十卷（宋寶祐六年臨安府陳氏書籍鋪刊本）

唐僧弘秀集卷第一

菏澤李　　龏　和父編

皎然七十首

　憂銅椀為龍吟歌 并序

唐故太尉房公琯早歲嘗隱於南山峻壁之
下往往聞龍吟聲清而靜滌人邪想時有好
事僧潛憂以三金寫之惟銅聲酷似他日房
公偶至山寺聞林嶺間有此聲乃曰龍吟復
遷于茲矣僧因之出其器以告公公命憂之
驚曰真龍吟也大曆十三載秦僧傳至桐江

書影廿二：吳郡志五十卷（宋紹定二年李壽朋平江府刊本）

吳郡志卷第十

吳郡　范成大　撰

封爵

吳孫策漢建安二年□自稱都尉襲爵為程侯既
破陳瑀曹操表策為討逆將軍改封吳侯書

晉吳敬王晏大廟□年受封食丹陽吳興□

三郡

成帝咸和元年十月封皇弟岳為吳王

慕容垂兒第五子隽僭位封垂吳王

書影廿三：酒經三卷（宋刻本）

酒經上

大隱翁譔

酒之作尚矣儀狄作酒醪杜康秫酒豈以善釀
得名蓋抑始於此耶酒味甘辛大熱有毒雖可
忘憂然能作疾所謂腐腸爛胃潰髓蒸筋而劉
詞養生論酒所以醉人者麴蘖氣之故爾麴蘖
氣消皆化為水昔先王誥庶邦庶士無彝酒又
曰祀茲酒言天之命民作酒惟祀而巳六彝有
舟所以戒其覆六尊有罍所以戒其淫陶侃劇

書影廿四：碧雲集三卷（宋臨安陳宅書籍鋪印本）

碧雲集序

朝議郎守尚書水部郎中武騎尉賜紫金魚袋孟寶于

昔者仲尼刪三百篇梁太子選十九首廳後涇

朝垂名者不少苦志者彌多入室升堂有其數

矣然六義之旨二南之風後來未甚窮日沉淪

者怨刺傷多取事者雅頌一貫亂後江南鄭都

官王貞白用情剏意不共轍不同塗俱不及矣

今觀淦陽宰隴西李中字有中緣情入妙麗則

可知出示全編備多奇句抵如乾坤一夕雨草

木萬方春此乃王澤所均春風廣扇姑蘇懷古

書影廿五：李群玉集三卷後集五卷（宋臨安陳宅書籍舖印本）

李群玉詩集目錄

卷上

歌行古體

烏夜啼

昇仙操

醒起獨酌懷友

兩夜呈長官

贈方處士

盛春

登楞伽臺別羽客　盧溪道士

寄短書歌

王內人琵琶引

競渡時在湖外成此章

小弟艎近書來

秋怨

山中秋夕

癸巳九月澤民收

書影廿六：徐乾學藏書印